(개정판)

우리 논리로 이해하는

영어시제

김건옥 지음

교문사

서 문

저자가 Michigan State University의 English Language Center에서 영어 작문을 가르치면서 영어의 논리에 관심을 가지게 되었다. 특히 동사구의 핵심 요소인 시제의 본질을 경제원칙에 입각한 영어의 논리성에 결부시키는 작업이 아주 흥미로웠다. 다행히도 미국에서 수학하는 동안 John W. Oller, Jr. 교수 덕분으로 Einstein, G del, Esher, Bach, Peirce, Dewey, James, Russell과 다시 만나 내 나름대로 영어 시제를 비롯하여 영어의 논리를 분석하였다. 저자의 박사논문인 *Operationalizing Principles of Textual Coherence* 도 결국은 언어의 논리를 규명한 것이다.

아주 어렸을 때부터 영어를 접한다면 인지 발달과 운동신경의 발달이 언어의 발달과 병행하여 이루어지므로 굳이 의식적인 노력을 하지 않아도 영어를 습득하게 된다. 그러나 인지발달이 거의 완성될 무렵에 영어를 처음 접하게 되면 우리식의 사고가 영어식 사고를 앞지르게 되어 영어를 정확하게 이해하거나 영어식으로 표현하는 것이 힘든 작업이 되는 것이다. 그러나 우리식 사고와 영어식 사고의 차이점을 영어의 논리성을 설명하는 과정에서 찾는다면 두 언어 간의 이질성은 쉽게 극복이 되리라고 생각한다.

영어 시제에 관한 책이면서도 영어로 적힌 글보다 우리말로 설명한 부분이 훨씬 많다. 무엇보다도 이 책에 나와 있는 우리말 예문의 상황을 이해하지 못하거나 이에 상응하는 영어표현을 모르는 사람은 없을 것이다. 그러나 우리말 표현의 숨겨진 상황과 논리를 심도 있게 분석하는 것이 우리말 시제와 전혀 다른 영어의 시제를 이해하는 첫걸음이라고 생각한다.

이번 개정판에서는 불필요한 논리 전개 과정이나 학구적으로 치우친 내용은 과감히 삭제하였다. 특히 영어를 직역한 것과 같은 우리말 표현이나 상황은 가능한 한 사용하지 않았다. 일상에서 자연스럽게 부딪칠 수 있는 우리말 표현과 상황에서 진정한 의미와 논리성을 찾은 후, 이 의미와 상황에 적합한 영어 시제를 제시하고 설명하는 방식을 취했다. 지루하겠지만 이 과정이 끝나면 역으로 영어 시제의 진정한 의미를 알게 되리라 믿어 의심치 않는다.

각 시제의 설명이 끝난 후 결론 부분 뒤에 시제를 활용한 영어 텍스트를 첨부하였다. 이 중에서 대화체의 텍스트는 대부분 Eurocentres에서 출판된 *English in Situation*을 참조하였다.

개정판을 흔쾌히 출판해 주신 (주)교문사의 류제동 사장님, 개정판이 나오도록 애써 주신 김재광 부장님, 그리고 책다운 책을 만들어주신 편집부 여러 분들에게 고마운 마음을 전하고 싶다. 무엇보다도 우리말을 물 흐르듯 아름답게 쓰시는 어머니께 사랑과 감사를 드린다.

에서　저자 씀

차 례

09 과거완료진행시제 The Past Perfect Continuous Tense

10 미래시제 The Future Tense

01 시제

Tense

1. 시제의 개념

'tense'라는 어휘를 *Longman Dictionary of Contemporary English* 에서 찾아보면 "any of the forms of a verb that show the time and continuance or completion of the action or state expressed by the verb" 라고 설명이 되어 있고, *The New World Comprehensive English-Korean Dictionary* 에서 보면 '시간적 구분을 표시하는 동사의 어형변화'라고 우리말로 풀이해 옮겨 놓았다. 그러므로 tense를 한마디로 시제(時制)라고 풀이한 것보다 더 훌륭한 풀이는 없다 하겠다. '시제'라는 어휘의 의미 자체는 '시간의 제한, 한정, 구속'이라는 말이며, 이러한 '시간의 제한, 한정, 구속'을 받는 동사의 행위나 상황을 묘사하는 접근 방법이 시제인 것이다.

『*Longman*』 사전의 'tense'에 대한 설명에 의하면, 동사의 행위와 상황은 시제에 의해서 'the time'과 'continuance'(진행, 계속) 또는 'completion'(완

료)을 보여준다는 것이다. 여기에서 우리의 관심과 주의를 불러일으키는 부분이 'the time'이라는 어휘일 것이다. 이 장에서는 시제의 접근 방법에 가장 기본적인 척도가 되는 'the time'과 'time'에 대해 설명한 후, 시제의 설명에 들어가겠다.

(1) 시간-공간(time-space)의 개념

시간 time 이라는 개념은 그간 인류의 역사 속에서 부단히 논의되어 온 대상이다. 호킹 Hawking, 1988 이 인용한 St. Augustine, Aristotle, Newton 의 말을 빌려보자.

"Time was a property of the universe that God created, and that time did not exist before the beginning of the universe." 즉 신의 창조물인 우주의 일부인 시간은 신이 우주를 창조하기 전에는 존재할 수가 없다하여 시간의 시작과 우주의 생성을 동일하게 본 설명이다.

한편 아리스토텔레스 Aristotle 와 뉴턴 Newton 은 절대적인 시간, 즉 'absolute time' 개념을 믿어 "Time was completely separate from and independent of space"라고 하여, time과 space를 각기 별개의 개념으로 취급하였으나, 아인슈타인 Einstein 은 "Time is not completely separate from and independent of space, but is combined with it to form an object called space-time."이라고 설명하였다. 다시 말하면 time과 space는 분리될 수 없는 하나의 실체라는 설명이다.

호킹 Hawking 자신은 혹 우주라는 것이 "So long as the universe had a beginning, we could suppose it had a creator. But if the universe is really completely self-contained, having no boundary or edge, it would have neither beginning nor end: it would simply be. What place, then for a creator?"일 수도 있다는 것이다. 다시 말하면 우주라는 것은 경계도 가장자리도 없는, 즉 공간의 구속도 받지 않는 영역인 동시에, 시작도 끝도 없는 영역, 즉 시간의 구속도 있을 수 없는 존재 그 자체를 일컫는 개념으로써, 혹 창조주 자신의 섭리의 부재일 수도 있을까 하고 생각해 본 것이다.

우주 생성 전의 시간과 우주 종말 후의 시간을 포함한 시간과 끝도, 밑도, 경계도 있을 수 없는 공간의 영역은 곧 무한의 개념과 동일할 것이다. 이 '무한'의 개념은 따라서, 존재being의 개념으로 밖에 설명할 방법이 없다. '한계가 없다'라는 의미 자체가 바로 이 존재의 개념인 것이다. 없거나 끝이 없는 것이 아니라, 오히려 없거나 끝이 없는 상태가 존재하는 것이 무한의 개념인 것이다.

다시 말하면, 우주의 영역 속에 속해 있는 어떠한 시·공간도 무한의 개념과 유한의 개념을 동시에 갖고 있다. 시작도, 끝도, 경계도 없을 수 있는 무한영역에서 우리는 삼라만상의 현상을 유한적 실체로써 이해한다. 즉 존재의 실체에는 존재가 시작한 과거 영역의 시·공간은 있으나 그 존재가 끝날 미래영역의 시·공간은 있을 수도 있고, 때로는 없거나 예측할 수 없어서 존재의 형태를 달리할 것이다.

(2) 시점(시각)의 개념

즉 무한의 시·공간에서 유한의 시·공간을 논하기 때문에 시간의 개념 속에 시각(시점)의 개념도 포함시켜야 한다. 시·공간이라는 무한 속에서 유한의 존재인 우리 인간이 유한의 개념으로 받아들이는 시·공간의 개념은 우리가 흔히 상상할 수 있는 개념의 시간(duration)과 필연적으로 따르는 장소, 그리고 시간의 축(temporal continuum) 위의 무수한

점의 시각(시점)이라는 개념을 포함시켜 이해한다면, 시제개념이 훨씬 쉽게 이해가 가리라 믿는다.

과학적으로 정확하게 지적할 수 있는 몇 년 몇 월 며칠도 시각이고, 몇 초 혹은 정각도 시각인 동시에, 기간을 포함한 한정적 시간도 전부 시각이 될 수 있다. 다시 말하면, '10시에'도 시각이요, '1시간 전에'도 시점이요, 'BC 2599년에'도 시각이요, '과거에'도 시각이요, '2000년 후에'도 시각점인 것이다. 또한 서기 100년부터 2000년까지의 시간도 시각이 될 수 있고, 지구의 생성부터 지금까지의 시간도 한 시점의 시각으로 나타낼 수 있다. 다시 말하자면 시간이라는 괴물은 초조하게 기다릴 때는 1초도 10년같이 느껴지고, 경우에 따라서는 10년도 1초같이 느껴질 수 있는 동적이고 유연성인 있는 실체로 우리의 피부에 와 닿는 것이다. 하루살이에게는 무한의 시간같이 느껴지는 하루가 우리 인간에게는 겨우 하루라는 시간의 기간일 뿐이다. 저자는 가끔 지나온 세월을 생각해 보면서, 태어나서 지금 이 순간 전까지의 시간은 초의 시간도 못되는 양의 시간이라고 느끼거나, 아니면 지나간 시간은 존재의 실체가 아니라는 생각을 한다.

이렇게 시간을 시점(시각)으로 표현할 수도 있고, 한편으로는 시간의 폭, 즉 기간의 개념으로 표현할 수도 있다. 저자는 이 책에서 시간의 폭이라는 말 대신에 '시간대'라는 단어를 사용하겠다. '시간대'라는 말의 의미는 우리가 일반적으로 알고 있는 시간의 기간이라고 이해하면 된다.

영어 어휘인 'time'은 일종의 무한의 개념이다. 『*Webster*』 사전에 의하면 'time'이란 "every moment that has ever been or ever will be"라고 설명하였다. 우리가 논하는 시간이나 시각은 무한의 개념인 'time'이 아니라, 시·공간의 구속과 제한·한정을 받는 개념이기 때문에, 『*Longman*』 사전에서 'time'이라는 말 대신에 'the time'이라는 표현을 한 것이다. 이렇게 한정적이고 제한된 시간의 구속 안에서 우리 인간세계에서 일어나는 현상·행위·상황을 시제에 의해서 묘사하는 것이다.

2. 시제의 논리적 고찰

시제를 이해하기 위해 가장 중요한 것은 '나'라는 존재가 '지금시점'에서 수정공 속 같은 우주를 들여다보며 삼라만상의 현상을 논하는 것이라고 생각하면 된다. 이 수정공 둘레 밖의 세계도 존재하겠지마는 잠시 잊기로 하자. 수정공 안에 가장 중심부에 위치한 '나'라는 존재가 바라보는 세계 속에는 다행히도 우리가 이해하기 쉬운 개념의 시간과 시각이 양이나 부피로도 존재한다고 느끼기도 하고, 또한 선분상 위의 무수한 시점으로도 존재한다고 느낄 수도 있다. 또한 가장 중심부에 위치한 '나'라는 존재가 보는 영역은 좌우, 상하가 동일하게 존재한다고 볼 수 있다.

다만 바라보는 차원 또는 관점에 따라 삼라만상의 현상이 과거영역에 속하기도 하고 미래영역에 속하기도 할 뿐이다. 즉 과거영역에 있는 시제의 의미는 시간의 영역대만 달리해서 동일한 시·공간의 의미를 가지고 미래영역에도 존재한다고 볼 수 있다.

이렇게 시간을 바라보는 관점과 차원에 따라 시간은 과거에서 미래로 진행한다고 할 수도 있겠고 미래에서 과거로 경과한다고 할 수도 있다. 더 나아가서는 시간의 흐름의 개념을 배제하게 되면 시간은 과거와 미래가 동시에 존재하는 일종의 존재 상태로 볼 수 있다. 시제란 결국은 어느 시점에서 어느 쪽을, 어느 방향으로 바라보는가를 결정지어 주는 매개체이다. 다시 말하면 존재 상태의 시간을 우리의 시계 개념으로 바꾸어 놓은 것이 시제인 것이다.

저자가 미리 말해 두고 싶은 점은 시제를 개념적인 의미로 사용한 경우에는 '시제'라는 어휘를 사용하여, 예를 들어 '현재시제', '과거시제' 등으로 표현하겠다. 그러나 구체적으로 시제를 활용한 문장을 언급할 경우에는 '~시제' 외에도 '현재형', '과거형' 등의 '~형'의 표현도 발견할 수 있을 것이다.

그림 1-1 **수정공의 단면 투시도**

02

현재시제

The Present Tense

1. 현재시제의 사전적 의미

학생들에게 가끔 현재시제가 무엇이냐고 질문하면, 일부 학생들은 과거와 미래를 제외한 시제, 혹은 지금 시점에서 일어나고 있는 상황을 나타내는 시제라고 답을 한다. 그러나 학생들의 이러한 오해나 잘못 인식된 개념은 다분히 우리말을 잘못 이해한 데서 출발한 것이다. 영어의 'present'라는 단어를 우리말로 '현재'라고 번역을 하고 '현재'를 단순히 '지금'의 개념으로 받아들이기 때문에 이런 오해가 생길 수도 있다. 저자가 후에 설명하겠지만, 현재시제는 가장 광범위한 시·공간을 포함하기 때문에, 우리 학생들이 현재시제에 포함시키지 않는 과거시제와 미래시제를 모두 포함한 시제가 현재시제인 것이다.

실은 현재시제가 가장 광범위한 시·공간을 포괄적으로 지배하기 때문에 현재시제를 논리적으로 접근하면 나머지 시제들을 이해하기가 훨씬 용이한 것 같아 이 시제를 먼저 설명하겠다.

영어를 모국어로 사용하는 사람들이 이 시제를 'the present tense'라고 명명했다면, 형용사로서의 'present'의 의미는 우리가 사전에서 찾을 수 있는 일차적인, 즉 제일 우선순위에 있는 의미일 것이다. 『*Oxford*』 사전을 찾아보면 형용사로서의 'present'의 첫 번째 의미는 'being in the place in question'이며, 『*Webster*』 사전에는 'being at the specified place' 또는 'existing'으로 나와 있고, 엣센스 영한사전에서는 'present'의 의미를 '있는, 출석하고 있는'으로 풀이하고 있다. 다시 말하면 'present'를 '현재' 또는 '현재의'라고 번역하는 대신에 '존재하고 있는, 상태에 있는'으로 번역하여, 차라리 'the present tense'를 '존재시제'라고 명명했더라면 이해가 훨씬 빨랐을 것이다. 그러나 이 책에서 저자도 관습상 현재시제라고 부르겠다.

우리가 '지금'이라고 잘못 받아들이는 어휘인 '현재'의 의미가 실은 현재시제의 개념을 가장 잘 표현해 주는 단어이다. '현재'의 한자 의미를 잘 풀이해 보면 '현상의 존재, 지금시점에서의 존재'라는 것을 볼 수 있다. 영어로 표현한 'being at the specified place'의 의미를 한번 살펴보자.

'정해진, 한정된 공간에서 존재하고 있는'의 의미로 장소와 시간(being의 단어에서 -ing 이 '… 존재하고 있는 시점'이라는 의미로 시간과 공간을 표시해 줌)이 동시에 한정적으로 존재한다는 것을 보여 준다. 다시 말하면 'present'를 '현재'라고 번역한 것은 거의 완전한 번역이었음에도 불구하고, '현재'를 우리 식의 개념으로 '지금'이라고 받아들이는 데에 문제가 있는 것이다.

우리가 이렇게 'the present tense'를 현재시제라고 부르지만, 여전히 '지금'이라는 느낌을 떨쳐버리지 못하는 또 하나의 원인이 있다. present를 명사로 사용해서 'the present'라고 하면, 여기에서 'the present'의 의미는 정확하게 'the present time', 혹은 'the present moment'라는 의미이다. 우리말로 표현하자면 '지금'이라는 시각을 의미하기 때문이다.

유한의 존재인 인간이 생각할 수 있는 형용사로서의 'present (있는, 존재하는)'의 의미를 한번 생각해 보자. 예를 들어 '우주가 존재한다'라는 문장의 의미는 우주의 존재가 시작한 시점에서 이미 시간을 한정해 주었지만, 우주의 존재자체가 미래 어느 시점에서 끝날지 모르는 상황을 포함하고 있다. 즉 '존재'의 의미에는 존재가 이미 시작된 시점은 있거나, 알거나, 추측할 수 있는 반면에, 다시 말하면 한정하여 표현할 수 있지만, 미래영역에서 존재가 끝날 시점은 알 수 없거나 한정할 수 없다는 의미를 내포한다. 이러한 존재의 개념이 사전에서 찾을 수 있는 현재시제의 개념인 것이다.

2. 현재시제의 일반적 개요

현재시제를 이해하기 위해 다음 우리말 예문들을 잘 살펴보기 바란다.

1. 나는 선생이다.
2. 평양은 한국의 북쪽에 있다.
3. 그 사람은 음악을 가르친다.
4. 나는 집이 없다.
5. 나는 총을 소유하고 있다.
6. 나는 신을 믿는다.
7. 나는 언제나 우리 부모를 사랑한다.
8. 내 동생은 가끔 운다.
9. 우리 아이들은 항상 일찍 잠자리에 든다.
10. 매년 여름이면 친척들이 우리 집을 방문한다.

위의 문장들을 읽어 보면 '지금시점'에서 말하고 있지만, '지금시점'에서 일어나고 있는 상황을 묘사한 것은 아니다. 물론 위의 문장들의 시간대는 '지금시점'을 당연히 포함하고 있지만은, 구체적으로 '지금 이 순간' 또는 지금시점의 상황을 표현한 문장들은 아니다.

위의 문장들을 하나씩 살펴보겠다.

1. 나는 선생이다.

이 문장에서는 지금 이 시점에 선생으로서 교실에 있을 수도 있겠지만, 반드시 지금 교실에서 선생으로 있다는 의미는 아니다. '평소에 나는 선생인 직업을 가지고 있다'에 더 가까운 의미일 것이다.

2. 평양은 한국의 북쪽에 있다.

'평양은 한국의 북쪽에 있다'라는 문장에서는 '평양의 존재'나 '평양의 상태'가 한국의 북쪽에 있다는 엄연한 사실을 감지할 수 있을 것이다.

3. 그 사람은 음악을 가르친다.

이 문장에서 우리가 감지할 수 있는 것은 그 사람은 과거에도, 지금시점 부근에도 그리고 미래에도 음악을 가르친다는 것을 알 수 있다. 즉 가르치는 일이 과거부터 미래까지 광범위하게 반복되어 일어나기 때문에 이렇게 표현할 수 있을 것이다. 따라서 우리는 이 문장에서 '가르치다'라는 행위가 반복 내지는 지속적으로 일어나는 것을 알 수 있다.

4. 나는 집이 없다.

'나는 집이 없다'의 의미는 '없는 상태'가 존재한다고 생각하면 된다. 집이 있으면 있는 상태, 즉 소유의 상태이고, 소유의 상태는 존재의 상황을 묘사한다고 할 수 있다. 집이 없는 상태는 무소유의 상황이고 무소유의 상황은 무존재의 상태인 것이다. 다만 집이 없는 상황이 미래 어느 시점에서 끝이 날지는 모른다는 상황이다.

5. 나는 총을 소유하고 있다.

'나는 총을 소유하고 있다'의 의미도 반드시 '지금 이 순간' 내 손에 총을 가지고 있다는 의미는 아니다. 물론 지금시점에서 내 손에 총을 가지고 있을 수도 있고, 집에 있을 수도 있고, 사무실에 총을 두고 다닐 수도 있는 상황을 묘사한 문장이다. 이 문장에서도 총을 소유한다는 의미는 총의 존재가 있다라는 상황을 보여준다.

6. 나는 신을 믿는다.

우리가 중·고등학교에 다닐 때 '나는 신을 믿는다'의 문장을 '나는 신의 존재를 믿는다'의 의미로 재해석하여 'I believe in God'으로 번역하라고 배웠다. 다시 말하면 보이지도 않는 신을 믿거나, 신의 말을 신용하려면, 우선 신의 존재를 인정한 후에야 신의 존재를 믿는다는 의미로 받아들이라는 설명이었을 것이다. 이러한 신의 존재를 내 마음 속에서 지난날부터 그리고 앞으로도 계속 지속적으로 신의 존재를 받아들인다는 의미일 것이다.

7. 나는 언제나 우리 부모를 사랑한다.

'나는 언제나 우리 부모를 사랑한다'의 의미도 내가 우리 부모를 사랑하는 마음 상태가 언제까지나 지속적으로 일어난다라는 의미이지, '지금 이 순간 우리 부모님을 사랑하고 있다'라는 상황을 묘사하고자 함은 아닐 것이다. 어떻게 매 순간 순간 부모를 사랑하는 일만을 할 수가 있겠는가.

8. 내 동생은 가끔 운다.

이 문장의 부사인 '가끔'도 일종의 반복성과 지속성을 나타내주는 어휘이다. 우는 행위가 가끔 반복적으로 일어난다는 것은 과거에도 가끔 울었고 앞으로도 가끔 울 것이라는 상황을 내포하고 있다. 그렇지만 과거의 한

시점부터 울기 시작하여 가끔 반복적으로 우는 행위가 앞으로도 지속되겠지만 미래의 어느 시점까지 우는 행위가 지속이 될지는 모른다는 상황이다.

9. 우리 아이들은 항상 일찍 잠자리에 든다.

이 문장의 부사인 '항상'도 위의 '가끔'과 마찬가지로 일찍 잠자리에 드는 행위가 과거에도 그랬고 미래에도 항상 일어날 것이라는 상황이다. 다만 이런 반복적이고 지속적인 행위가 미래 어느 시점에서 끝이 날지는 모르는 상황이다.

10. 매년 여름이면 친척들이 우리 집을 방문한다.

'매년 여름이면'의 상황도 해마다 여름이 오면 일어나는 상황의 반복성과 지속성을 감지할 수 있을 것이다.

지금까지 설명한 내용의 골자는 '존재, 소유, 상태'의 의미를 보여주는 어휘들의 예를 보여준 것과 같다고 할 수 있다. 그렇다면 위에서 언급한 '존재, 소유, 상태'의 시간을 어떻게 한정적으로(유한의 개념으로) 표현할 수 있나 살펴보자.

예를 들어, '나는 남자다'라고 표현할 수 있는 것은 과거 한 시점에서 남자가 된 순간부터 미래의 모르는 한 시점(언제 죽을지 모르지만 죽을 때까지)까지 남자로 존재하는 상태라는 의미이다. 물론 지금 이 시점에서 내가 남자라는 상황을 포함할 수 있지만, 지금 이 순간 내가 남자라는 것을 의미하는 것은 아니다.

위의 설명에서 보듯이 현재형으로 표현한 문장의 상황은 과거의 시작점은 우리가 알거나 한정되어 있는 반면에 그 상황이 끝날 미래의 한 시점은 정확히 한정할 수 없는 상황을 일컫는다. 이런 점에서 현재시제의 상황은 진리, 불변성, 지속성 등의 속성을 보여준다.

현재시제의 상황에서는 동사로 표현된 상황이 미래 어느 시점에서 끝날지 모르거나 예측할 수 없다고 하면 때로는 다음과 같은 주장을 할 수 있다. 'I go to school' 또는 'I go to school everyday'의 문장에서는 학교 졸업할 때까지만 학교를 다니므로 'to go'의 상황이 언제 끝날지 예측할 수 있다고 주장할 수 있다. 그러나 이 문장의 상황에서는 '졸업'이라는 상황을 보여주고자 하는 것이 아니라 'going to school'의 상황이 매일 그리고 미래에도 반복이 된다는 것이다.

지금까지 설명한 것을 유의하여 위의 예문들을 영어로 표현해 보자.

1. I am a teacher.
2. Pyungyang is in the northern part of Korea.
3. He teaches music.
4. I don't own a house.
5. I possess a gun.
6. I believe in God.
7. I always love my parents.
8. My brother sometimes cry.
9. My children usually go to bed early.
10. My relatives visit us every summer.

3. 현재시제의 논리적 접근

(1) 현재시제의 영역

현재시제를 이해하기 위하여 다음 그림들을 살펴보기 바란다.

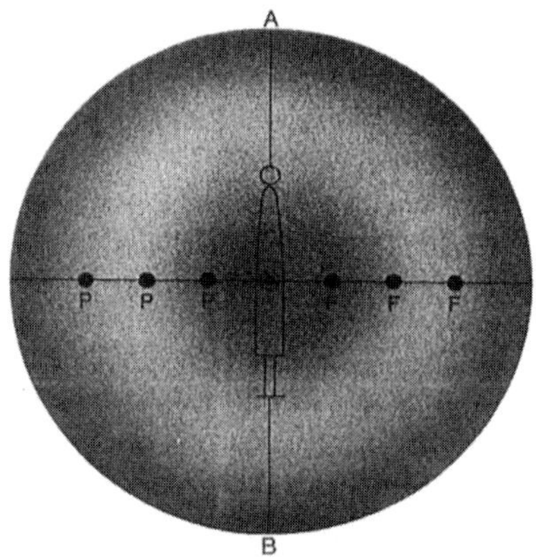

그림 2-1 **수정공의 단면도**

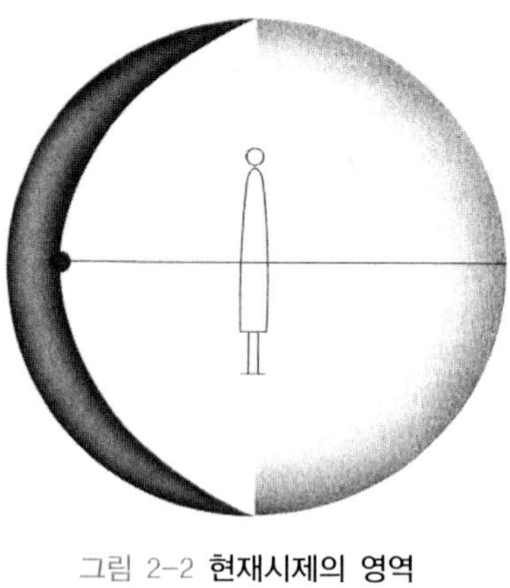

그림 2-2 **현재시제의 영역**

우선 이 그림들을 설명하기 전에 왜 선분과 점으로 시제설명을 하는지에 대해 설명하고자 한다. 첫 번째 그림은 앞에서 본 수정공의 단면도로 생각하면 된다. 이 순간 내가 존재하고 있는 시·공간점인 지금시점은 가로선인 시간의 축과 세로선인 공간의 축이 만나는 점이다(그림 2-1). 지금시점을 기준으로 편의상 왼쪽 영역을 과거영역으로, 오른쪽 영역을 미래영역으로 하겠다. 우리가 말하는 모든 시점 또는 시각은 동시에 공간도 존재한다는 것을 잊지 말자. 시·공간이 동시에 존재한다는 의미로 과거와 미래란 표현 대신에 과거영역과 미래영역이라고 표현하겠다.

그림에서 보듯이 현재시제의 영역은 과거영역, 지금시점 부근, 그리고 미래영역을 모두 포함하고 있다. 그림을 자세히 보면, 과거영역에서는 시점이 한정 혹은 정해져 있는 반면에, 미래영역에서는 한정된 시점이 없는 상태, 즉 시·공간의 구속이나 제한을 받지 않는 상태의 영역을 보여주고 있다.

무한의 시·공간 개념을 유한의 시·공간 개념으로 한정, 구속하여 논하는 것이 시제라고 하였다. 그렇다면 현재시제의 영역은 어떻게 한정할 수가 있는가 한번 생각해 보자.

우리가 한정적으로 시·공간을 구속할 수 있는 근거로 우리는 삼라만상의 출발점 또는 시작점을 들 수 있다. 이와 같이 영어의 시제로 표현된 모든 문장의 상황에도 상황의 시작점은 공히 존재한다. 다만 현재시제의 상황을 제외하고는 나머지 모든 시제에서는 행위나 상황의 종료점까지 함께 존재한다. 모든 시제의 상황에 공통으로 들어가는 시작점을 제외한다면 종료점을 모르거나 예측할 수 없는 현재시제의 상황은 이러한 의미에서 거의 무 시제(無時制) 개념으로 받아들여도 된다.

한편으로 시제의 그림에서 모든 수정공의 둘레를 선으로 처리하지 않고 명암만으로 수정공의 경계 내지는 가장자리를 나타낸 이유는 한정된 시·공간의 영역이지만 무한의 개념을 이 그림들 속에서 표현하려고 한 것이다.

(2) 현재시제의 논리적 고찰

현재시제는 지금시점을 기준으로 지금시점 주위의 상황을 표현하는 시제이다. 지금시점에서 볼 때 현재시제로 표현된 행위나 상황에서 우리는 그 행위나 상황이 시작된 과거시점은 알거나 정해졌거나 추측할 수 있는 반면에, 그 행위나 상황이 끝날 미래시점은 모르거나 예측불허의 상황이라는 의미이다. 물론 그 행위나 상황 자체가 미래영역에서 존재하는 것을, 혹은 언젠가는 끝이 날 것이라는 사실자체를 부인하는 것이 아니라, 다만 그 행위나 상황이 끝날 시점과 장소는 한정 또는 제한되어 있지 않다는 의미이다. 다시 말해서 현재시제는 과거시간의 구속은 받으나 미래시간의 구속은 받지 않는 시제형식이다.

Erich Fromm은 그의 저서 『*To Have Or To Be?*』 에서 일부 철학자들이 'being'의 개념을 "a permanent, timeless, and unchangeable substance and the opposite of becoming"이라고 하였으나 그는 "…, then there is no being that is not at the same time becoming and changing"이라고 하였다. Erich Fromm의 말과 같이 존재와 진행(becoming)은 서로 배타적인 동시에 서로를 포용하는 실재이다. 저자가 강조하는 바도 우리의 존재being는 부단히 여러 형태의 진행을 계속하고 있고 이 지속의 현상 속에서 존재의 의의를 찾을 수 있다는 것이다.

여기에서 말하는 현재시제는 진행의 상태가 미래시간의 한정, 구속을 받지 않는 상황, 다시 말하면 미래의 어느 시점에서 끝날지 모르는 진행의 상태를 being의 상태로 표현하는 형식이라 하겠다. 즉 미래영역에서 언제까지 진행을 계속할지에 관해서는 지금시점에서 모르기 때문에, going on(진행)의 상황이 being(존재)의 상태로 변한 것이 현재시제이다.

현재시제의 근본적인 의미인 '존재'를 가장 확실하게 보여주는 동사가 be(존재, 상태) 동사와 have(소유) 동사이다. 쉽게 설명하자면, '존재'와 '소유'는 결국은 동일한 상태 개념이다. 소유(상태)하기 위해서는 존재(상태)하여야 하고, 존재(상태)하기 위해서는 소유상태로 있어야 하기 때문에, 소유와 존재는 동일한 개념의 필요충분조건일 뿐이다. 존재개념의 대표적 동사는 be와 exist 동사요, 소유개념의 대표적 동사는 have, own, owe, belong, possess 등이 있다. 이러한 종류의 동사들은 그 자체가 존재와 소유, 즉 유무(有無)의 상태를 의미하기 때문에, 숙어적 표현을 제외하고는 대개의 경우 진행시제로 표현하지 않는다.

다음 예문들을 살펴보자.

1. 지구는 존재한다.
2. 나는 광대다.
3. 나는 음악을 좋아한다.
4. 그 친구는 교회에 나간다.
5. (부하가 상사에게) 문제가 생겼습니다.
6. 나는 돈 벌려고 단편들을 쓰지.
7. 너 쇼핑하는 것 좋아하니?
8. 난 중국어를 할 줄 몰라.
9. 그 친구는 거의 외출을 하지 않아.
10. 난 여름이면 매일 수영장에 가지.

이번에는 각 예문의 상황에서 현재시제의 속성을 살펴보자.

1. 지구는 존재한다.

이 문장의 의미는 과거의 한 시점에서 지구가 존재하기를 시작하여 언제 폭발하여 없어질지 모르는 미래의 어느 한 시점까지 존재하는 것을 의미한다.

2. 나는 광대다.

과거 한 시점에서 광대로 시작하여 (광대가 된 순간 이 시점은 벌써 한정되었음), 지금 말하고 있는 시점 부근에도 광대이고, 언제까지일지는 몰라도, 즉 한정되어 있지 않은 미래의 어느 시점까지 광대로 있을 것이라는 의미이다.

물론 이렇게 설명을 하면 사람들 중에는 현재형으로 표현된 상황에서 미래의 한 시점을 알 수 있다고 논박을 하며 'He is a professor.' 같은 예문을 제시할 수도 있다. 즉 이 문장에서 그 사람이 교수로서의 신분이 끝나는 시점, 다시 말하면 정년퇴직하는 날짜인 미래의 시점을 안다고 주장할 수도 있다. 그러나 인간이 만든 규정상으로는 정년퇴직까지 교수직을 유지할 수 있지만, 사람의 앞날은 아무도 예측할 수 없는 법이다. 앞에서도 설명했지만, 언제까지 교수직을 유지하느냐에 초점을 맞춘 것이 아니라 교수로서의 신분이 상당 기간 존재한다는 것, 즉 신분존재의 지속성에 초점을 맞춘 것이다.

3. 나는 음악을 좋아한다.

과거 한 시점에서 음악을 좋아하기 시작하여, 말하고 있는 지금시점 부근에서도 좋아하고, 예측할 수 없는 미래의 시점까지, 경우에 따라서 과장을 할 것 같으면, 언제 죽을지 모르는 시점까지 음악을 좋아할 수도 있을 것이다.

4. 그 친구는 교회에 나간다.

나 자신이 '그 친구는 교회에 나간다'라고 말할 수 있는 것은, 그 친구가 내게 교회에 다닌다고 말했거나, 들어서 알거나, 제3자가 가르쳐 주었거나 등의 여러 가지 이유로 이러한 문장을 사용할 수 있지만, 가장 중요한 사실은 그 친구가 적어도 교회에 가기 시작한 점은 과거영역의 한 시점이 분명하다는 사실이다. 내가 지금 이 문장을 말하고 있는 시점부근에도 그 친구는 교회에 다닐 것이고, 미래의 어느 시점까지 교회에 나갈지는 미지수이지만, 앞으로도 교회에 나가리라는 것 자체는 예측할 수 있기 때문에, 현재형으로 표현할 수 있는 것이다.

5. (부하가 상사에게) 문제가 생겼습니다.

회사 직원이 상사에게 이 상황을 현재형으로 간단히 표현할 수 있다. 즉, 문제가 생긴 시점은 벌써 과거영역의 한 점이지만, 지금시점에서 본다면, 이 문제가 미래영역의 잘 모르는 한 시점에서 해결될 때까지는(혹은 영원히 미해결로 남아있을 수도 있겠고) 문제로 남아 있을 터이니까, 과거영역과 미래영역을 동시에 포함하는 현재형으로 표현할 수 있는 것이다.

6. 나는 돈 벌려고 단편들을 쓰지.

이 문장에서 단편을 쓰기 시작한 과거시점은 분명히 있다. 물론 지금 부근에도 쓰겠고 미래에도 쓰겠지만, 예측할 수 없는 미래의 한 시점까지 단편 쓰는 행위를 반복할 것이라는 상황이다.

7. 너 쇼핑하는 것 좋아하니?

'무엇을 좋아한다'의 의미나 상황은 한 행위나 상황이 반복적으로 그리고 지속적으로 일어날 때 가능하다. 일회성으로 끝나는 상황이 아니라 좋아하기 때문에 반복적으로 좋아하는 상황을 지속하는 것이다. 이 문장에 '평소'라는 부사를 첨가해도 좋을 것이다. '평소'라는 어휘 자체가 과거영역, 지금시점 부근, 미래영역을 전부 포괄적으로 수용하기 때문에 이렇게 평소에 하는 일, 습관 등을 표현하고자 할 때 현재시제를 사용한다.

8. 난 중국어를 할 줄 몰라.

'나는 중국어를 할 줄 알아'의 의미는 과거 어느 시점에 배우기 시작해서, 아니면 저절로 알게 되어, 물론 지금시점 부근에도 할 수 있고, 내가 중국어를 다 잊거나, 늙어서 정신이 없게 되거나, 혹은 죽게 될 때까지는 중국어를 할 수 있으니까 당연히 현재형으로 써야 한다. 그러므로 '할 줄 모르는 상황'도 현재형이다. 물론 내일부터, 아니면 지금 당장이라도 중국어를 공부할 수도 있지만, 이 문장에서 '할 줄 모르는 상황'이 미래 어느 시점에서 끝날지는 예측할 수 없다. 그리고 지금 말하고 있는 시점에서 보면 '내일도' 또는 '지금 당장이라도'의 시각도 미래의 영역에 속한다.

9. 그 친구는 거의 외출을 하지 않아.

이 문장의 상황에서도 우리는 '거의 하지 않는' 상황이 앞으로도 지속적으로 예측불허의 미래시점까지 일어나리라는 것을 예측할 수 있다. 따라서 이 문장도 당연히 현재시제로 표현하는 것이 좋다.

10. 난 여름이면 매일 수영장에 가지.

'여름이면' 자체가 과거의 여름, 지금시점 부근 즉 금년 여름, 그리고 미래의 여름(미래의 어느 여름까지 수영장에 갈지는 모르지만)을 포함하기 때문에, 현재형으로 이 문장을 써 주어야 한다.

앞의 예문들을 영어로 표현해 보자.

1. The earth exists.
2. I am a clown.
3. I love music.
4. He goes to church.
5. There is a problem. / We have a problem.
6. I write short stories for money.
7. Do you enjoy shopping?
8. I don't speak Chinese.
9. He rarely goes out.
10. I go swimming every day in the summer.

(3) 현재시제의 논리적 속성

지금까지 설명한 내용은 '존재, 소유, 상태'의 속성을 보여주는 어휘들의 예를 보여준 것과 같다고 할 수 있다. 현재시제의 철학적 근저인 존재와 소유의 필요충분조건은 영속성과 불변성 내지는 지속성, 반복성과 같은 속성이다.

우리가 앞에서 열거한 현재시제의 예문들에서 볼 수 있는 공통점이 이와 같은 속성을 보여준 것과 같다. 어떠한 상황에 관계없이 위의 문장들의 상황과 의미에는 한정된 과거시점부터 예측할 수 없는 미래영역으로 이어지는 영속성, 지속성, 불변성, 반복성을 느낄 수가 있을 것이다.

즉 이러한 현재시제의 속성인 영속성, 지속성, 반복성, 불변성이 존재하기 위해서는 어느 한 행위나 상황이 과거영역의 한 시점에서 출발하여 지금시점 부근을 지나 미지의 미래영역까지 연장, 지속이 되어야만 가능하다.

이러한 논리에 의거하여 영속성, 지속성, 반복성, 불변성을 표현하기 위하여 현재시제와 함께 자주 사용되는 부사나 부사구들이 있다. 예를 들어 always, never, often, usually, every night, in summer, on Sundays, three times a year, whenever 등의 빈도수를 나타내는 부사, 부사구 등이다.

우리가 중·고등학교 시절 영어시간에 '진리, 습관, 내지는 평소에 하는 일'은 현재형으로 표현하라고 배운 이유가 바로 현재시제의 속성을 염두에 둔 것이다. '진리, 습관 내지는 평소에 하는 일'에 공통적으로 들어가는 속성이 철학자들이 말하는 'a permanent, timeless, and unchangeable substance'인 것이다.

삼라만상의 현상이 이렇게 영속성, 지속성, 불변성을 소유할 때 우리는 말로 표현하기 힘든 절대성을 이 속성들에서 찾아볼 수가 있다. 인간이 만들어 낸 모든 시제의 영역을 포함하면서, 한편으로는 모든 시제들 위에 초월하여 군림하는 시제가 현재시제인 것이다. 이러한 속성으로 인하여 현재시제는 어느 시제와도 개별적으로는 상대, 대립, 대비되는 시제가 될 수 없는 완전한 시제로써, 홀로 설 수 있는 유일한 독립적인 시제인 것이다.

현재시제의 논리적 속성을 예문을 들어가며 다시 한 번 자세히 설명하겠다.

초월성

우주가 과거 어느 시점에서 존재를 시작하여 예측불허의 미래까지 존재의 진행을 계속한다고 할 때, 우리는 우주의 상태를 현재시제에 비교할 수 있다. 이렇게 현재시제는 한정할 수 있는 과거영역과 한정할 수 없는 미래영역을 모두 포괄적으로 포함하는 시제로써, 엄격히 말하면 과거영역에서는 시·공간의 제한, 구속을 받으나, 미래영역에서는 시·공간의 구속, 제한을 받지 않는 시제라고 할 수 있다.

따라서 현재시제는 우리가 다른 시제에서 찾아 볼 수 있는 영역 또는 시점의 개념만으로는 설명할 수 없는 시제인 동시에, 한정된 시간대의 개념으로도 설명을 할 수 없는 시제이다. 결과적으로 유한의 개념보다는 무한의 시·공간 개념으로 현재시제를 받아들여도 좋다. 쉽게 설명하면, 현재시제는 어느 시제와도 개별적으로는 상대적인 관계에 있을 수 없는 시제이기 때문에, 오로지 현재시제와 나머지 모든 시제를 총괄하여 초월과 종속의 대비개념으로만 비교할 수 있다.

이러한 의미에서 현재시제는 모든 시제위에 초월, 군림할 수 있는 시제로써, 시·공간의 구속까지 초월하는 시제이다. 다음 영어로 된 예문을 살펴보자.

1. Men are mortal.
2. Dogs are animals.
3. The earth goes around the sun.
4. Light is made up of waves.
5. The sun is hot.

1번 문장의 경우만 설명하겠다. '사람은 죽는다'의 의미를 한번 곰곰이 생각해 보자. 특히 이 문장의 상황과 의미에서 시·공간의 구속이나 제한을 자세히 살펴보자. 사람이 언제 죽느냐에 관한 문제가 아니라, 사람이면 누구나 다 죽는다는 의미이다. 아담과 이브도 죽었고, 아브라함도 죽었고, 우리 이웃에 사는 사람도 얼마 전에 죽었고(과거시제), 지금시점에도 죽어가는 사람도 있겠고(현재진행시제), 우리 아버지도 언젠가는 돌아가실 것이고, 나도 언젠가는 죽을 것이다(will 미래시제). 사람은 그간 죽어 왔고(현재완료시제), 지금도 죽어가고 있고, 죽어가다 살아난 사람도 있겠고, 곧 죽을 사람도 있을 것이다(be going to 미래시제). 즉 죽음이라는 현상이 반복적으로 영원히 지속되는 느낌을 받을 수 있다. 이렇게 한정된 과거영역으로부터 한정할 수 없는 미래영역에 걸쳐 일어나는 현상이 현재시제의 상황인 것이다.

이렇게 장황하게 설명한 것처럼, 현재시제는 위에서 설명한 모든 상황의 시제를 포함하면서도, 정작 현재시제 자체는 시·공간의 구속을, 시제의 제한을 조금도 받지 않는 시제이다. 다시 설명하자면 유한의 시·공간에서 일어나는 삼라만상의 현상을 두고 논할 때, 한정된 과거시점, 즉 존재가 시작된 시점이 없는 상태나 상황은 존재할 수가 없다. 따라서 이 한정된 과거시점을 고려대상에 넣지 않는다면, 정작 현재시제 자체는 시·공간의 구속을 받지 않는 동시에 모든 시제위에 군림하며 초월하여 존재하는 시·공간의 부재 개념인 시제인 것이다.

절대성

현재시제의 속성인 영속성, 지속성, 불변성 등을 종합해 보면 우리는 이들의 속성에서 의미에 가감을 할 수 없는 절대성을 느낄 수 있다. 즉 이러한 속성이 존재하기 위해서는 반드시 과거의 한 시점부터 한정할 수 없는 미래의 영역을 포함하는 시·공간의 영역이 존재하여야 한다. 이렇게 한 문장의 상황을 알 수 없는 미래의 영역까지 연결, 지속시킨다면, 이러한 상황의 의미는 절대적인 진리나 다름이 없다.

다음 예를 살펴보자.

1. You are a thief.
2. He cheats on his friends.
3. My aunts are wicked.
4. I don't know him.
5. I owe my life to him.

현재시제로 표현한 위의 영어문장들의 의미와 상태를 자세히 살펴보자.

1. You are a thief.

이 문장을 살펴보자. 상대방에게 이렇게 도둑이라고 할 때는 적어도 상당한 증거가 있지 않는 한 고소당하기 쉽다. 과거에도 도둑질을 했고, 지금 시점 부근에도 도둑질을 하고, 언제까지 도둑질을 할지 모르지만 미래까지 도둑질을 할 것이 확실하다는 의미이다. 따라서 이렇게 현재형으로 표현하게 되면 이 사실은 절대적인 진리와 같이 들리게 된다.

2. He cheats on his friends.

이 문장도 자기 친구를 언제까지고 속여먹는다는 의미이니 그런 친구는 피하는 것이 상책이라는 결론을 내도 좋겠다.

3. My aunts are wicked.

이 문장의 의미도 대단히 강하게 들린다. 어떻게 고모들이나 이모들 모두가 다 그렇게 나쁠 수 있는지 몰라도 하여간 과거에도 고약했고 앞으로도 고약할 것이라는 절대적인 의미이다.

4. I don't know him.

이 문장을 만약 배신한 애인을 두고 말했다고 하자. 이런 말을 했을 때는 과거에도 그 사람 같은 사람은 몰랐고, 지금시점 부근에도 모르고, 미래에도 모를 것이라는 의미이다. 정말로 알 수 없는 사람이라고 말하는 것과 같겠다. 물론 이러한 해석은 비유적으로 말한 것이지만, 일반적으로 말하면, 누가 미래에 내게 설명을 해 주지 않는 한 그 사람에 대해서는 모른다는 절대적 의미이다.

5. I owe my life to him.

이 문장의 의미도 대단히 강하게 들린다. 언제 죽을지 모르지만, 죽을 때까지, 아니면 예측불허의 미래시점까지 내 목숨을 바쳐서 은혜를 갚겠다는 의미처럼 들리는 이유가 바로 현재시제의 속성인 절대성에서 기인한 것이다.

이렇게 현재시제로 표현한 의미에는 진행의 상태가 존재의 형태로 우리가 예측할 수 없는 미래영역까지 지속이 되기 때문에 불변하지 않고 영원히 지속되는 진리의 의미 같은 절대성이 포함된 것이다.

4. 현재시제와 인근시제

현재시제는 과거영역과 미래영역, 그리고 이 두 영역사이에 있는 '지금시점' 부근의 영역을 포함해서 존재하기 때문에, 그 결과로써 인근 영역에 있는 시제들, 즉 과거시제, 미래시제, 현재진행시제와의 관계나 설정영역을 확실히 구분하기가 힘들 수도 있다. 현재시제는 모든 시제의 시·공간 영역을 포괄적으로 포함하기 때문에 다른 시제들과 상충하는 점이 있는 것이다.

(1) 현재시제와 미래시제

현재시제의 영역에는 미래영역이 포함되어 있다. 따라서 미래시제의 형식을 빌리지 않고 현재시제의 형식을 빌려 미래의 의미를 나타낼 수도 있다.

스케줄 혹은 시간표 등은 그 일정을 변경하지 않는 한, 미래영역에서도 그 일정에 의해서 움직이므로 현재시제로 표현한다. 현재시제로 묘사된 일정표에서 우리는 절대성을 느낄 수 있을 것이다. 예를 들어, 기차, 비행기, 고속버스, 학교 등은 미리(과거 한 시점에) 시간표를 작성해 놓고, 언제까지 시간표대로 움직일지 모르나, 지금시점 부근에도, 미래에도 시간표대로 움직이기 때문에 현재형을 사용한다.

다음 영어표현을 보고 지금 설명한 의미를 살펴보기 바란다.

What time does the movie start?
The concert starts at 8:00 p.m.
The train leaves Seoul at 8:00 a.m. and arrives in Busan at 1:00 p.m.
The plane leaves for Japan at 9:00 a.m.
The baseball game starts at 3:00 p.m.
Tomorrow is Sunday.

확실하게 정해진 일이나 상황은 비록 미래에 관한 일일지라도 현재형으로 쓸 수 있다. 예를 들어, '우리 아이는 3월부터 학교에 다녀'라는 문장의 상황에서는 학교가 시작하는 날짜는 이미 과거에 정해져서 매년 반복적으로 학교가 3월에 시작한다는 상황일 것이다. 따라서 현재시제로 표현하여 'My girl starts school on March 2nd'라고 하면 된다. 현재시제가 갖는 절대성의 속성으로 인하여 현재형으로 표현된 문장들이 공식적이고 절대적인 진리처럼 들리는 것이다.

(2) 현재시제의 강조용법

영어의 어휘는 어휘자체의 모든 성질이 문장 내의 위치(격), 시제, 수(단수 혹은 복수), 관사 등 여러 가지 주변 여건에서 의하여 의미가 구체적으로 구현되기 때문에 의미를 강조하는 방법도 논리적으로 생각하여야 한다.

아버지가 초등학교에 다니는 아들에게 어린아이같이 굴지 말라고 하시니까, 그 아들이 자기는 아직도 어린이라고 항변하였다 하자. 이와 같은 상황에서 '저는 (아직도) 어린 아이인데요'의 문장에서 '어린 아이이다'를 강조하려면, 우리 말 표현에서는 '어린 아이'라는 명사를 강조하면 된다.

그러나 이와 같은 상황에서 강조하고 싶은 부문을 영어식 사고로 다시 한 번 생각해 보자. '저는 어린 아이인데요'라는 의미는 '어린 아이로서의 존재'를 강조하는 의미이지 '어린 아이'라는 일반적인 어휘를 강조한 것은 아닐 것이다. 따라서 '어린 아이로서의 존재'를 강조하고 싶은 경우에는, 당연히 '존재'를 나타내는 곳에 강세를 주어야 한다. 그러므로 '존재'를 나타내는 곳, 즉 현재시제를 나타내는 곳인 'be'동사를 강하게 표현해 주어야 한다.

위의 예를 영어로 표현해 보겠다.

Father : Don't act like a child.
Son : But I AM a child.

항상 놀기만 하는 아들 방에 들어간 어머니가 공부하고 '있는 상태'의 아들의 모습을 보고 'My God! You ARE studying'하는 문장의 느낌을 이제는 알 수 있을 것이다.

5. 현재시제의 결론

현재시제는 한정된 시·공간의 과거영역부터 한정할 수 없는 미래영역에 걸쳐 포괄적으로 존재하고 있는 시제이다. 현재시제의 개념은 우리가 상상할 수 있는 우주의 개념과 같은 시각에서 보면 이해가 쉽다. 즉 지금 말하고 있는 시점에서 우주를 바라보는 시제이다. 즉 과거와 미래의 영역을 동시에 바라보는 존재와 소유의 상태개념의 시제가 현재시제인 것이다. 과거와 미래를 동시에 포함하고 있지만, 미래영역은 한정하는 시점이 없이 무한대로 열려있는 시제이다.

시제 중에서 가장 포괄적으로 과거영역과 미래영역을 포함하기 때문에, 나머지 모든 시제를 포용하는 시제이다. 또한 무한의 우주와 같은 개념의 현재시제는 이러한 의미에서 모든 시제위에 군림하며 초월하여 존재하는 시제인 것이다. 다시 말하면 현재시제는 홀로 존재가 가능한 시제이기 때문에 다른 시제와 상대적으로 또는 배타적으로 비교할 수 있는 개념의 시제가 아니다.

따라서 이러한 존재와 소유의 상태로서의 현재시제는 위에서 설명한 시·공간의 초월성을 포함할 뿐 아니라, 존재와 소유의 속성인 영속성, 지속성, 불변성 등의 초월성과 절대성을 내포하는 자연 상태의 시제인 것이다.

우리가 소위 진리라고 말할 수 있는 것은, 진리 자체가 현재시제의 속성을 전부 포함하고 있기 때문에 진리라고 말할 수 있는 것이다. 다시 말하면 소유, 존재가 상태로 남아 있기 위해서는 영속성, 지속성, 불변성 등의 속성을 내포하고 있어야 한다는 말이다. 이러한 영속성, 지속성, 불변성에는 과거 한 시점에서 시작하여 예상할 수 없는 미래에까지 불변하여 지속된다는 의미를 내포하기 때문에, 이 진리의 속성이 바로 현재시제의 최종적인 논리적 결론을 말해준 것과 다름없다 하겠다.

예를 들어, '지구는 둥글다'의 의미에서 우리는 불변의 영속성을 볼 수 있을 것이다. 언제 지구의 종말이 올지는 모르지만, 지구가 존재하는 한 지구는 둥글다라는 불변의 사실은 영속성으로 존재하는 것이지 미래 언제까지만 둥글다라는 상태가 지속된다는 의미는 없는 것이다.

결론적으로 말하면 현재시제는 이와 같이 진리의 개념이기 때문에, 현재시제로 표현한 말이나 글의 의미는 가장 절대적이며, 가장 권위가 있으며, 과학적으로 가장 명확하다. 따라서 그 의미에 가감을 할 수 없기 때문에, 조동사의 개념이 들어갈 여지가 없는, 가장 절대적이고 완전한 의미를 보여주는 언어 표현 형식인 것이다.

영어를 모국어로 사용하는 사람들 대부분이 자기 의견을 표현할 때나 절대적으로 확실하지 않은 것을 주장할 때는 여러 가지의 삽입구를 넣어 '절대적인 의미'를 희석시키려고 노력한다. I think, I guess, I suppose, I am sure, I believe 등의 표현을 그 뒤에 나오는 현재시제의 상황 앞에 덧붙여서, '다음과 같은 현재시제의 상황이나 사항은 오로지 전적으로 내 의견일 뿐이오'라는 의미로 자신이 한 말에 책임을 지고자 한다.

예를 들어 'He is a liar'라는 말을 하고 싶을 경우, 'I think he is a liar'라고 표현을 한다면 그 친구가 거짓말쟁이라는 것은 어디까지나 나 개인의 의견이라는 의미이다. 그러나 거두절미하고 'He is a liar'라는 표현의 의미는 절대적인 진리와 마찬가지이기 때문에, 잘못하면 상대방이 소송을 제기할 수 있는 상황도 될 수 있다.

그러므로 절대적으로 확실하지 않을 때는 '본인의 의견으로 말할 것 같으면' 등의 표현을 첨가하는 것이 안전하다. 'I am sure.' 또는 'I believe.'의 의미도 결국은 '본인의 의견으로 말할 것 같으면'의 의미일 뿐이다. 결론으로 말하면 우리가 영어로 의사표시를 할 경우나 영어를 우리말로 옮길 때 제일 조심하고 신중하게 사용할 시제가 현재시제인 것이다.

물론 이 책에서는 시제를 근본적이며 논리적으로 접근을 해보자는 의도이기 때문에 연극의 극적효과를 주는 배경, 무대설명이나 해설, 또는 신문기사의 제목에서 볼 수 있는 현재시제에 대해서는 언급을 하지 않겠다. 이러한 형식은 시제의 변질이나 시제에 대한 도전이 아니고, 다만 writing style 관점에서 보아야 할 것이다. 때로는 과거의 이야기를 현재시제로 표현하는 것도 예외 또는 변질된 현재시제로 보기보다는 강조용법으로 보는 것이 좋겠다.

(A) 일상적이나 습관적으로 하는 일의 현재시제의 예문

다음 *Guided Composition* 책에서 발췌한 글을 읽어보며 현재시제의 논리에 대해서 다시 한 번 생각해 보자. Elevator operator에 관한 글이다.

I usually go to work by subway. I get to work by 8:00 A.M. Before I start my job, I put on my uniform and look at myself in the mirror to make sure that I look neat. At 8:30 in the morning, I go on duty. I usually eat lunch from twelve to one and generally take a fifteen-minute break in the morning and in the afternoon. At 4:30 in the afternoon, I go off duty.

I enjoy my job very much. I meet all kinds of people and talk to everyone. Many people ask me questions, and I give them the necessary information. I try to be helpful. I always call out floors very clearly. I never stay in one place long. On the contrary, I am constantly on the move. Most men take off their hats in my car. Sometimes I tell passengers to put out their cigarettes. Some people smile at me, and others ignore me. My life is a series of 'ups' and 'downs.'

(B) 진리에 관한 예문

다음 글은 Albert Einstein의 Physics and Reality에서 인용한 글이다. Einstein은 명필가로도 유명하다.

I believe that the first step in the setting of a "real external world" is the formation of the concept of bodily objects and of bodily objects of various kinds. Out of the multitude of our sense experiences we take, mentally and arbitrarily, certain repeatedly occuring complexes of sense impression(partly in conjunction with sense impressions which are interpreted as signs for sense experiences of others), and we attribute to them a meaning–the meaning of the bodily object. Considered logically this concept is not identical with the totality of sense impression referred to; but is an arbitrary creation of the human(or animal) mind. On the other hand, the concept owes its meaning and its justification exclusively to the totality of the sense impressions which we associate with it.

03 현재진행시제

The Present Continuous Tense

1. 현재진행시제의 사전적 의미

현재진행시제에서 '진행'을 의미하는 어휘인 'continuous'를 『*Webster*』 사전에서 찾아보면 'going on without interruption'으로 되어 있다. '진행'을 의미하는 또 다른 어휘인 'progressive'는 'moving forward'로 나와 있다. 우리가 '진행'이라고 번역한 'continuous'를 엣센스 영한사전에서는 '(시간·공간적으로) 연속적인'이라고 설명하고 있다. 'moving forward'에서도 우리는 무엇인가가 부단히 앞으로 움직이고 있는 느낌을 받을 것이다. 우선 영어로 풀이한 것을 자세히 살펴보자. 'going on'의 상황은 한시적인 상황에서의 지속적인 진행을 의미한다. 'going on without interruption'에서 가장 우리의 주의를 끄는 부분이 'without interruption'이라는 구절일 것이다. 'without interruption'이라는 표현 속에는 언젠가는 'with interruption'이 있을 것이라는 상황을 내포하고 있다. 바로 여기에 현재진행시제의 논리가 숨어 있는 것이다.

논리적으로 설명하자면 현재진행시제의 상황, 즉 going on의 행위나 상황이 without interruption인 상태에서는 진행이 되고 있지만(going on의 상황), 'interruption이 생기면' 즉 'with interruption'인 경우에는 그 진행은 중단되고 만다는 의미이다. 즉 진행이란 단어 자체에 'without/with interruption'이란 의미를 내포하기 때문에, 우리는 이 현재진행시제에서 이미 시·공간의 구속, 한정을 볼 수가 있을 뿐 아니라 현재시제와의 경계선을 볼 수가 있다.

쉽게 표현하자면, 현재진행시제의 상황이란 interruption이 있기 전까지만 어떤 행위나 상황이 진행되는 것을 의미한다. 즉 'going on' 상황은 'with interruption'이 있을 때, 즉 'with interruption 상황'에서 동사의 '…ing (진행) 상태'가 중단되거나 완료된다는 것을 의미하는 것이다. 여기에서 interruption은 한 행위나 상황이 다른 행위나 상황으로 바뀌는 것을 의미한다고 보면 된다.

2. 현재진행시제의 일반적 개요

현재진행시제를 이해하기 위하여 다음 우리말로 된 표현들을 살펴보자.

1. 네 동생 방에서 뭐 하는지 알아보고 오렴.
2. (누이가 동생 방에 들어가서) 야! 너 뭐해?
3. 어머, 이젠 비 안 오네.
4. 이번 학기에 무슨 과목 신청했니?
5. 이번 시즌에 그 친구는 축구경기에 못 나간대. 다리를 다쳤대.

6. 나 다음 목요일에 치과 가기로 되어 있어.
7. 이번 주말에 너 뭐 하니? John 하고 정구 치기로 했어.
8. (듣기 싫게도) 우리 이웃집은 매일 싸워.
9. (짜증나게도) 우리 애는 매일 불평만 해.
10. 요즈음 실업자 수가 증가한대.
11. 점점 어두워지네.

위의 문장들은 저자가 일상생활에서 사용하는 우리말 표현을 우리말 사고 식으로 자연스럽게 표현하려고 애 쓴 문장들이다. 영어식 표현으로 변형된 우리말 문장을 영어로 표현하기가 훨씬 쉽고 정확하겠지만, 자연스러운 우리말 표현을 우선 논리적으로 이해한 후에 영어로 표현해 보는 것이 영어시제로의 논리적 접근이다. 저자의 설명을 읽기 전에 위의 예문들을 한번 영어로 표현해 본 후에 나중에 비교해 보는 것도 바람직한 영어 공부의 한 방법이다.

1. 네 동생 방에서 뭐 하는지 알아보고 오렴.

이 문장에 '지금'이라는 단어를 첨가하면 의미가 더 확실할 수도 있겠다. '네 동생 지금 방에서 뭐 하는지 알아보고 오렴'의 시·공간을 한번 생각해 보자. 엄밀히 말하면 '지금'이라는 시각도 누이가 동생 방에 들어 설 순간을 말하는 것인지, 아니면 지금 이 순간 어머니가 말하고 있는 시점인지 확실하게 규정할 방법이 없다. 그러나 논리적으로 말하자면 '지금'이라는 시점은 어머니가 말하고 있는 이 순간만은 아닐 것이다. 대략 어머니가 말하고 있는 시점과 누이가 동생 방에 들어 설 시점을 포함한 시간이 '지금'시점 부근일 것이다. '지금시점'을 정확하게 과학적으로 한정하기가 힘들기 때문에, 저자는 '지금시점 부근'이라는 표현을 사용하는 것이다.

2. (누이가 동생 방에 들어가서) 야! 너 뭐해?

누이가 방에 들어가자마자 이 말을 했을 터이니까 단순히 지금 말하고 있는 이 순간이 이 문장의 지금시점 부근이 된다.

3. 어머, 이젠 비 안 오네.

이 문장의 상황을 자세히 살펴보자. '이제는 더 이상 비가 오지 않는다'라는 의미는 조금 전까지는 비가 왔었는데 지금 이 순간 (시점) 부근은 비가 오고 있지 않다라는 의미일 것이다. 그러나 이러한 문장은 비가 그친 후 얼마 지나지 않을 때만 사용할 수 있는 표현이지, 비가 그친 후 오랜 시간이 지난 후에는 더 이상 이렇게 표현하지 않을 것이다. 물론 우리나라의 장마철 기간에는 장맛비가 그친 후 며칠을 두고도 사용할 수 있는 표현이다. 시간은 상대적인 개념이라는 것을 잊지 말자.

부정문으로 쓴 3번 문장의 상황이 영어로 표현이 잘 되지 않는다고 생각이 되면, 한번 역으로 생각해 보면 쉬워진다. '이젠 비가 오지 않는다' 또는 '이젠 비가 오고 있지 않다'의 반대표현은 '이제 혹은 지금 비가 온다, 또는 비가 오고 있다'라는 상황이다. 다시 말하면 '비가 오고 있다'라고 생각했는데 '지금 보니 비가 오지 않는다'라는 의미이다. 따라서 '비가 오고 있다'라고 생각한 상황의 반대상황이므로 이 문장의 부정형을 현재진행시제로 표현하면 된다.

이 문장을 현재진행형으로 묘사했을 때 어떤 의미가 되나 생각해 보자. 우리나라의 봄비를 생각해 보자. 비가 그친 후 얼마 정도의 시간대에서는 (비가 완전히 그쳤다고 생각할 때까지는) 이 표현을 사용할 수 있겠지만, 매일 매일 화창한 날씨에 이 표현을 쓴다거나, 그 다음 비가 올 때까지 계속 사용하는 것은 바람직하지 않을 뿐 아니라, 비논리적인 표현이 된다. 그러나 몇 달이나 계속되는 인도의 우기에서는 비가 잠시 그쳤다가 다시 올 수 있다. 이런 경우에는 다음 비가 올 때까지 이 표현을 사용할 수 있을 것이다.

이 의미를 현재진행형으로 표현하지 않고 만약 현재형으로 묘사했다면 어떤 의미가 될까 생각해 보자. 'It doesn't rain here'의 의미는 '과거에도 비가 오지 않았고, 지금시점 부근에도 비가 안 오고, 언제까지일지 잘 모르지만 미래에도 비가 오지 않는다'라는 의미로 흡사 사막지역을 연상시키는 상황이 되어버린다.

4. 이번 학기에 무슨 과목 신청했니?

우선 '이번 학기'라는 구절에서 우리는 이미 시간의 한정을 느낄 수 있다. 앞에서 설명한 without interruption이 이번 학기로만 한정이 된 것이다. '이번 학기'라는 한정된 시간에서는 앞의 예문들 보다는 지금시점 부근의 설정지역이 좀 넓은 것을 느낄 수 있다. 시간은 상대적 개념이기 때문에 지금시점 부근이 1초에서 몇 천만 년도 될 수 있다.

5. 이번 시즌에 그 친구는 축구경기에 못 나간대. 다리를 다쳤대.

이 문장의 상황도 지금은 운동경기에 참여하고 있지 않지만, 발이 다 나으면 다음 시즌에는 또 뛸 수 있다는 의미이다. 이 문장도 넓은 의미의 '지금시점 부근'의 상황을 묘사하는 것이다. 그러므로 지금시점 부근이 이번 시즌으로 국한 내지 한정이 되어 있는 것을 볼 수 있다.

6. 나 다음 목요일에 치과 가기로 되어 있어.

이 문장을 논리적으로 살펴보자. 다음 목요일에 치과에 가기로 되어 있다면, 분명히 그 약속은 지나간 과거 어느 시점에서 했을 것이다. 그리고 이 '치과 약속'은 다음 목요일이면 끝나게 되어있는 것을 알 수 있다. 그러므로 이 문장의 시점 설정지역은 과거에 약속을 한 시점부터 다음 주 목요일까지로 한정이 되어 있는 것을 알 수 있다.

7. 이번 주말에 너 뭐하니? John 하고 정구 치기로 했어.

이 문장도 6번 문장과 같은 맥락에서 이해하면 된다. 이 문장의 한정된 시점은 정구를 치기로 약속한 과거의 한 시점부터 이번 주말까지의 시간으로 한정되어 있다. 즉 위의 두 문장들은 약속을 정한 과거시점부터 그 약속이 이행되는 미래시점까지인 '지금시점 부근'의 설정영역을 볼 수가 있을 것이다.

8. (듣기 싫게도) 우리 이웃집은 매일 싸워.

9. (짜증나게도) 우리 애는 매일 불평만 해.

이 문장들은 논리적으로 설명하기 보다는 다소 심리적인 고찰이 필요하다. 우리가 어떤 사물이나 일의 진척, 행동, 상황을 보고 부정적인 시각으로 표현한다면, 우리 마음 깊숙한 곳에서는 그 상황이나 행위가 그치기를 바라는 마음이 있을 것이다. 이웃에서 거의 매일 시끄럽게 싸운다면, 누구든지 그 이웃이 싸움을 중단하기를 바라는 마음일 것이다. 매일 불평만 하는 아이를 좋아할 리가 없을 것이고, 매번 더 많은 돈을 요구하는 아내가 예뻐 보일 리가 없을 것이고, 우산을 들고 나가기만 하면 우산을 택시에 두고 내리는 남편이 기특해 보일 리가 없다.

즉, 이러한 부정적인 의미의 문장들은 이 부정적인 행위, 상황 등이 곧 중지되기를 바라는 마음이기 때문에 미래의 어느 시점, 그것도 될 수 있는 한 빠른 미래의 시점까지 한정해 놓은 상태에서 화자의 소망 내지는 바람을 표현한다고 할 수 있다. 다시 말하면, 8번, 9번의 문장들도 1번부터 7번까지의 문장들과 마찬가지로, 과거의 한 시점에서 미래의 한정된 시점, 혹은 끝날 점까지로 '지금시점 부근'의 영역을 설정한다고 말할 수 있다.

10. 요즈음 실업자 수가 증가한대.

우리말의 '증가하다, 감소하다, 늘다, 줄다, 변하다, 나아지다, 나빠지다, 변하다' 등의 동사들의 공통점을 살펴보기로 하자. 이 동사들의 특성은 한정된 시·공간점을 내포하고 있는 동사들이다. '증가하다'의 의미는 앞에서 설명한 '진행'의 의미와 일맥상통하다. 즉 어느 한정된 시점까지만 이 변하는 상황이 계속 된다는 의미이다.

과거시점을 기준으로 보면, 지금시점에서는 증가하고 있지만, 미래의 한정된 시점에서는 그 증가하는 부문이 멈추거나 감소하는 상황을 내포한다. 만약 어느 행위나 상황이 계속 증가한다면 이를 나타내는 동사가 별도로 마련되어 있을 것이며, 이러한 상황이 영속적으로 변하지 않고 지속이 된다면, 존재나 상태의 의미를 나타내기 때문에 현재시제로 표현해야 할 것이다. 다시 말하면 이러한 종류의 동사들 자체에 이미 진행이나 변화의 중단이나 멈춤을 내포하고 있기 때문에 우리는 이 동사들에서 이미 미래시점이 한정되어 있는 것을 볼 수 있다.

11. 점점 어두워지네.

'점점 어두워지네' 상황 후에 올 수 있는 상황은 '이제는 어둡다'의 상황일 것이다. 즉 'It is (now) dark'라고 말할 수 있는 상황 전까지의 상황, 즉 한정된 미래시점까지의 상황이라는 것을 알 수 있다.

위의 예문들에서 볼 수 있듯이 현재진행시제는 '지금시점 부근'에서 일어나고 있는 행위나 상황이 한정된 미래시점까지만 진행이 되는 것을 표현할 때 사용하는 시제이다. 이렇게 한정된 미래시점까지의 진행을 지금시점을 중심으로 표현하는 시제형식이 현재진행시제이기 때문에, 한정적인 시점을 이해하는 것이 이 시제를 이해하는 첫 걸음이 될 것이다.

그러면 위의 예문들을 우선 영어로 표현해 보자.

1. Go and see what your brother is doing in his room.
2. What are you doing?
3. Look! It isn't raining any more.
4. What are you taking this semester?
5. He is not playing soccer this season. He's got his leg broken.
6. I am seeing my dentist next Thursday.
7. What are you doing this weekend? I am playing tennis with John.
8. My neighbours are always arguing.
9. My son is always complaining.
10. The unemployment rate is increasing.
11. It is getting dark.

3. 현재진행시제의 논리적 접근

(1) 현재진행시제의 영역

현재진행시제는 앞장에서 설명한 현재시제와 마찬가지로 과거영역, 지금시점 부근, 그리고 미래영역을 포괄적으로 포함한다. 그러나 미래영역에서 시점을 한정, 제한, 구속할 수 없는 현재시제와는 달리 현재진행시제에서는 미래시점을 한정, 구속해야 한다.

바꾸어 말하면 현재진행시제는 시점 하나로 미래영역을 한정지을 수 있는 시점의 시제임에도 불구하고, 제한된 설정영역 내에서 일어나는 상황이나 행위를 묘사하는 시제이다.

위의 설명을 그림을 통하여 살펴보기로 하자.

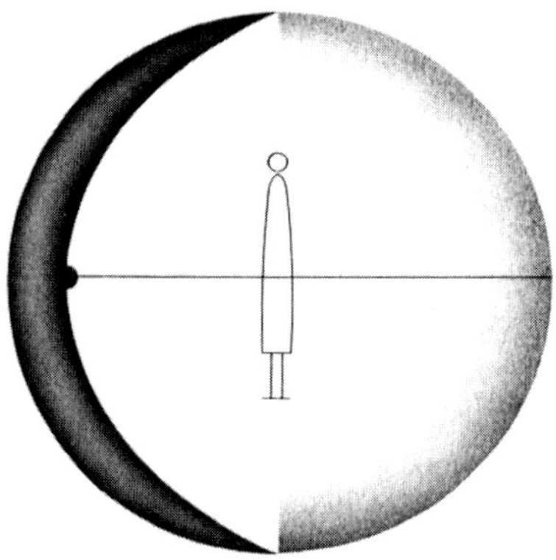

그림 3-1 **현재시제의 영역**

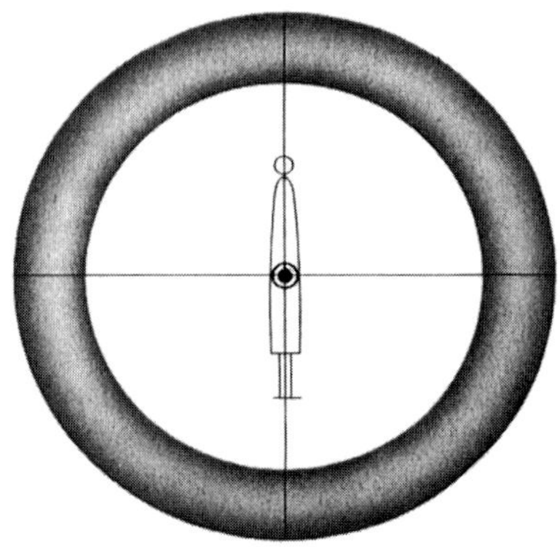

그림 3-2 **현재진행시제의 영역**

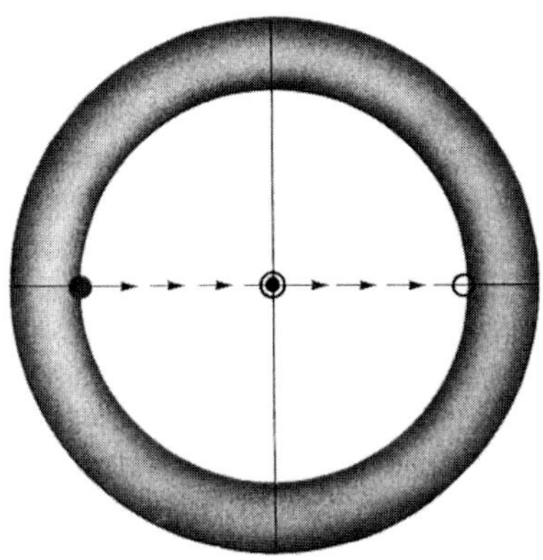

그림 3-3 **현재진행시제 1**

현재시제에서는 미래영역, 즉 미래의 시·공간을 포함하지만 시점을 한정하여 미래영역을 지정할 수 없는 반면에, 현재진행시제에서는 미래영역

내의 종료 시점을 한정할 수 있다. 그러나 현재진행시제의 그림들을 종합해 보면 현재진행시제의 영역이 두 시점으로 표시되어 있지만, 두 시점으로 연결된 한정된 시간대라는 의미는 나타나 있지 않다. 다시 말하면 지금시점 부근에서 진행되고 있는 상황의 종료점을 알거나 추측할 수 있다는 의미로 이 그림들을 받아들여야 한다.

결론적으로 말하면 현재진행시제란 현재시제의 영역에서 현재시제의 속성인 '영속성, 지속성, 불변성, 반복성'을 배제한 시제이다. 즉 현재진행시제에서는 미래의 한 시점을 한정, 제한, 구속하여 현재시제의 속성을 배제한 시제이다.

현재진행시제의 영역을 '지금시점' 주변이라고 생각하여 '지금' 또는 '지금시점 부근'에서 일어나고 있는 상황들만 현재진행시제로 표현하는 것을 발견할 수 있다. 그러나 이런 사고방식은 근본적으로 위험할 뿐 아니라 현재진행시제를 이해하는데 걸림돌이 된다고 할 수 있다. 시간은 상대적인 개념이기 때문에 지금시점 부근의 시간의 폭은 몇 초에서 몇 백만 년의 시간도 될 수 있는 것이다.

(2) 현재진행시제의 논리적 고찰

현재진행시제는 지금시점 부근에서 진행되고 있는 상황이 미래 어느 시점에서 끝날지를 알거나 추측할 수 있거나 예상할 수 있을 때 사용하는 시제이다. '너, 지금 뭐하니?'의 상황은 과거 어느 시점에서 시작하여, 엄격히 말하면 지금시점 부근에서도 하고 있으며, 미래의 어느 정해진 시점까지, 즉 한정된 영역대 내에서만 진행을 하다가 멈추는 상황을 의미하는 것이다. 그렇다고 현재진행시제로 표현된 행위나 상황이 지금 말하고 있는 순간에도 반드시 진행되고 있다는 의미는 아니다. 현재진행시제의 설정영역이 좁다면 지금 말하고 있는 시점에서 진행되고 있는 상황을 묘사할 수도 있지만, 설정영역 폭이 넓은 경우에는 지금 말하고 있는 시점에서는 현재진행시제로 묘사한 행위나 상황이 일어나고 있지 않을 수도 있다.

카페에 앉아서 차를 마시면서 상대방에게 '너 지금 뭐하고 있니?'라고 물었을 경우, 당연히 'I am drinking tea with you.'라고 답할 수 있다. 그러나 '지금'이라는 시간을 좀 더 넓게 잡아 '요즈음'이라고 이해하여 'I am looking for a job.'이라고 답할 수도 있다. 그렇다면 지금 직업을 찾고 있는 상황이 말하고 있는 이 시점에서 진행되고 있는 일, 즉 차를 마시고 있는 일이나 대화를 하고 있는 상황하고는 아무 상관이 없을 수도 있다는 말이다.

간혹 일부 사람들은 현재진행시제가 지금 이 순간 눈앞에서 벌어지고 있는 행위나 상황을 묘사할 때만 사용하는 시제라고 오해할 수도 있다. 그러나 '지금 이 순간'에 진행되고 있는 상황에 현재진행시제를 사용하는 것은 당연하다. 어린아이들의 눈에는 here and now 세상만이 존재할 것이므로 어린아이들이 가장 먼저 듣고 접하는 시제가 현재진행시제인 것이다. 어린아이들에게는 보이지 않는 세계, 지나간 세계, 다가올 세계는 거의 상상하기 힘들기 때문일 것이다.

지금시점 부근에서 일어나고 있는 상황이 일정 시각까지만 지속이 되는 것에 초점을 맞추어 현재진행시제를 이해해 보자. 현재진행이라는 어휘 자체에서 보듯이 이 시제는 진행이나 진행의 경과에 초점을 맞추기 때문에 시간대, 즉 기간 duration에는 초점을 맞추지 않는다. 현재진행시제로 표현한 상황이란 과거 한 시점에서 시작한 행위나 상황이(알 수 있거나, 예측할 수 있거나, 희망을 가지고 바라볼 수 있는) 한정된 미래의 한 시점까지 진행이 계속되다 끝난다는 의미를 내포하고 있다. 예를 한 번 들어보기로 하자.

Rolex 시계는 아주 비싸고 좋은 시계라고들 한다. 그러므로 이 시계는 당연히 잘 작동할 것이라고 생각한다. 너무 좋은 시계라서 대부분의 사람들은 이 시계가 언젠가는 망가질 것이라고 생각도 안한다. 반면 지하도나 육교 위에서 파는 2,000원짜리 시계는 누구도 이 시계가 오랜 기간 동안 잘 가리라고 생각하지 않는다. 가까운 장래에, 그것도 얼마 가지 않아서 곧 망가질 것이라고 생각한다.

이 두 상황에서 현재시제와 현재진행시제의 차이를 엿볼 수 있다. Rolex 시계를 찬 사람이 '내 시계 잘 간다'라고 했을 때는 이 시계가 언제 망가질 지 예측도 할 수 없을 뿐 아니라, 망가지지 않을 것이라는 전제하에 말했다고 생각하여 'My watch works well.'로 표현한다. 반면에 2,000원을 주고 산 시계를 찬 사람이 '내 시계 잘 간다'라고 했을 때는 '현재로서는 아주 잘 간다'라는 의미로 'My watch is working well.'로 표현할 수 있다. 다시 말하면 현재로서는 잘 가지만 가까운 미래에 망가질 수도 있다라는 의미를 내포했다고 볼 수 있다. 이렇게 한정된 미래시점을 내포하기 때문에 현재진행시제로 표현하는 것이 효과적이다.

만약 여러분이 병원에 위문을 갔다고 하자. 불행히도 병원 침대에 누워 있는 사람은 거의 식물인간이나 다름없이 하루 24시간을 의식 없이 누워만 있다고 하자. 많은 사람들이 이 환자에게는 희망이 없다고 하여도 적어도 그의 부인만큼은 남편이 언젠가는 침대에서 일어나 같이 집으로 갈 수 있다라는 희망을 가지고 다음과 같이 말할 수 있다. 'What do you think you are doing? Don't you think it is time to get up and go home?'

비록 이 환자가 이런 상태로 미래에 알지 못하는 시점까지 누워 있을지라도, 적어도 이 부인에게만은 환자가 미래 어느 시점에 병원 침대에서 일어날 날이 있을 것이라고 믿을 수 있다. 즉 빠른 시일 내에, 즉 한정된 미래시점에서 누워있는 상황의 진행이 끝나리라는 희망을 가지고 위와 같이 표현할 수가 있다.

평소에는 거짓말을 안 하던 사람이 법정에서 증인으로 출두하여 거짓말을 한다고 가정하자. 이런 경우에 피고는 '저 사람이 거짓말을 한다'를 저 사람은 이 법정만 나가면 거짓말을 하지 않을 것이라고 생각하여 'He is telling a lie.'로 소리 지르는 것이 안전하다. 그러나 과거에도, 앞으로도, 지금시점 부근에도 거짓말을 하는 사람은 'He tells lies.' 또는 'He is a liar.'라고 강력하게 현재시제로 표현하면 되겠다.

현재진행형 시제의 상황에서 볼 수 있듯이 진행형 문장은 주어에 초점을 맞춘 시제가 아니라 진행 상황에 초점을 둔 시제이기 때문에 이런 현재진행형 시제는 제3자의 입장에서 진행상황을 관찰하여 묘사하는 시제라고 생각하면 틀림이 없다. 예를 들어 'She is dancing with him.'의 의미는 단순히 진행되고 있는 상황을 묘사한 것에 지나지 않는다. 즉 이렇게 진행형으로 묘사한 문장의 주어는 정작 동사의 진행상황을 스스로 초래한 장본인이라는 보장이 없다는 것이다.

(3) 현재진행시제의 논리적 속성

지금시점 주위에서 일어나고 있는 행위나 상황이 미래영역의 한 시점으로 한정시켜 놓은 영역대 내에서만 진행이 될 때 이 행위나 상황을 현재진행시제로 표현해 주는 것이다. 즉 진행의 종료점인 미래의 한 시점을 우리가 알거나, 예측하거나, 바랄 수 있다는 것이다. 바로 이 미래의 한정된 시점이 앞에서 설명한 'without interruption'과 'with interruption'의 경계선인 것이다.

만약 어떤 행동, 상황, 상태, 변화가 무한대로 진행이 된다면, 즉 우리가 이 진행 상황의 끝날 점을 모르거나 예측할 수 없다면, 우리는 이 진행 자체에서 영속성, 불변성, 지속성의 속성을 간파할 수 있다. 따라서 이러한 상황은 현재시제가 되고 만다. 그러나 우리가 일반적으로 사용하는 의미의 진행, 경과, 상태, 변천, 전개의 상황은 언젠가는 그 진행이나 변천이 멈추던지, 아니면 다른 형태의 상황이나 형태로 모습을 바꾸기 때문에 시·공간의 한정과 구속, 즉 'without interruption'과 'with interruption'을 진행의 경과에서 느낄 수 있다.

눈앞에서 벌어지고 있는 행위나 상황을 두고 이야기할 때도 그 상황의 전후좌우를 모르고서는 정확히 영어로 의미전달을 하기 힘들다. 현재시제에서 설명한 바와 같이, 지금 이 순간 어떤 행위나 상황이 일어나고 있는 중이라도 그 상황과 주위 여건을 근본적으로 파악하여야 한다. '너의 사촌은 너의 집에서 사니?'라는 문장은 질문하는 사람의 의도와 사촌의 상황에 따라 현재형으로 표현할 수도 있고 현재진행형으로도 표현할 수 있다.

이렇듯 영어의 문법은 의미, 여건, 환경에 따라서 문법의 구조가 달라진다는 것을 알아야 한다. 우리말 구조를 여과 없이 그대로 영어로 직역하게 되면 올바른 의미전달을 기대할 수 없다. 심층에 있는 의미와 주변 여건을 알아야 영어로 정확히 표현할 수 있는 것이다.

결론적으로 말하면 현재시제의 영역을 미래의 한정된 시점으로 구속해 주어 현재시제의 속성인 영속성, 지속성, 불변성 등을 현재시제의 영역에서 제거시킨 시제가 현재진행시제인 것이다. 기간이나 폭을 명시할 수 있는 시간대의 시제인 현재완료시제나 현재완료진행시제와는 달리 현재시제와 현재진행시제는 모두 영역의 시제라서 대부분 기간을 표현하지 않는다. 'I love you forever'의 문장에서의 'forever'는 기간이 아니라 미래의 시점을 한정할 수 없다는 의미로 받아들여야 한다.

결과적으로 현재진행시제를 가장 완전하게 대표하는 속성이 바로 영속성, 지속성, 불변성 등의 반대개념인 '한시성'인 것이다. 즉 현재진행시제는 미래의 한정된 시점까지만 진행이 계속되는 상황을 묘사하는 데 국한된 형식이라는 점이다. 현재진행시제가 갖는 한시성의 의미는 현재시제가 갖는 영역을 공유하지만, 현재시제와는 달리 종료점을 한정할 수 있다는 의미이다.

그러면 이제부터 예를 들어가며 현재진행시제의 한시성을 어떻게 규정지을 수 있나 살펴보기로 하자.

미시적 한시성

현재진행시제는 '지금 말하고 있는 시점'에서 진행되고 있는 행위, 상황 등을 미래시점에서 한정하는 속성이 있다. 이 속성을 이해하기 가장 쉬운 예가 우리의 일상생활을 들 수 있다. 인간은 유한의 존재로서 부단히 각기 다른 여러 활동을 하며 숨 쉬고 살기 때문에, '지금 말하고 있는 시점'에서 하는 행위를 영원히 계속한다는 것은 곧 죽음을 의미한다.

예를 들어, 어머니가 집에 돌아와 보니 평소에는 공부를 하지 않는 아들이 책상에 앉아있는 것을 보시고 다음과 같은 대화를 나눌 수 있다.

> 'What are you doing?'
> 'I am studying. At least I am trying to.'

아들이 공부하고 있는 모습에 너무 놀란 어머니가 딸에게 다음과 같은 말을 할 수 있다.

> 'Can you believe it? He IS studying. Why don't you go and see yourself what he is doing?'

우리가 언어활동을 하고 있는 시점의 상황이나 행위를 묘사하는 시제가 현재진행시제이며 이렇게 좁은 의미로서의 한시성을 미시적 한시성이라고 할 수 있다. 우리들에게 그리고 모국어가 영어인 어린아이들에게 가장 친숙한 현재진행시제의 속성이 바로 이 미시적 한시성일 것이다. 물론 위의 문장들을 부정법으로 만들기는 쉽지만, 우리말 표현에서 진행형 부정법을 만드는 논리를 다시 한 번 설명하겠다.

앞에서 설명한 것 같이 '비가 오고 있는 줄 알았는데, 밖을 내다보니 비가 그쳤다'라는 상황에서는 'Look! It isn't raining any more.'라고 표현할 수 있다. 즉 비가 오고 있다고 생각한 상황의 반대상황을 표현한 것뿐이다. 그러나 이렇게 현재진행형으로 표현한 문장의 상황은 얼마 안가서 미래의 한 시점에서 구속을 받아 이 상황을 더 이상 현재진행형으로 표현할 수 없게 된다.

아기가 자꾸 울어서 우유를 주려고 우유병을 들고 들어갔으니 아기가 울음을 그쳤다면 '아기가 안 우네!'라는 상황을 'He isn't crying any longer.'라고 할 수 있다. 아기가 더 이상 안 우는 상황은 단지 '울고 있다'고 생각한 상황의 반대현상, 즉 '울고 있지 않다'라는 상황일 것이다. 따라서 우리말 논리를 생각한 후에 영어로 표현하면 된다. 'He isn't crying any longer.'의 상황에서 울음을 그친 시각은 과거의 한 시점이지만, 미래의 한정된 시점까지만(이 상황에선 불과 얼마 되지 않을 시간이지만) 이 상황의 효력, 즉 울음을 그쳤다고 말할 수 있는 상황이 지속되는 것이다.

좀 더 자세히 설명하자면 '아기가 아직도 우네'의 상황은 우는 행위나 진행이 언젠가는 끝난다는 상황을 내포하고 있다. 이렇게 한시적인 상황은, 바꾸어 말하면 미래의 한 시점에서 우는 행위가 끝날 것을 아는 상황이기 때문에 현재진행시제로 표현하면 되겠다.

가장 중요한 것은 이러한 진행형의 부정법 상황은 조금 전까지만 해도 반대상황이 벌어지고 있었다는 점이다. 바꾸어 말하면 지금 내가 공부하고 있으니까 'I am not laughing.' 또는 'I am not crying.'이라고 말한다면 이것은 억지 주장에 지나지 않는다. 특히 위의 문장들에서 가장 중요한 수식어는 'any more'와 'any longer'이다. 이 수식어가 지금시점 부근의 상황과 바로 얼마 전의 상황을 한정된 영역으로 구속해 주기 때문에, 이 영역대 내에 들어가는 상황을 현재진행시제로 표현할 수 있는 것이다.

예를 하나 더 들겠다. 다음 우리말 대화를 영어로 표현해 보자.

다른 사람들이 도착할 때까지 기다립시다.
그 사람들은 안 옵니다.

첫 번째 문장을 말한 사람은 다른 사람들이 지금 오고 있다고 생각했기 때문에 그 사람들이 도착할 때까지 기다리자고 말했을 것이다. 이러한 상황에서 '그 사람들은 안 옵니다'의 의미는 단순히 '그 사람들은 지금 오고 있다'고 생각한 상황의 반대상황일 뿐이다. '그 사람들은 안 옵니다'의 상황을 우리말로 '그들은 오고 있지 않습니다'라고 논리적으로 표현한다면 오히려 이상하게 들릴 것이다. 영어식 논리로는 '오고 있지 않는 상황'이 한정된 미래시점에서 끝난다는 의미이다. 따라서 이런 경우에 당연히 현재진행형으로 표현해 주어야 한다.

위의 대화를 영어로 표현하겠다.

Let's wait till the others get here.
They're not coming.

✺ 거시적 한시성

현재진행시제는 대부분 '지금시점 부근'상황의 진행을 묘사하는 시제이다. 그러나 지금시점을 과학적으로 정확하게 규정, 한정할 수가 없으므로 지금시점 부근이라는 표현을 쓰게 되는 것이다. '지금시점 부근'이라는 말은 전후 10초의 시간도, 전후 10분의 시간을 이야기 할 수도 있고, 경우에 따라서는 두 달의 기간도 될 수 있다. 그러나 천체우주 물리학을 공부하는 학생들에게는 몇 만 년도 될 수 있는 시간이다.

그러므로 현재진행시제를 단순히 '지금 말하고 있는 시점'에서 일어나고 있는 상황이나 행위를 묘사하는 형식이라고 이해한다면 미시적 한시성만을 논하는 결과가 될 것이다.

특히 중요한 점은 이 미래영역에서 끝날 시점을 알거나, 예측할 수 있거나, 희망하며 바랄 수 있거나, 감지할 수 있는 시점이라서, 이 한정된 영역대 내에서 일어나고 있는 상황은 그 자체가 한시성을 내포한다는 것을 잊으면 안 된다. 다시 말해서 과거 한 시점에서 시작한 행위나 상황이 지금시점 부근을 지나 한정된 미래의 시점에서 끝이 난다는 의미이다.

이 거시적 한시성은 미시적 한시성과 일맥상통한 면도 있지만, 광범위한 영역대 내에서 일어나고 있는 상황이 반드시 '지금시점'에서 일어나고 있는 상황은 아니다. 예를 들어 'today, this week, this season, this summer, this year' 등의 수식어가 한정적인 용법으로 쓰일 경우를 생각해 보자. 이 영역대 내에 있는 현재진행형의 상황은 수많은 '지금시점'을 포함할 수는 있어도, 구체적으로 '지금 이 순간'에 일어나는, 즉 '지금시점'의 상황을 의미하는 것은 아니다.

예를 들어 'this week'로 한정된 영역대 내의 현재진행형의 상황은 월요일부터 일요일 사이의 영역대 내에서 상황이 진행이 계속되다가 끝이 난다는 의미일 뿐이지 그 상황이 지금시점에도 반드시 일어나거나 진행이 된다는 의미는 아니다.

다음 예문들을 보면 지금시점 부근이 today에서 this year까지 폭 넓게 쓰인 것을 볼 수 있겠다.

1. I am not eating today. I am on a diet.
2. I am not working this week. I am on vacation.
3. John is not playing football this season. He is sick.
4. I am not taking any courses this term. I have to get a job.
5. He is working part-time this year.

다시 말하면 today, this week, this term, this season, this year의 영역대는 이 부사구들의 종료점인 미래의 한 시점까지 만으로 한정한다. 즉 그 영역대 내의 상황은 그 영역대 내에서만 진행하고 끝나는 한시성을 보여주는 것이다.

1번 문장의 의미는 오늘만 먹지 않는다는 의미이고, 'I am not working this week'의 의미는 이번 주 월요일부터(엄밀히 말하면 이 말을 한 시점은 분명 월요일 새벽 한시가 지난 시각임) 이번 주말까지만 일을 안 한다라는 의미이다. 3번 문장의 경우, 존이 이번 시즌에만 공을 차지 않는 것이지, 예를 들어 병이 다 나으면 다음 시즌에는 다시 축구경기에 참여한다는 의미이다.

돈을 벌어야 하기 때문에 이번 학기에는 수강을 하지 않는다는 4번 문장의 상황은 다음 학기에는 수강을 할 수 있다는 의미일 것이다. 5번 문장의 상황은 금년에는 파트타임으로 일하지만, 내년에는 상황이 달라지거나 정식 사원이 될 상황도 가능할 것이라는 의미도 포함할 수 있다. 제일 중요한 것은 파트타임으로 일하는 것이 금년으로만 한정되어 있다는 것이다. 이렇게 지금시점 부근을 더 광범위하고 포괄적인 영역으로 한정하여 이 영역대 내에서 진행되는 상황은 거시적 한시성을 갖고 있다고 할 수 있다.

변시적 한시성

변화, 변천, 변동, 발전, 전개, 증가, 감소, 상승, 하강 등을 의미하는 상황에서 자주 사용하는 시제가 현재진행시제이다. 예를 들어 'increase, decrease, rise, fall, improve, change, get become' 등의 상황을 묘사할 때 대부분 이 시제로 표현한다. 즉 변화라는 의미 자체가 한 형태나 상황(과거의 한 시점)에서 다른 형태나 상황(미래의 한 시점)으로의 전개를 의미하기 때문에 우리는 이 두 상황이나 형태의 사이에서 한시성을 엿볼 수 있다.

The birth rate is decreasing.
The economic situation is getting worse.
The number of single parents is increasing.
I don't think his English is getting better. I bet it is getting worse.
The population of Korea is rising fast.

위의 예문에서 보듯이 변화하는 상황이란, 역설적으로 들릴 수 있겠지만, 언제든지 다른 형태나 상황으로 변할 수가 있기 때문에, 이런 종류의 동사들은 한 상태로만 고정되어 머물러 있을 수 없다. 즉 이 동사들 자체가 어느 기준을 두고 이 기준에서 늘거나 줄거나, 아니면 그 상태로 잠시 머물러 있으면서 부단히 또 다른 영역대를 형성하면서 상황의 진행, 변경, 변화를 가져오는 것이다. 여기에서 기준이 되는 지금시점 부근의 상황이 다른 형태의 진행이 시작되는 경계점인 'with interruption'을 만나 또 다른 진행의 상황이 되는 것이다.

예를 들어 신생아 출산율이 줄어든다는 것은 전년도에 대비해서 말할 수도 있고, 십 년 전과 비교해서 거론할 수도 있는 것이다. 그러나 이렇게 변화하는 모든 사물, 현상들은 또 다른 모습의 변화를 계속하기 때문에 미래의 한 영역대 내에서 변화의 상황이 끝나는 동시에 또 다른 변화의 모습으로 바뀌는 시점이 바로 미래영역의 한정된 시점이 되는 것이다. 이렇게 변화하는 상황 자체는 이미 미래영역의 시·공간의 구속, 한정을 내포하기 때문에, 다시 말하면 한정된 영역대 내에서의 진행을 의미하기 때문에 현재진행시제로 표현해 준다.

선약적 한시성

미리 예약, 약속, 준비가 이루어진 상황을 지금시점 기준으로 표현할 때 사용하는 시제가 현재진행시제이다. 이런 경우에는 미래시각을, 즉 미래영역의 한정된 시점을 명시해 주어야 말하고자 하는 의미와 상황이 분명해진다.

먼저 예문을 들어보기로 하자.

1. What are you doing tomorrow morning?
   I am taking my parents to the airport. They are flying to Europe.
   What time are they leaving?
2. John is getting married next Sunday.
   I know. Are you coming to the wedding?
   No, I can't. I am working next Sunday.

3. May I use your car this afternoon?
I am sorry. I am driving my sister to the airport.

위의 예문들의 상황을 자세히 살펴보자.

'I am taking my parents to the airport tomorrow morning.'을 우리말로 옮기면 '내일 아침 부모님을 공항까지 모셔다 드리기로 했어'에 해당한다. 즉 약속이나 계획을 한 시점은 이미 과거의 일이고, 그 약속이나 계획이 미래의 일정 시각(내일 아침)까지 연결되어 정해진 미래의 시점에서 끝난다는 것이다. 과거의 어느 시점에서 한 약속이 내일 아침에 끝나는 상황은 약속의 상황이 한정된 영역대(즉 과거의 한 시점과 미래의 한 시점을 연결하는 영역대) 내에서만 진행이 되고 끝난다는 의미이다.

따라서 약속, 준비, 예정이 되어 있는 상황의 진행은 한정된 영역대 내에서만 진행이 지속되다 끝난다는 한시성을 내포하고 있다.

이 점을 염두에 두고 위의 대화들을 우리말로 바꾸어 보겠다.

1. 너, 내일 아침 무엇 하려고 계획이나 약속한 것 있니?
부모님을 공항까지 모셔다 드리기로 했어. 유럽에 가셔.
몇 시에 출발하실 예정이니?
2. 존이 다음 일요일에 결혼하기로 정했대.
나도 알아. 넌 결혼식에 가기로 했니?
난 못 가. 다음 일요일에 근무해야 해.
3. 오늘 오후 네 차 좀 쓸 수 있겠니?
미안하지만 동생을 공항까지 데려다 주기로 약속했어.

이렇게 정작 미래에 일어날 상황에 현재진행시제를 사용하면, 사전에 준비, 예정, 계획, 예약, 약속이 되어있는 상황이 정해진, 즉 한정된 미래 시점에 일어날 것이라는 의미이다. 다시 한 번 강조하는 것은 이런 의미와 상황에서 현재진행시제를 사용할 때는 미래시점을 나타내주는 문구가 있어야 한다. 물론 말이나 글로 미래의 시점을 나타내 주지 않더라도 상호간에 공감하는 시각에 대해 이야기한다면 문제가 없다.

이 용법으로 쓴 현재진행시제의 예문을 더 들어보겠다.

1. I am having a dancing lesson at 4 this afternoon.
2. I am buying a new house tomorrow morning.
3. I am eating out this evening with my family.
4. We are having a party next Saturday.
5. I am flying to Moscow on March 28.
6. I am having a date tomorrow evening.
7. John is taking his driving test next Monday.
8. My father is seeing the President next Friday.
9. We are leaving for England next month.
10. I am having my wisdom teeth pulled out tomorrow.

위의 영어 예문을 우리말로 표현해 보겠다.

1. 오늘 오후 4시에 댄스 수업이 있어.
2. 내일 오전에 새 집을 사기로 되어 있어.
3. 오늘 저녁에 식구들과 외식하기로 했어.
4. 다음 토요일에 파티를 하기로 했어.
5. 3월 28일에 모스코바에 가기로 되어 있어.
6. 내일 저녁에 데이트 약속이 있어.

7. 다음 월요일에 운전시험을 보기로 했대.
8. 우리 아버지는 다음 주에 대통령을 만나기로 약속이 되어 있어.
9. 다음 달에 영국으로 갈 준비가 되어 있어.
10. 내일 사랑니를 뽑으러 치과에 약속을 해 놨어.

그러나 동사자체가 움직임을 나타낼 때는 예약, 준비, 약속이 없는 상태에서도 자기 자신이 결정한 일에는 be going to를 사용하지 않고 현재진행시제로 표현하기도 한다. 예를 들어 'I am leaving tonight' 혹은 'I am going home on Saturday'의 상황에서는 반드시 사전에 예약을 하지 안 했어도 자기 자신이 떠나겠다는 결심만으로도 현재진행시제를 사용할 수 있다. 이렇게 움직임을 나타내는 동사에는 go, come, leave, stay, start 등이 있다.

부정적 한시성

현재진행시제란 지금시점의 진행상황이 끝날 미래의 한 시점을 알거나, 예측하거나, 느낄 수 있을 때 사용하는 시제, 즉 한시적인 진행을 의미할 때 사용하는 시제라고 설명했다. 저자는 물건을 들고 나가면 잃어버리기 일쑤이다. 이것은 분명 저자의 경제에 손해가 되는 버릇이므로 이 바람직하지 않은 습관을 이야기할 때는 저자가 불평 비슷하게 말할 것이다.

이렇듯 어느 상황이나 행위가 만족하지 못하거나, 말이 안 된다거나, 용납할 수 없다거나 등의 부정적인 의미가 들어갈 때는 이 행위나 상황이 미래의 한 시점에서 중단되기를 바라는 마음에서 현재진행시제를 사용하여 표현한다. 다시 말하면 한정된 영역대 내에서만 이러한 상황의 진행이 계속되기를 바라는 한시성을 현재진행시제의 상황에서 볼 수 있다.

위에서 말한 현재진행시제의 속성을 염두에 두고 아래의 예문들을 살펴보자.

1. I am always losing my things.
2. I am always leaving my umbrella in taxis.
3. My assistant is always losing his keys.
5. My neighbours are always singing aloud.
6. My teacher is always coming to class late.
7. My uncle is always making stupid jokes.
8. My roommate is always having troubles with his girlfriend.
9. My mother is always yelling at us.
10. My father is always leaving his briefcase in the office.

위의 예문들 같이 별로 기분이 좋지 않은 상황들이 이 세상이 끝날 때까지 계속되기를 원하는 사람은 없을 것이다. 물론 위의 상황들은 당연히 과거 어느 한 시점에서 시작된 상황이면서 요즈음에도 발생하고 미래에도 발생할 것이다. 그러나 이렇게 현재진행형을 사용하여 표현하는 의도는 이 상황들이 미래의 어느 시점에서 끝나기를 바라기 때문이다. 즉 미래의 한 시점에서 끝나기를 바라는 마음이기 때문에, 즉 이러한 상황들이 한정된 영역대 내에서만 진행이 되기를 원하기 때문에 현재진행시제로 표현해 주어야 의미를 정확하게 효과적으로 전달할 수 있다.

물론 여기에서 사용한 'always'는 일종의 과장용법이다. 이것을 문자 그대로 해석한다면 지나친 과장 내지는 거짓말이 되기 때문이다. 어떻게 우산을 매번 택시 안에 두고 내릴 수가 있으며, 어떻게 우리 이웃집이 하루도 거르지 않고 큰 소리로 노래를 부를 수 있겠는가! 좋지 않은 일은 과장하여 표현하는 것이 인간의 속성인가 보다.

그러면 위의 문장들을 우리말로 바꾸어 보겠다.

1. 속상하게도 난 물건을 곧 잘 잃어 버려.
2. 정신이 나갔나 봐. 난 번번이 택시에다 우산을 두고 내리거든.
3. 우리 조교는 번번이 열쇠를 잃어 버려 귀찮아 죽겠어.
4. 우리 아들 녀석은 용돈 줄 때마다 '조금만 더' 하고 손을 내밀어 짜증나.
5. 우리 이웃집은 아마 하루도 거르지 않고 큰 소리로 노래를 부르나 봐.
6. 우리 선생님은 매번 강의시간에 늦으시는데, 좀 이상하지 않니.
7. 우리 삼촌은 창피스럽게 바보 같은 농담만 하셔.
8. 내 방 친구는 자기 여자 친구하고 매번 문제가 생기나 봐.
9. 우리 어머니는 동네 창피하게 매일 우리에게 소리를 지르신단 말이야.
10. 우리 아버지는 건망증이 심하셔서 그 중요한 가방을 번번이 사무실에 두고 오시지.

여기에서 반드시 알고 이해하여야 되는 부문이 있다. 'always'가 현재 진행형과 함께 쓰일 때는 부정적인 의미를 나타내는 과장법이지만, 진행 시제가 아닌 기본시제에서 always를 써 주었을 때는 문자 그대로 과장 없이 해석하면 된다.

다음 예문들을 보기로 하자.

1. My husband always works Sundays.
2. They always hug and kiss in public.
3. My husband always goes away for holidays.

4. My husband is always working Sundays.
5. They are always hugging and kissing in public.
6. My husband is always going away for holidays.

위의 문장들을 우리말로 옮겨 보겠다. 의미와 상황을 자세히 살펴보자.

1. 우리 남편은 일요일마다 근무하셔(우리 남편은 일요일에 일하는 직업을 가졌어).
2. 그들은 사람들이 있어도 껴안고 뽀뽀해.
3. 우리 남편은 휴일에는 출장 가셔(예를 들어, 휴일에는 다른 직원들은 쉬게 하고 우리 남편이 출장가지).
4. 속상하게도 우리 남편은 매번 일요일마다 일하는 것 같아.
5. 창피하게도 그들은 사람들 있는 데서 껴안고 뽀뽀하는 것 같아.
6. 우리 남편은 노는 날이면 꼭 출장을 가는 것 같아 속상해.

이렇듯 'always'를 진행형이 아닌 기본시제와 같이 써 주었을 경우에는, 단순히 과장 없이 사실만을 의미하는 상황을 보여 준다.

그러나 'always'를 현재진행형과 같이 사용할 때는 일종의 과장법이므로, 말하는 사람의 의도 내지 기분을 분명히 밝혀 주어야 정확히 우리말로 옮긴 것이 된다.

(4) 현재진행시제의 논리적 귀결

영어는 역동적이며 유동적인 언어이기 때문에 여건, 상황, 의도 등이 의미의 차이를 가져오고 이 미세한 의미의 차이에 따라 문법이 결정된다고 보면 된다. 영어는 르네상스시기를 거쳐 과학문명과 보조를 맞추어 변천해 왔기 때문에, 과학적이고 논리적인 면이 어느 언어보다 강하다.

유한의 존재로서 인간이 접근하기 가장 쉬운 시제가 한시적인 상황을 의미하는 현재진행시제이다. 같은 맥락으로 어린아이들이 가장 먼저 접하는 시제가 미시적 한시성을 보여주는 현재진행시제인 것이다. 즉 눈앞에서 벌어지고 있는 현상(here-and-now 세계)은 쉽게 관찰이 가능하기 때문에 영어를 모국어로 사용하는 어린이들에게도 이 시제가 가장 접근하기 쉬운 시제인 것이다.

그러나 이러한 미시적인 한시성의 상황뿐 아니라, 현재진행시제는 위에서 설명한 것과 같이 다양한 한시성의 속성을 내포하고 있다. 이번에는 위에서 설명한 한시성의 속성을 갖는 진행형 시제의 공통점을 살펴보겠다.

(1) 영속성이나 불변성의 속성을 가진 존재나 상태의 상황에는 진행형 시제가 적합하지 않다.
(2) 한정된 영역대 내에서 진행되는 상황을 지금시점을 중심으로 표현하는 시제가 현재진행시제이기 때문에, 순간적으로 발생하는 상황이나 행위에는 진행형 시제가 적합하지 않다.
(3) 진행형 시제는 영역대의 시제이기 때문에 진행상황의 기간을 표현하지는 않는다.
(4) 관찰할 수 있거나 사실로 증명할 수 있는 상황, 다시 말하면 상황의 진행을 묘사하는 시제이기 때문에, 관찰을 할 수 없는 상황이나 관찰이 어려운 상황, 즉 감정이나 순간적인 느낌을 나타내는 상황에는 진행형 시제가 부적합하다.
(5) 의도적인 행위나 상황을 묘사할 때 사용하는 시제이므로, 저절로, 혹은 자연적으로 발생하는 사건이나 상황에는 진행형 시제가 부적당하다.

지금까지 설명한 것을 예를 들어가며 구체적으로 다시 한 번 설명하겠다.

존재나 소유와 같이 그 현상이나 상태자체가 현재시제를 내포할 때는 진행형 사용을 기피한다. 이 범주에 속하는 동사들로는 be, exist, have, possess, belong, own, owe 등이 있다.

또한 육안으로 관찰할 수도 없고, 감각기관으로도 감지되지 않는 현상이나 상태, 즉 마음이나 머릿속에서 일어나는 현상들은 진행형 사용을 기피한다. 예를 들어, believe, know, forget, remember, realize, recall, suppose, think, understand, assume 등이 있다.

마찬가지로 인간의 희로애락의 감정도 과학적으로 관찰, 분석할 수 있는 범주에 속하지 않기 때문에, 개개인의 감정을 표현하는 동사들도 진행형 사용을 기피한다. 이 범주에 속하는 동사들로 like, love, hate, dislike, respect, loathe, appreciate, care for, desire, want, wish 등이 있다.

우리가 의도하지 안 했음에도 불구하고 자연적으로 발생하는 현상도 진행형 사용을 기피한다. 예로 feel, see, hear, taste, look, notice, observe, appear, seem, sound 등이 있다.

진행형 사용을 기피하는 동사들이라도 이 동사들이 숙어적으로 쓰이거나 의도적인 의미로 쓰인다면 당연히 진행형을 사용할 수 있다. 위에서 저자는 다섯 가지 감각에 해당하는 동사들은 진행형을 기피한다고 하였다. 그러나 이 동사들도 '의도적인'의미나 상황일 때는 진행형을 사용한다. 예를 들어 'taste'의 의미가 '… 처럼 맛을(순간적으로) 느끼다'라는 상황에는 진행형을 잘 안 쓰지만, 이 동사가 의도적인 행위로서 '맛을 보다'라는 상황에는 당연히 진행형을 사용할 수 있다.

어머니가 해 주신 국을 먹어보고 나서 '아, 국이 맛있다'라는 감탄은 거의 순간적으로 일어나는 감정의 표현일 뿐이지, 오랜 시간의 진행을 거쳐서 느끼는 감정의 표현은 아니다. 그러므로 현재형으로 표현해 주어야 한다. 그러나 어머니가 식구들을 위해 국을 끓이시면서 간이 맞나 하고 맛을 보시는 것은 다분히 의도적인 행위에 속하므로 진행형을 사용할 수가 있다. 그러므로 'I am tasting this soup'의 의미는 '지금 국 간(맛)을 보고 있어'라는 의미이다.

'look'이라는 동사가 본래의 의미인 '… 처럼 보이다'의 상황일 경우에는, 즉 '저절로 보이다'라는 의미일 경우에는 대부분 진행형을 사용하지 않는다. 비록 숙어적인 의미일 경우에도 위에서 말한 감정을 표현하는 경우와 의도적인 의미가 아닐 경우에는 진행형을 될 수 있는 한 사용하지 않는다. 그러나 의미자체에 다분히 '의도적인' 의미가 내포되어 있을 때는 당연히 진행형으로 표현을 할 수 있다. 예를 들어 'look for'는 '저절로 찾는다'라는 의미가 아니라, 의도적으로 또는 의식적으로 찾는 행위를 의미하는 동사이기 때문에 'I am looking for my key'라고 진행형으로 표현할 수 있는 것이다.

감정을 나타내는 동사, 예를 들어 to hate 등의 동사에도 '의도적인' 의미가 들어갈 때는 진행형을 쓸 수 있다. 물론 지금 말하고 있는 시점에서 상대방의 마음속에 진행되고 있는 감정을 알아내기는 힘들다. 그러나 '당신이 지금 말도 안하고 있는 것을 보니, 저를 지금 미워하고 있는 거지요'라고 말하고 싶으면 'You are hating me now.' 라고 할 수 있다.

어머니가 방에 들어가서 아들이 누워 있는 것을 보시고 'What are you doing?'이라고 묻자, 아들이 'I am thinking.'이라고 대답을 했다고 하자. 이 대답은 '(의식적으로) 지금 생각을 하고 있습니다'라는 의미이지만, 현재시제로의 'I think'의 의미는 '나는 생각한다. 고로 나는 존재한다'의 상황이든지, 아니면 평소에 길러 온 자기 의견이라는 의미로 '나는 이렇게 생각한다'라는 의미가 된다.

4. 현재진행시제와 인근시제

(1) 현재진행시제와 현재시제

지금까지의 설명으로 보자면 현재시제는 과거영역과 미래영역을 포함한 시제이기 때문에, 우리가 지금 이 순간 처해 있는 상황, 시점, 시각과는 별로 관계가 없는 시제이다. 여기에서 별 무관하다고 말한 이유는 지금 이 시점 부근에서 일어나고 있는 행위, 상황이 현재시제로 표현한 행위, 사실과 부합될 수 있는 상황도 가능하다는 말이다.

만약 현재시제를 어린아이들이 습득하고자 할 때 얼마나 어려운지를 짐작할 수 있겠다. 영어가 모국어인 어린아이들에게도 보이지도 않고, 들리지도 않고, 만질 수도 없고, 느낄 수도 없는 미래영역을 반드시 포함하여야 하는 현재시제를 습득한다는 것은 매우 어려운 일일 것이다.

물론 to be 동사와 to have 동사는 그 자체가 존재, 소유, 상태를, 즉 있고 없음을 나타내기 때문에 어린 아이들도 쉽게 접근을 할 수가 있다.

그러나 이 외의 동사들의 경우에는 어린아이들이 제일 먼저 습득하며 자주 사용하는 시제가 현재진행시제이다

어린 아이들에게는 보이고 만질 수 있는 눈앞의 세계가 직접적으로 경험하는 세계이기 때문에, 지금 눈앞에서 벌어지고 있는 세계, 즉 현재진행형의 세계가 가장 접근하기 쉽고 이해하기 쉬운 상황이라는 것은 당연한 사실일 것이다. 또한 눈앞에 벌어지고 있는 세계는, 즉 현재진행시제의 설정영역은 어른들의 세계보다 상대적으로 작기 때문에, 아주 어릴 때에는 가장 기본적이고 미시적인 의미의 현재진행형이, 즉 지금시점에서 일어나고 있는 행위나 상황을 묘사하는 현재진행형이 언어활동의 주 레퍼토리로 등장하는 것이다.

이러한 이유에서인지 현재시제로 표현할 영어를 현재진행시제로 표현

하는 경우를 종종 볼 수 있다.

예를 들어 평소에 'I love music.'이라서 'At the moment I am listening to music.'일 수도 있다. 수학적으로 말하자면 'I love music.'이라는 사실은 'I am listening to music.'이라는 상황을 포함할 수 있지만, 'I am listening to music.' 이라는 사실은 'I love music.'의 상황을 포함할 수 없다. 다시 강조하는 점은 현재시제는 지금시점 부근에서 하고 있는 행위나 일어나고 있는 상황과 경우에 따라서는 부합될 수도 있으나, 일반적으로 말하자면 별로 상관없는 시제라고 생각하면 틀림이 없다.

오래 전 한국에서 열렸던 Miss Universe 대회에서 있었던 일화를 소개하겠다. 지금 이 순간 정확히 그 문장을 기억하지 못하지만, 한국인 사회자가 한국인 통역관을 통하여 semi-finalists 중의 한 사람인 미국 여자에게 당신의 남자친구(약혼자?)가 무엇하고 있는 분이냐고 물었다. 이 장면을 TV로 시청한 모든 한국인은 직업이 무엇이냐고 물은 것으로 이해를 했는데, 그만 당황하여 "What is your boyfriend doing?"라고 통역을 하였다. 그러나 눈치도 없이 그 미국여자는 '미국에 있는 내 남자친구가 지금 무엇을 하고 있는지 어떻게 아느냐' 식으로 대답하였기 때문에, 서둘러 다른 사람이 나와서 "What does your boy-friend do?" 라고 정정하여 질문을 한 적이 있었다.

이렇듯 우리말에는 현재시제와 현재진행시제와의 관계설정이 모호하기 때문에, 당황하게 되면 이렇게 엉뚱한 영어표현이 나올 수 있다. 우리말에서 표면적으로 받는 인상과 내면의 의미 사이에서 발생하는 상이점으로 인하여 우리말 표현을 논리적으로 생각해 보지 않고 그대로 영어로 옮기게 되면 정확한 의미전달을 할 수가 없다. 역으로 영어 표현의 상황을 논리적으로 생각해 보지 않고 그대로 우리말로 옮겨도 같은 결과가 나올 것이다.

'네 사촌동생, 너의 집에서 사니?'의 상황을 생각해 보자. 사촌동생이 고아가 되어서 오고 갈 데가 없어 우리 집에서 앞으로 계속 살 경우도 있겠고, 지방에서 살다가 서울에 있는 대학교에 합격을 해서 대학교 졸업할 때까지만 우리 집에서 살 경우도 있다. 그러면 이 두 상황의 차이점을 한번 생각해 보자.

사촌동생이 언제까지 우리 집에서 살지 잘 모르는 상황을 살펴보자. 오고 갈 데도 없는 고아의 신세이기 때문에, 결혼할 때까지 살 것인지, 결혼을 안하게 되면 평생 같이 살 것인지 모르기 때문에, 이 경우에는 미래의 한 시점을 한정하거나 예측할 수가 없다. 그러나 분명히 우리 집에 들어와 살기 시작한 시점은 과거이고, 요즈음에도 살고 있고, 정해지지 않은 미래까지 살 것이므로, 이런 경우에는 현재형으로 'Does your cousin live with you?'로 표현할 수 있다. 이러한 상황에는 stay 동사보다 live 동사가 더 바람직하다.

이번에는 지방에서 살다가 서울에 있는 대학교에 합격해서 우리 집에서 살게 된 상황을 잘 생각해 보자. 이 문장은 어딘가가 좀 이상하여 현재형으로 쓰면 안 될 것 같은 기분이 들지 않는가. 미래영역에서 끝날 시점을 알거나, 추측하거나, 예상할 수 있는 상황은 이미 현재시제의 영역에서 축소된 상황이다. 이 경우는 사촌동생이 '대학교를 졸업할 때까지'라고 확실하게 미래의 한 시점을 한정할 수 있기 때문에, 현재시제로 표현하는 것보다는 현재진행시제를 사용하여 'Is your cousin staying with you?'라고 표현하면 의미전달이 좀 더 확실해지는 동시에 언어를 경제적으로 사용할 수 있게 된다.

'그 친구 뭐해?'라고 질문을 했을 경우, 질문한 의도가 직업을 물어 본 것이라면 이 질문은 당연히 현재형을 사용하는 것이 더 좋다. 이 질문에 '그 친구 요즈음 술집에서 일하고 있지'라고 대답을 했다고 가정하자. '임

시로 당분간만' 일할 것 같으면 현재진행형으로 'He is working at a bar'가 좋겠고, 술집의 책임자로 있기 때문에 고정적인 직업이라면 당연히 현재형으로 'He works at the pub.'라고 표현하면 좋겠다.

간단한 표현이라도 우리말과 영어의 숨겨진 상황과 의미를 잘 살펴보게 되면 영어의 현재진행시제와 현재시제의 차이를 쉽게 알 수 있을 것이다.

5. 현재진행시제의 결론

현재시제에서는 과거영역의 한 시점에서 시작한 행위나 상황이 미래영역에서 언제 끝날지 모르기 때문에, 우리는 존재와 상태 개념으로서 현재시제를 생각하면 된다. 바로 이 존재, 상태의 개념에서 영속성, 지속성, 불변성의 속성을 생각할 수가 있다.

반면에 현재시제의 영역을 미래영역에서 한정적으로 제한해 놓은 것이 현재진행시제이기 때문에, 현재시제의 영역에서 영속성, 지속성, 불변성 등의 속성을 제거한 것이 현재진행시제인 것이다. 그러므로 현재진행시제에서는 '한시성'인 속성만을 찾을 수 있는 것이다.

또한 중요한 사실은 현재진행시제는 한정된 영역대 내에서 진행이 되는 상황에 관한 시제이기 때문에, '지금시점'의 상황을 포함할 수는 있어도 '지금시점'의 상황이 반드시 현재진행시제의 영역에 포함되는 것은 아니다.

현재진행시제는 시간의 경과, 즉 시간의 기간을 표현하는 시간대의 시제가 아니라, 한정된 영역대 내에서의 진행상황을 표현하는 시제이기 때문에 현재진행시제에서는 진행상황의 기간을 표현하지 않는다.

현재진행시제는 진행상황을 제 삼자의 입장에서 단순히 관찰하여 묘사하는 것 같은 시제이기 때문에 현재진행시제로 표현한 문장의 주어가 반드시 그 진행상황을 초래한 주어라는 보장이 없다.

(A) 다음 대화에서 현재진행형의 상황을 살펴보자.

Tony and Susan are a young married couple. Tony writes advertisements for a large advertising agency and Susan teaches French. They are at home now. It is evening and they are sitting in the living room.

Tony : You know, Susan, I think we're becoming vegetables... cabbages!

Susan : What a strange thing to say! What do you mean?

Tony : Well. Just look at us! You're sitting there and I'm sitting here... we aren't talking... or reading... we're just staring at the wall!

Susan : Turn the television on if you're bored!

Tony : Television! That's the trouble. We never go out in the evenings. We always watch television. It's terrible.

Susan : All right. What do you want to do then?

Tony : Hmm.... I don't know... the Academy cinema is showing a new Swedish film this evening.

Susan : Swedish films! Ugh! I don't like them! All that sex and religion.

Tony : How do you know? You never see them!

Susan : Oh, all right! We can go to the cinema this evening if that's what you want. Where's my coat?

Tony : Oh! Just a second. It's Thursday today, isn't it?

Susan : That's right. So what?

Tony : Well... I want to watch the boxing on television this evening. I always watch it.

(B) 우리가 지금 창밖을 내다보며 편지를 쓴다고 하자. 눈앞에서 벌어지고 있는 상황들을 묘사하기 위해서는 많은 부분을 현재진행형으로 써 주어야겠다. 다음 예문은 *Guided Composition*에서 인용한 편지이다.

Dear Maria,

It is three o'clock in the afternoon now, and I am sitting in the library and writing you this letter. It is a very pleasant, warm summer day, and I am looking out the window at Jefferson Park. There are lots of people in the park today. There are many parents and children in the playground. The children are playing games and chasing each other. The parents are standing or sitting in groups and talking to each other. Some mothers and fathers are running after their children. There are many elderly people in the park this afternoon, too. Some are reading newspapers, and some are just resting on the benches. There are a lot of college students in the park today. Some of the young men and women are walking in the park and holding hands. (This isn't usual in our country, but this custom is quite common here.)There are lots of good-looking men in the park today also, and I am very busy people-watching. This is one of my favorite pastimes. It is more interesting than doing homework. However, I must say good-bye and get back to work.

04 현재완료시제

The Present Perfect Tense

1. 현재완료시제의 사전적 정의

우선 'the present perfect tense'를 현재완료시제라고 번역을 했기 때문에, '지금시점까지 완료된 행위나 상황'을 묘사하는 시제라고 받아들이는 경향이 있다. 현재완료시제와 현재완료진행시제로 표현한 상황은 반드시 그 상황이 지금시점을 기준으로 완료되어야 한다는 의미는 아니다. 'present'를 '지금'이라고 생각할 수 있는 것과 같이, 이 시제의 우리말 이름 때문에 우리가 이 시제를 이해하는데 걸림돌이 될 수 있다.

『*Webster*』 사전에서 형용사로서 'perfect'의 의미를 찾아보면 'complete in all respects' 또는 'completely accurate'로 나와 있다. 'perfect'의 동사의 의미는 'to complete' 또는 'to make perfect'로 되어 있다. 어떤 사물에 이름을 붙이고자 할 때는 사전에서 제일 먼저 발견할 수 있는 의미의 단어로 명명했을 것이다. 즉 'present perfect'라고 불렀을 때는 형용사로서의 'perfect'가 사전에서 제일 먼저 찾을 수 있는 의미, 즉 '완전한,

정확한'의 의미로 사용되었을 것이다.

이 순간 내가 숨 쉬며 존재하고 있는 지금시점과 장소를 기준시점으로 삼는 것보다 더 '완전한(perfect)'시점은 없을 것이다. 이러한 차원에서 'present'에 'perfect'란 단어를 붙인 근거와 배경은 한번 생각해 볼 가치가 있는 것이다.

2. 현재완료시제의 일반적 개요

다음 우리말로 된 예문의 상황을 잘 살펴보기 바란다. 읽은 후에 한 번 영어로 표현해 보고 나서 저자의 설명을 읽기 바란다.

1. 너 〈바람과 함께 사라지다〉 영화 봤니?
2. (어머니가 집에 돌아와서 아들에게) 숙제 다 했니?
3. 난 아직도 미국에 가본 적이 없어.
4. 나 열쇠를 잃어 버렸는데 (좀 같이 찾아줄래)?
5. 나 머리 짧게 깎았다!
6. (아버지가 아들에게 전화해서) 엄마 집에 돌아오셨니?
7. 우리 집은 자동차를 가져본 적이 없어.
8. (날씬해진 친구를 보고) 너 몸무게 많이 뺐구나.
9. 어머, 극장에다 우산을 두고 나왔네.
10. 정말, 나 지금 처음 운전해 보는 거야.

저자의 설명을 읽기 전에 위 예문들의 상황의 공통점을 한 번 찾아보기 바란다.

1. '너 〈바람과 함께 사라지다〉 영화 봤니?'

'너 〈바람과 함께 사라지다〉 영화 봤니?' 문장의 상황과 의미를 곰곰이 생각해 보자. 이 질문의 의도는 '언제 (어디서, 누구하고) 서편제를 봤니?' 즉 영화를 본 시·공간에 초점을 맞춘 것이 아니라, 그 영화를 보았는지 안 보았는지의 사실여부에 초점을 맞춘 것이다. 다만 시간대를 과거의 한 점에서 (예를 들어, 이 영화가 영화관에서 상영하기 시작한 시점부터) 지금시점까지로 한정했을 뿐이다. 그러므로 이 한정된 시간대 내에서 지금 말하고 있는 행위가 발생하였는지의 여부에 초점을 둔 것이다. 따라서 그 영화를 본 사실이(물론 보지 않은 사실도 포함) 이 시간대 내에서만 일어났으면 되는 것이다.

2. (어머니가 집에 돌아와서 아들에게) 숙제 다 했니?

'숙제 다 했니?'라는 문장도 같은 시각에서 이해하면 된다. 즉 숙제를 다 끝마친 시점이 지금시점 전까지에만 속해 있으면 되지, 언제 숙제를 끝마쳤는지의 상황이나 의미하고는 전혀 상관이 없는 상황이다.

3. 난 아직도 미국에 가본 적이 없어.

이 문장의 상황도 내가 태어난 후부터 지금시점까지로 국한해서 미국에 가 본 사실이 없다는 말이다.

4. 나 열쇠를 잃어 버렸는데 (좀 같이 찾아줄래).

'나 열쇠를 잃어 버렸는데'도 위 문장들의 상황과 같다. 열쇠를 잃어버린 시각은 어제도 될 수 있고, 한 시간 전도 될 수 있고, 일초 전도 될 수 있다. 그러나 여기에서 가장 중요한 의미는 열쇠를 잃어버린 상황이 지금시점과 어떤 관련이나 상관이 있기 때문에, '지금시점'에서 '잃어버린 과거의 상황'을 들추어냈을 것이다. 즉 '지금시점'에서 열쇠가 없기 때문에 이 '잃어버린 과거의 사건'을 들추어냈을 것이다.

5. 나 머리 짧게 깎았다!

이 문장의 상황을 살펴보면 지금 현재 머리기 짧게 잘라진 상태를 보여주고 있다. 이렇게 지나간 사실을 지금시점에서 들추어낼 때는 이유가 있을 것이다. 머리를 과거 한 시점에서 잘라서 지금시점까지도 머리가 짧다라는 상황에서 이런 표현을 할 수가 있을 것이다. 미장원에 가서 머리를 깎거나 파마한 후 적어도 며칠간은 친구들에게 '나 머리 깎았다' 혹은 '나 파마 했다'라고 말한다. 언젠가 예문 안에 적합한 영어단어를 넣으라는 시험 문제가 우리말 번역과 함께 출제된 것을 보았다. 주어가 'I'이었는지 'she'이었는지는 기억이 나지 않는다.

She had her hair cut (　　　).
그 여자는 머리를 짧게 깎았다.

'She had her hair cut short.'는 '과거 언제인지 하여간 머리를 짧게 잘랐다'라고 들리는 반면에, '그 여자는 머리를 짧게 깎았다'라는 우리말 번역은 '얼마 전에 머리를 짧게 잘라서 지금 말하고 있는 시점에도 머리가 짧다'라는 상황같이 들린다. 그러므로 위의 영어 예문과 우리말 번역은 상황과 의미가 다른 두 개의 별개의 문장이 될 수 있다.

6. (아버지가 아들에게 전화해서) 엄마 집에 돌아오셨니?

'엄마 집에 돌아오셨니?'의 상황도 집에 돌아온 행위가 지금시점까지의 시간대 내에서 일어나서 대부분의 경우에는 지금시점에 집에 있느냐의 의미일 것이다. 그러나 오랜 시간을 집을 비웠다가 돌아온 경우에는 '집으로 드디어 돌아오신 행위'는 일어났으나 잠시 외출을 할 수도 있기 때문에 반드시 지금시점에 집에 계시다는 상황을 의미하지는 않을 것이다. 물론 이 질문을 '엄마 집에 계시니?'라고 be 동사를 사용하여 현재형으로 만들 수도 있다. 그러나 이 책에서 강조하는 것은 한 상황을 두고 여러 가지의 영어표현을 할 수 있다는 것을 설명하는 것이 아니라, 글이나 말의 형식을 빌려 표현한 문장들의 감추어진 상황을 논리적으로 분석해 보고자 하는 데 의의가 있겠다. 즉 '엄마 집에 돌아오셨니?'는 과거시점에서 엄마가 외출을 한 상황을 알고 있다는 전제하에 말한 것이다.

7. **우리 집은 자동차를 가져본 적이 없어.**

이 문장도 앞의 문장들의 상황과 같이 여러 경우로 생각할 수 있다. 내일은 차를 살 수 있을지 몰라도 적어도 지금시점까지는 자동차를 가져본 적이 없다는 의미이다. 한편으로는 지금시점까지는 차가 없었지만 차를 사려고 자동차 대리점에 지금 와있을 수도 있는 상황을 배제하는 것은 결코 아니다.

8. **(날씬해진 친구를 보고) 너 몸무게 많이 뺐구나.**

이 문장의 의미도 한정된 시간대 내에서 일어난 상황자체에 초점을 맞춘 것이지, '언제 그렇게 많이 뺐느냐'에 초점을 맞춘 것은 아니다. 즉 '너 몸무게 많이 뺐구나'라고 말할 수 있는 것은 상대방의 몸무게가 많이 나갔다라는 과거의 사실을 화자가 알고 있는 전제하에서 이 문장을 말할 수 있을 것이다. 언제 살을 뺐는지는 모르지만, 지금시점에서 이 사실을 들추어냈을 때는 어느 한정된 시간대 내에서 몸무게를 빼서 지금시점에서 날씬해 보인다는 등의 의미일 것이다.

9. **어머, 극장에다 우산을 두고 나왔네.**

우산을 두고 나온 사실은 이미 과거의 일이지만, 지금시점하고 무슨 관련이 있기 때문에 새삼스럽게 이 지나간 일을 거론하였을 것이다. 예를 들어, 지금시점에서 우산이 없기 때문에 과거의 일을 들추어냈을 확률이 가장 크다.

10. 정말, 나 지금 처음 운전해 보는 거야.

이 문장도 '우리 집은 자동차를 가져본 적이 없어' 문장과 같은 시각에서 이해하면 된다. 단순히 지금시점까지 운전해 본 적이 없다는 의미도 되고, 경우에 따라서는 지금시점까지는 운전해 본 적이 없지만, 지금 처음으로 운전연습을 하고 있을 수도 있는 상황을 배제하는 것은 아니다.

지금까지 설명한 내용이 현재완료시제에서 다루는 상황이다. 우선 위의 예문들을 영어로 표현해 보겠다.

1. Have you seen the movie "Gone with the Wind"?
2. Have you done your homework?
3. I haven't been to the United States.
4. I have lost my key.
5. I've had my hair cut.
6. Has your mother returned home yet?
7. We have never had a car.
8. You have lost weight.
9. I have left my umbrella in the theater.
10. (This is the first time) I have driven a car. / I have never driven a car before.

3. 현재완료시제의 논리적 접근

(1) 현재완료시제의 영역

현재완료시제의 영역 그림에서 가장 중요한 부분은 지금 이 순간 숨쉬며 존재하고 있는 시점인 기준점에서, 즉 지금 말하고 있는 시점에서 우리가 미래영역에는 등을 돌리고 오로지 과거영역만을 바라보는 상황이다. 좀 더 자세히 설명을 하자면, 지금시점에서 정면도 바라보지 않고 오직 과거영역을 향해 바라보고 있는 시제가 현재완료시제인 것이다.

현재시제는 지금시점에서 과거영역과 미래영역을 동시에 바라보는 시제이고, 현재진행시제는 지금시점에서 과거시점과 한정된 미래시점을 동시에 바라보는 시제이다. 반면에 현재완료시제는 지금시점에서 과거영역만을 바라보는 시제이다.

그러나 지금까지 설명한 현재시제와 현재진행시제의 영역대는 '지금시점'을 포함할 뿐이지, '지금시점'만으로 제한, 구속을 받거나 지금시점에만 국한된 행위나 상황을 포함하는 것은 아니다. 다시 말하면 지금시점부근, 또는 지금시점 전후의 행위, 상황을 묘사하는 시제들이다.

반면에 현재완료시제는 언어활동을 하고 있는 '지금시점'에서 '지금시점까지'만의 행위, 상황을 묘사하는 형식인 것이다.

현재완료시제의 영역은 과거의 한 시점부터 지금시점까지의 시간영역, 즉 시간대의 시제이다. 따라서 시간의 진행, 상황의 전개, 진행의 경과 등을 지금시점에서 한정, 구속하는 시제가 현재완료시제이기 때문에, 이 한정된 시간대 내에서 일어난 상황은 지금까지 설명한 시제에서 일어나는 상황하고는 매우 다르다.

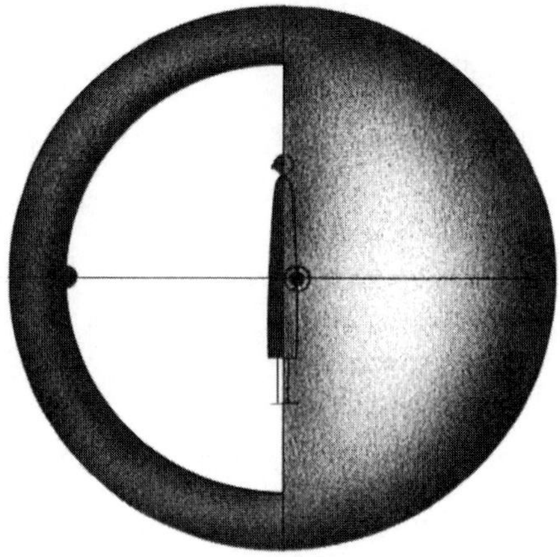

그림 4-1 **현재완료시제의 영역**

(2) 현재완료시제의 논리적 고찰

앞에서 설명한 현재시제와 현재진행시제의 상황은 미래영역까지 연결, 지속, 또는 연장되는 상황이라서, 엄격히 말하자면 보이지 않는 미래의 세계까지 상황을 끌고 들어가는 시제이다. 그러므로 우리가 아무리 미래 시각을 지정해 주거나 한정해 주더라도 예측불허인 미래의 시점을 정확하고 완전하게 보장할 수는 없을 뿐 아니라, 한정된 미래시점의 상황이 언젠가는 반드시 지금시점의 상황이 되리라는 보장은 없는 것이다.

'지금 말하고 있는 시점', 즉 지금시점의 시·공간(time-space)에서 삼라만상의 현상을 시간적으로 한정하거나 구속하여 논하는 것이 시제의 역할이며 범주이기 때문에, 어떤 행위나 상황의 완료문제는 시제의 범주에 속하지 않는다. 반복하여 설명하자면, 현재완료시제는 시간대를 과거영역부터 지금시점까지로 한정, 제한, 구속하는 것을 의미하는 것이지, 과거의 어떤 행위나 상황이 지금시점까지 완료되었는지의 여부를 묘사하는 형식이 아니다.

그림을 다시 한 번 살펴보기로 하자. 현재완료시제는 결국은 현재시제의 영역을 이 우주에서 가장 확실하고 완전한 시·공간, 즉 '내가 숨 쉬며 존재하고 있는 이 순간(지금시점)'에서 한정, 구속해 놓은 것이다. 삼라만상의 현상을 '지금 말하고 있는 시점'까지 만으로 한정하는 것보다 더 '완전한' 시-공간은 없을 것이다. 그리하여 이렇게 완전한 '지금시점'에서 '지금시점까지'의 과거의 일을, 즉 우리가 가장 확실하게 증명할 수 있는 과거의 일을 논하는 것보다 더 안전하고 확실한 방법은 없을 것이다.

여기에서 말하는 시·공간의 개념을 우리 인간이 만들어 놓은 시계의 시간 개념으로 받아들이게 되면, '지금시점'을 재는 동안 바로 앞에서 말한 '지금시점'은 벌써 과거가 되어버리므로 '지금시점'의 존재는 거의 파악할 수 없다고 말할 수도 있다. 그러므로 '지금시점'의 시간에는 과거영역과 미래영역이 포함되지 않는 동시에 미래영역과 과거영역의 경계선으로 받아들이면 된다. 이러한 의미에서 'the present perfect tense'라고 명명했을 것이라고 저자는 생각한다.

현재완료시제에서 가장 논리적으로 고찰해야 할 부분이 '지금시점'에서 현재시제의 영역을 한정해 놓았다는 점이다. 즉 현재완료의 시간대가 과거의 한 시점부터 지금시점까지 만의 시간영역이라는 의미이다. 자세히 보자면 '지금시점까지만'의 시간대에서는 '지금시점'은 포함되지 않는다는 의미이다. 결과적으로 현재완료시제의 형식은 지금시점에 국한된 상황을 논하는 시점의 시제가 아니라, 시간대를 과거의 한 시점에서 지금시점까지로 한정해 놓은 상황을 묘사하는 시제형식이다.

이러한 의미로 저자는 앞에서 현재완료시제는 우리가 지금시점에서 정면을 바라보지 않고, 오로지 얼굴을 옆으로 돌리고 과거영역만을 바라보는 시제라고 설명하였다. 수학의 '미만'과 '이하'의 차이를 적용하게 되면 현재완료시제의 시간대를 이해하는데 도움이 되겠다. 즉 '지금시점'에서 '지금시점 미만'의 시간대의 상황을 논하기 때문에 현재완료시제의 상황에서는 '지금시점'의 상황은 포함하지 않는다.

다음 우리말 예문에서 현재완료시제의 시간대가 보여주는 '지금시점 미만'의 상황을 자세히 살펴보자.

1. 나 지갑 잃어 버렸어.
2. 그들은 결혼하기로 마음먹었다네.
3. 내 친구는 이탈리아로 가 버렸어.
4. 내 동생 머리 감았다!
5. 내 동생 어디 있는지 봤니?
6. 우리 아버지 담배 끊으셨어.
7. 너 중국에 몇 번 가 봤어?
8. 나 포도주 마셔보는 것이 이번이 두 번째야.
9. 나 지금까지 차 운전 한 번도 안 해 봤어.
10. 한국전쟁 이후로 우리 가족들을 만나보지 못했어.

각 문장의 상황이 언제부터 언제까지로 한정해 놓았는지 살펴보자.

1. 나 지갑 잃어 버렸어.

이 문장의 상황은 얼마 전에 지갑을 잃어 버려서 지금 이 시점에도 가지고 있지 않다라는 의미이다. 즉 과거시점에서 일어난 행위의 결과가 지금 이 시점에 영향이나 관련이 있기 때문에 이렇게 현재완료형으로 표현해 주면 의미전달이 확실해진다.

2. 그들은 결혼하기로 마음먹었다네.

물론 그들이 결혼을 하기로 결정한 시점은 과거이지만, 그 결정이 지금시점까지 유효한 상태라는 의미이다.

3. 내 친구는 이탈리아로 가 버렸어.

이 문장을 읽고 내 친구가 어디에 있을까 한 번 생각해 보자. 영어에서는 의미가 어느 정해진 구조나 단어만으로 결정이 되는 것이 아니라, 의미를 결정짓는 모든 요소를 고려대상에 포함시켜야 한다. 이 문장을 My friend has left for Italy 라고 표현하게 되면 이 문장의 상황과 의미를 정확히 이해하는데 도움이 될 수 있겠다. 내 친구가 이탈리아로 가 버려서, 그것도 바로 얼마 전에, 지금은 이탈리아에 있다라는 상황도 내포할 수도 있다.

일반적으로 이러한 종류의 문장을 접하면, 대부분의 사람들은 '내 친구가 이탈리아에 가 버려서 지금은 거기에 있다'라고 이해를 한다. 이런 해석이 가능한 이유가 바로 이 문장을 현재완료시제로 표현했기 때문이다. 떠난 사실이 지금시점과 연결, 연관이 되기 때문에 이 시제로 표현했을 것이다. 즉 떠난 시점이 지금시점과 멀지 않다는 것을 보여주기 때문에 내 친구가 아직도 이탈리아에 있을 확률이 높은 것이다.

4. 내 동생 머리 감았다!

이 문장도 아무 논리적 근거나 목적도 없이 단순히 머리를 감았다라는 의미로 이 문장을 지금시점에서 말했을 리 만무다. 즉 지금시점에 비추어 얼마 전에 머리를 감아 이 감은 상태가 지금시점까지 이어진다는 의미이므로, 바꾸어 말하면 '내 동생이 머리를 감은 지 얼마 되지 않아서 이제는 또는 지금시점까지는 깨끗하다'라는 의미일 것이다.

물론 이러한 상황에다 '방금'이라는 상황까지 포함시키고자 원하면, My sister has just washed her hair 라고 써도 된다. 현재완료형과 'just'를 같이 쓰면 머리를 감은 행위가 지금시점에서 볼 것 같으면 바로 얼마 전에 일어났다라는 의미이지만, My sister just washed her hair 라고 과거형으로 써주면 일차적인 의미의 중점이 시각, 즉 '방금'에 있다. 과거시제에서 이 부분에 대해 자세히 설명하겠다.

5. 내 동생 어디 있는지 봤니?

이 문장의 상황도 당신이 내 동생을 어느 시점(물론 과거영역)에서 보았더라면 지금 이 시점에 내 동생이 어디에 있는지를 알 것이라는 상황이다. 물론 대답하는 사람에 따라 조금 전까지는 운동장에 있었지만 지금은 어디에 있는지 모르겠다라고 응답할 수도 있다.

6. 우리 아버지 담배 끊으셨어.

이 문장의 상황도 과거 어느 시점에서 아버지께서 담배를 끊으셔서 지금 이 시점에도 담배를 피우시지 않는다는 의미이다. 즉 담배를 끊으신 과거의 행위가 지금시점까지 연장이 되는 것이다.

7. 너 중국에 몇 번 가 봤어?

이 문장의 상황은 좀 깊게 생각해 볼 필요가 있다. 이 문장은 지금시점을 기준으로 하여 그간 (현재완료시제 시간대 내에서) 몇 번이나 다녀왔느냐는 질문이지만, 질문을 한 사람은 상대방이 중국에 다녀온 사실을 알고 있다는 전제하에 이 질문을 했을 것이다. 다만 '몇 번'이라는 횟수에 대해 확인하고 싶었을 것이다. 이 문장에서 중국에 가 본 상황은 '지금시점'에서 일어나고 있는 상황하고는 아무 상관이 없다는 것을 알 수가 있을 것이다. 다시 말하면 지금시점까지로 시간을 한정해서 그 시간대 내에서 일어난 상황을 물어본 것이다. 즉 현재완료시제의 시간대는 '지금시점 미만'의 시·공간을 가리킨다.

8. 나 포도주 마셔보는 것이 이번이 두 번째야.

이 문장에서 '이번이 두 번째야'라는 상황 자체가 지금시점의 상황이기 때문에, 지금시점에서 포도주를 마셔보는 것이 두 번째라면 그 전에는,

즉 현재완료시제의 시간대 내에서는, 한 번 마셔보았다 라는 의미이다.

9. 나 지금까지 차 운전 한 번도 안 해 봤어.

이 문장의 의미도 8번 문장에서 설명한 바와 같이 주의를 요하는 문장이다. 단순히 '지금 이 시점까지는 운전을 해보지 않았다'라는 상황이기 때문에 '지금시점'에서 운전을 해 보고 있을 수도 있는 상황을 배제하면 안 된다.

10. 한국전쟁 이후로 우리 가족들을 만나보지 못했어.

과거의 한 시점, 즉 6·25 전쟁 때부터 지금시점까지 가족들을 못 만나 본 상태라는 의미일 뿐이지 지금 이 시점에서는 만나고 있는 상황일 수도 있다.

위의 우리말 예문을 우선 영어로 표현해 보겠다.

1. I have lost my wallet.
2. They have decided to get married.
3. My friend has gone to Italy.
4. My sister has washed her hair.
5. Have you seen my sister anywhere?
6. My father has given up smoking.
7. How many times have you been to China?
8. This is the second time I have tasted wine.
9. I have never driven a car.
10. I have not seen my family since the Korean War.

지금까지 설명한 것에 비추어 보아 현재완료시제는 시점의 시제가 아니라 시간대의 구속을 받는 시간대의 시제이다. 따라서 한정된 과거시점부터 지금시점까지로 시간대를 한정하여 이 시간대 내에서 일어난 상황을 묘사하여 주는 형식이 현재완료시제이다. 결과적으로 영역대의 시제인 현재진행시제와는 달리 현재완료시제는 시간대의 시제이기 때문에 시간의 폭, 즉 '기간 duration'을 보여주는 형식이다.

(3) 현재완료시제의 속성

그러면 지나간 과거의 일을 지금시점에서 구태여 거론하는 이유가 어디에 있을까? 한번 곰곰이 생각해 볼 문제다.

우리가 지나간 과거사에 흥미와 관심을 가질 때는 두 가지 이유가 있을 것이다. 현재완료시제를 사용하여 '지금시점'에서 과거의 일을 들추어낸다는 것은 과거시점에서 일어난 행위나 상황의 사실여부를 확인하고자 하는 의도에서 나온 것이며, 또 한편으로는 과거영역에서 일어난 일이 '지금시점'과 어떤 연관이 있기 때문에 새삼스럽게 지나간 일을 들추어낼 것이다.

'지금시점'에서 '지금시점 미만'의 과거영역을 바라보는 것이 현재완료시제이므로, 현재완료시제로 표현한 문장들은 흡사 과거의 사실을 '지금시점'에서 확인하는 작업과 같다. 적어도 우리 인간은 지나간 일은 과학적으로 증명할 수 있을 만큼 사실여부의 진위를 가릴 수 있기 때문에, 현재완료시제로 쓰인 표현들이 이러한 인상을 주는 것이다. 즉 어느 상황이나 행위에서 확실한 두 시점이 존재할 때는 두 시점간의 상관관계 내지는 인과관계가 성립된다고 해도 과언이 아닐 것이다.

현재완료시제의 속성을 이해하기 위하여 다음 그림을 자세히 살펴보자.

현재완료시제의 영역 그림에서 보듯이 현재완료시제의 영역은 현재시제의 영역에서 '우주의 삼라만상 현상이(좁은 의미로서 우리의 인간사의 모든 행위와 상황) 언제 끝날지 모르는 미래영역'을 제외시킨 시제이다. 다시 말하면 '잘 모르는' 혹은 '예측불허'의 미래영역을 제거시킨 시제이기 때문에, 현재완료시제는 다분히 우리가 확인할 수 있는 속성, 즉 확실성을 가진 영역대의 상황을 논하는 시제이다.

이 확실성을 지금시점에서 바라보기 때문에 현재완료시제는 과거영역에서 일어난 일의 사실여부를 지금시점에서 확인하는 것과 같은 역할을 하며, 또 한편으로는 지금시점의 상황을 과거영역에서 일어난 상황과 연관시키는 역할도 한다. 즉 현재완료시제는 과거영역과의 확증성 내지는 과거영역과의 인과성의 속성을 가지고 있다. 이 두 속성을 하나의 개념으로 묶어 과거영역의 시점과 지금시점과의 연계성이라고 명명하겠다.

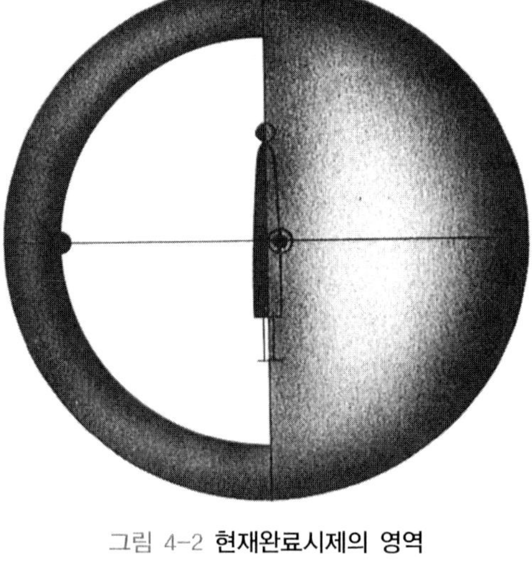

그림 4-2 **현재완료시제의 영역**

확증적 연계성

지금시점에서 현재완료시제의 시간대의 상황을 논하는 것은, 다시 말하면 과거영역에서 일어난 일을 들추어내는 것은 단순히 지나간 기억을 재생시키는데 목적이 있는 것이 아니다. 현재완료시제는 '언제' 즉 특정한 과거시점의 상황에 관한 시제가 아니라 이미 발생한 상황을 지금시점까지의 시간대로 한정해 놓아 지금시점과의 연계를 논하는 시제이다. 지금시점에서 이 기억을 재생하여 확인하는 속성, 즉 확증적 연계성이 현재완료시제의 속성인 것이다.

다음 그림을 자세히 다시 한 번 살펴보기 바란다.

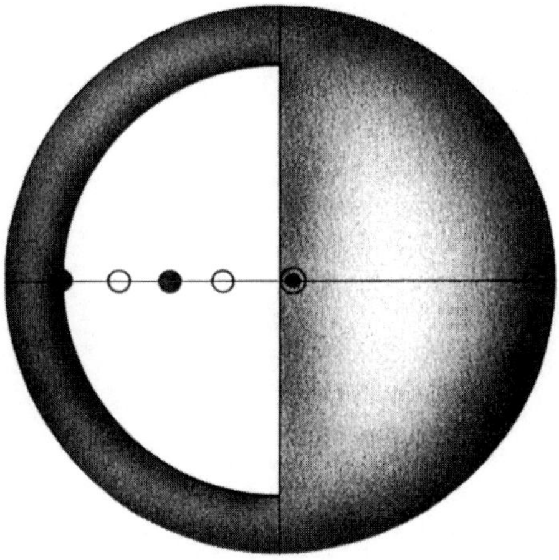

그림 4-3 **현재완료시제**

첫째로, 수많은 과거시점, 즉 과거 시각이나 시간대에 상관없이 말하고자 하는 사실이 과거영역에서 있었는지의 사실여부를 지금시점에서 확인하는 데에 초점을 맞출 수 있다. 다음 예들이 이 상황을 잘 대변해 줄 것이다.

1. Have you met him before?
2. I have finished my homework.
3. My sister has done her chores.
4. My father has been to Africa.
5. We have solved the problem.

둘째로, 다음 예문에서 보듯이, 지금시점에서 보아 '적어도 한 번쯤은' 지금시점 미만에서 일어난 상황에 관한 묘사라면 현재완료시제에 ever를 첨가하면 되겠다. 과거영역의 그 많은 시점에서 한 번도 일어나지 않은 상황이라면 현재완료시제에 never를 첨가하면 되겠다.

1. Have you ever been to South America?
2. Have you ever beaten your wife?
3. I have never argued with my father.
4. I have never tasted beer before.
5. I have never seen an X-rated movie.

셋째로, 과거영역의 수많은 시점들의 상황에도 질서정연하게 순서가 있으므로 첫 번째도 있겠고, 두 번째, 세 번째도 있겠고, 당연히 이 시간대 내에서 발생한 상황들의 빈도수나 수량을 말할 수도 있겠다.

1. This is the third time I have driven a sports car.
2. This is the fifth coffee I have had this morning.
3. How many times have you been to the operas?
4. How many cigarettes have you smoked?
5. I have often visited him at his country house.

넷째로, 두 시점 사이의 시간대에서 일어난 행위나 상황을 묘사할 때는 '과거의 한 시점부터'또는 '과거의 한 시점 이후'로 표현하여 'since + 과거 시점' 할 수도 있겠다. 또한 이 두 시점을 한데 묶어 기간, 예를 들어 'for + 기간', 'from ~ to', 'between … and' 등으로 표현할 수 있다.

1. We have never seen him since 1987.
2. I have known him since 1983.
3. How long have you known my sister?
4. I have had this job for 30 years.
5. I have been in this town for three months.

다섯째로, 바라보는 사람의 시각에 따라 특히 이 수 많은 과거시점들은 '벌써' 혹은 '이미'도 될 수 있고, '아직도' 혹은 '지금까지도'도 될 수가 있어서 already, yet 등을 사용할 수 있다. 또한 보는 사람의 시각에 따라 과거시점과 지금시점과의 사이가 길게 혹은 넓게 느껴질 수도 있기 때문에, 시간대가 길다고 느껴지면 'always'를 현재완료시제와 함께 사용하기도 한다.

1. He can't be hungry. He has just had his lunch.
2. We have already met.
3. I haven't done the dishes yet.
4. I have always lived in this section of Seoul.
5. My mother has always worked hard in her life.

우리말의 '아직', '이미', '여전히', '벌써' 등의 표현은 어느 한 상황을 지금시점에 비추어서 묘사하는 표현일 것이다. 지금 이 시각에 비추어서 '아직'이며, 지금 이 시점과 견주어 보아서 '이미'일 것이다. 따라서 이렇게 지금시점과 견주어서 표현을 하고자 할 때는 현재완료시제가 가장 적합하다.

인과적 연계성

언어활동을 하고 있는 지금시점에서 지나간 일들을 들추어 낼 때는 기억들을 재생하여 단순히 확인하기 위한 목적도 있겠지만, 한편으로는 과거영역에서 일어난 일이 지금시점과 연관이 있기 때문에 과거영역에서 일어난 일을 들추어낼 것이다. 다시 말하면 과거영역에서 일어난 행위나 상황이 '지금시점'과 연관, 관련, 영향, 효과 등의 인과관계가 있을 때 이와 같은 상황을 현재완료시제로 묘사하면 된다. 즉 우리의 기억을 재생시켜 '지금시점'의 상황과 연관시키는 인과적 연계성을 현재완료시제에서 볼 수 있다.

다음 예문에서 이 인과적 연계성을 염두에 두고 읽기 바란다.

1. My bike has been stolen.
2. The elevator has broken down.
3. I have washed the car.
4. He has had a serious car accident.
5. My mother has cleaned my room.
6. My car has broken down.
7. My father has lost his wallet.
8. You have had your coat dry-cleaned.
9. My boy-friend has gone to Canada.
10. I have sold my car.

영어로 된 예문들을 자세히 살펴보자. 특히 기간이 명시되지 않은 위와 같은 상황에서는 현재완료형으로 표현된 상황들은 지금시점에 비추어 볼 때 얼마 지나지 않은 상황이라는 것을 내포한다. 물론 지금시점에 비추어 보아서 얼마 지나지 않는다라는 것도 상황에 따라 매우 상대적인 의미라는 것을 잊지 말자.

1. My bike has been stolen.

이 문장은 누군가가 과거 한 시점에서 내 자전거를 훔쳐가서 지금시점에 자전거가 없는 상황이며 이 상황이 발생한 시점은 지금시점에 비추어 얼마 되지 않는 상황이라는 것이다.

2. The elevator has broken down.

이 문장의 경우도 지금시점까지 승강기가 고장이 난 상황이다. 고장이 난 시점은 당연히 과거의 한 시점이지만 고장 난 상태가 지금시점까지 연장이 되어 있는 상황이다.

3. I have washed the car.

이 문장의 의미도 과거 한 시점에서, 지금시점에 비추어서 얼마 전에, 차를 닦은 상황이 지금시점까지 연결이 되어 지금시점에도 차가 깨끗하다고 생각하기 때문에 현재완료형으로 표현해 준 것이다.

4. He has had a serious car accident.

최근에 그 친구가 사고를 당해서, 다행히 않았지만, 지금시점에도 병원에 있거나 또는 좋지 않은 상황이라는 것을 보여주는 문장이다.

5. My mother has cleaned my room.

어머니께서 방을 청소해 주셔서 지금 내 방이 깨끗하다는 의미이다. 물론 방을 청소하신 시점은 지금시점에 비추어 얼마 지나지 않은 상황일 것이다.

6. My car has broken down.

차가 고장이 난지 얼마 지나지 않았고 지금 이 시점에서도 차가 고장이 난 상태라는 것을 보여준다.

7. My father has lost his wallet.

아버지께서 얼마 전에 지갑을 잃어버리셔서 지금도 지갑이 없는 상황을 보여주는 문장이다.

8. You have had your coat dry-cleaned.

이제는 옷을 세탁해 입어서 깨끗해 보인다는 의미이다. 물론 세탁을 한 시점은 지금시점에 비추어서 얼마 되지 않은 시점이다.

9. My boy-friend has gone to Canada.

내 남자친구가 지금 어디에 있는지는 확실히 몰라도 그 친구가 캐나다로 가 버린 시점은 지금시점에 비추어 얼마 되지 않은 시점일 것이다. 시간은 상대적인 개념이기 때문에 그 친구가 지금 캐나다로 가는 비행기에 있을 수도 있겠고 아니면 캐나다에 있을 수도 있겠고, 아니면 또 다른 곳으로 옮겼는지도 모르겠다.

10. I have sold my car.

차를 판 상황이 지금시점까지 연결이 되어 지금시점에 차가 없는 상황도 가능하다. 물론 다른 여러 가지 상황, 예를 들어 돈이 많아졌다 등의 상황도 가능하겠다.

이번에는 위의 영어 예문과 지금시점의 상황을 같이 영어로 표현해 보겠다.

1. My bike has been stolen (so I don't have it now).
2. The elevator has broken down (so we can't use it).
3. I have washed the car (so it is clean).
4. He has had a serious car accident (so he is in hospital now).
5. My mother has cleaned my room (so it is clean).
6. My car has broken down (so I can't drive you to the airport).
7. My father has lost his wallet (so he doesn't have money with him).
8. You have had your coat dry-cleaned (so it looks like new).
9. My boy friend has gone to Canada (so I already miss him).
10. I have sold my car (so I am richer).

지금까지 현재완료시제의 속성인 연계성을 설명한 것이다. 현재완료시제는 과거영역의 한 시점과 지금시점을 연결하는 시간대에 관한 시제라는 것을 잊지 말아야 한다. 특히 중요한 것은 이 두 시점이 과학적으로 정확한 시점이기 때문에, 이 두 시점의 관계에서 우리는 연계성의 속성을 찾을 수 있다.

두 시점 간의 연계관계는 두 가지 측면에서 살펴볼 수가 있다. 첫째로 지금시점에서 과거의 한 시점에서 일어난 일의 사실여부를 확인해 볼 수 있는 연계관계(확증적 연계성)도 성립하겠고, 둘째로 과거의 한 시점에서 일어난 사실, 행위, 상황이 지금시점에 어떤 연관, 영향, 결과를 초래하였는지의 연계관계(인과적 연계성)도 성립한다.

결과적으로 현재완료시제의 상황은 지금시점과의 연계상황이기 때문에 때로는 그 상황이 발생한 시점이 지금시점에 견주어 보아 얼마 지나지 않은 상황이라는 것을 보여준다.

4. 현재완료시제와 인근시제

현재완료시제는 과거영역을 포함하기 때문에 시점의 시제인 과거시제와의 관계를 이해하기가 힘들 수가 있다.

(1) 현재완료시제와 과거시제

동일한 과거의 사실을 가지고 시간의 한정개념에 따라 현재완료시제와 과거시제로 표현할 수 있는 것이 영어의 사고방식과 우리말 사고방식의 차이점인 것이다.

우리말은 사건이 발생한 시각에 초점을 맞추어 과거형이 극도로 발달된 언어이기 때문에 영어에서 찾을 수 있는 현재완료형을 잘 사용하지 않는다. 부하가 사장에게 뛰어와서 말하기를 'We have sold a thousand cars.'라는 의미를 '사장님, 1,000대를 팔았습니다'라고 표현하여 '차를 판매한 시점'에 초점을 맞추어 과거시제로 표현한다. 이렇게 표현하는 것이 실제로 우리말에 생동감을 더해 준다. 옷이 젖어 있으면 '옷이 젖었어'라고 말하지, '옷이 젖어 있어'라고는 잘 표현하지 않는다.

이번에는 '사장님, 차를 1,000대 팔았습니다'를 영어로 표현해 보자. 이 문장에서 차를 '판' 시점을 명시해 주지 않는 한 어제 1,000대를 팔았는지, 지난달에 1,000대를 팔았는지, 아니면 지금시점까지 1,000대를 팔았는지 등의 의미와 상황을 파악하기 힘들 것이다.

이번에는 앞에서 설명한 예문의 일부를 예로 들어보겠다.

1. 너 서편제 봤니?
2. 너 숙제 다 했니? (지금 말하고 있는 시점은 오후 2시임)
3. 나 열쇠를 잃어버렸어.
4. 나 머리 깎았다.
5. 엄마 집에 돌아오셨니?
6. 너 그렇게 몸무게를 뺐니?

이번에는 이 예문의 일부에 수식어를 조금 추가해서 상황을 바꾸어 보겠다. 다음 예문을 여러 번 읽고 위의 예문과 비교해서 상황의 중심과 초점이 어디에 있는지 살펴보자.

1. 너 언제 서편제 봤니?
2. 너 오늘 아침에 숙제 다 했니? (지금 말하고 있는 시점은 오후 2시임)
3. 나 조금 전에 열쇠를 잃어버렸어.
4. 나 어제 머리 깎았다.
5. 엄마 언제 집에 돌아오셨니?
6. 너 어떻게 그렇게 몸무게를 뺐니?

영어 속담에 'Appearances can be deceiving.' 혹은 'Appearances are deceptive.'라는 표현이 있다. 즉 겉만 보고 판단하지 말라는 속담이다. 우리말을 영어로 옮기려고 할 때도 우리말 표현이 가지고 있는 논리와 여건, 환경 등을 고려하여야 하고, 마찬가지로 영어를 우리말로 옮기려고 할 때도 같은 논리가 적용되는 것이다.

이 두 종류의 우리말 예문에서는 과거시점을 보여주는 수식어를 추가한 외에는 다른 변화는 찾아볼 수 없다. 즉 영어로 표현할 경우에는 위의 두 종류의 예문들은 각기 다른 시제를 사용해야 하지만 우리말에서는 모두 과거시제로 되어있을 뿐 아니라 반드시 과거시제로 표현해야 한다고 해도 과언이 아니다. 영어식 사고방식에서 보면 이러한 두 종류의 예문들은 근본적으로 다른 각도 내지는 차원에서 접근하여야 한다. 바로 이러한 상이점이 우리식의 사고방식과 영어식 사고방식의 대표적인 차이인 것이다.

현재완료시제에서 설명한 예문들은 과거의 한 시점에서 지금시점까지로 한정짓는 시간대에 관한 문장들이다. 따라서 결코 사건이나 상황이 발생한 장소나 시점, 즉 시·공간을 묻는 것이 아니다. 그러나 과거시점을 추가한 예문들은 과거영역 내에서의 한 시점, 즉 한정된 시점과 공간에 관한 문장들이다. 즉 과거시제의 상황은 과거시점에 초점을 맞춘 상황이라는 점이 현재완료시제의 상황과 다른 점이다.

과거시점을 보여주는 '언제', '오늘 아침에', '조금 전에', '어제' 등에 초점을 맞춘 위의 예문들은 시점에 관한 행위나 상황이기 때문에 모두 과거시제로 표현해야 한다. '지금까지의 상황이나 행위'가 아니라, 단순히 과거의 한 시점에 초점을 맞춘 내용들이다. 위의 예문들을 영어로 표현해 보겠다.

1. When did you see the movie?
2. Did you do your homework this morning?
3. I lost my key a little while ago.
4. I had my hair cut yesterday.
5. When did your mother return home?
6. How did you lose weight?

여기에서 현재완료시제와 과거시제와의 의미와 상황의 차이점을 다시 한 번 설명하겠다.

1. My car has broken down.
2. My car broke down.
3. I have washed the car.
4. I washed the car.
5. He has had a serious car accident.
6. He had a bad car accident.

현재완료형으로 쓴 문장들은 '지금시점'과 관련시켜 의미를 생각해 보고, 과거형으로 쓴 문장들은 단순히 과거영역의 한 시점에서 일어난 상황이라 생각해 본 후 우리말로 옮겨 보자.

1. 내 차 고장 났어.
2. 내 차 고장 났었어.
3. 내 차 닦았어.
4. 내 차 닦았었어.
5. 그 친구 끔직한 사고를 당했지.
6. 그 친구 한번 끔직한 사고를 당했었지.

우리말 해석은 현재완료시제의 상황은 '지금시점'과 관련이 있는 반면, 과거시제의 상황은 '지금시점'과 전혀 관계가 없다는 것을 다소 과장하여 예로 든 것뿐이다.

(2) 상충적인 현재완료시제

현재완료시제의 상황은 '지금시점 미만'의 상황을 지금시점에서 거론하는 시제라고 하였다. 그러나 영어의 어휘가 갖는 특수한 성질로 인하여, 현재완료시제의 상황이 '지금시점'의 상황을 포함할 수도 있는 모순성을 찾아 볼 수가 있다. 영어의 의미를 극도로 논리적이고 과학적으로 규정한 결과의 산물일 것이다.

영어에서 시간을 나타내는 부사 중에는 그 부사 자체가 시간대의 의미를 포함한 것이 많다. 물론 이러한 부사나 부사구들이 과거시제와 함께 사용된다면, 이 부사구들은 '시점'을 표시하는 역할을 하기 때문에, 논리적으로 모순이 되는 점을 찾아 볼 수가 없다. 그러나 이러한 부사, 부사구들이 현재완료시제와 같이 사용되면, 이 부사구들은 현재완료시제의 속성으로 인하여 '시간대'의 의미로 변하게 되는 것이다.

예를 들어 all day, all night, all my life, all the time, always, recently, since, today, this morning, this afternoon 등의 시간을 나타내는 부사구나 부사들은 과거시제에서는 당연히 '시점' 역할을 한다.

그러나 두 시점을 연결하는 현재완료시제의 상황에서는 위의 부사나 부사구들이 두 시점을 연결하는 시간대의 역할을 하게 된다. 즉 이러한 부사구들을 두 시점으로 벌려놓은 상황에서 '지금시점 미만'의 상황을 논하기 때문에, 이 시간대를 나타내는 부사구들 속에 말하고 있는 지금시점이 포함될 수 있는 상충적인 결론이 나오게 되는 것이다.

예를 들어 '오늘 오전'이라든지 '오늘'이라는 수식어를 한번 생각해 보자. 말하고 있는 시점에 따라 '오늘 오전'이 '시간대'도 될 수 있고, 단순히 지나간 과거의 '시점'이 될 수도 있다. 즉 말하고 있는 시점이 '오늘 오전'안에 속할 수도 있고, '오늘 오전'이 지나서 오늘 오후나 오늘 밤일 수도 있다. 그러므로 '오늘 오전에 그 사람을 보았소?'의 영어표현은 말하고 있는 시점이 어디에 속하느냐에 따라 각기 현재완료형이나 과거형으로 표현할 수 있다. 말하고 있는 시점이 아직도 오전일 경우에는 this morning이 시간대가 되므로 'Have you seen him this morning?'으로 표현하는 것이 좋겠고, 말하고 있는 시점이 오늘 오후나 오늘 밤일 경우에는 this morning이 과거영역의 시점이 되어 'Did you see him this morning?'으로 표현해야겠다.

(3) 영어의 현재완료시제와 우리말의 과거시제

현재시제의 영역은 반드시 과거와 미래를 동시에 포함해야 되고 현재완료시제는 지금시점과의 연관이 있어야 한다. 반면에 과거시제는 한정된 과거영역의 시점에 초점을 맞춘 시제이기 때문에 지금시점의 상황과는 아무 상관도 없다는 것을 잊지 말자. 우리말의 숨겨진 상황과 의미를 생각하지 않고 우리말을 그대로 영어로 표현하게 되면 효과적인 의미전달을 할 수 없게 된다. 우리말 표현을 문자 그대로 영어로 직역하게 되면 본래의 의미가 변질되는 경우를 종종 발견하게 될 것이다.

'나 텔레비전 고쳤어'라는 우리말 문장을 액면 그대로 영어로 옮기기 전에 이 우리말 문장의 상황과 의미를 깊이 생각해 볼 필요가 있다. 우리말로는 과거시제에 해당하므로, 이것을 그대로 영어의 과거시제로 옮기면 'I had my TV fixed.'가 될 것이다. 이 영어 문장을 듣게 되면, 밑도 끝도 없이 과거 어느 한 시점에서 일어난 일(즉 텔레비전을 고친 일)을 새삼 왜 들추어내는지 의아하게 여기거나, 고쳤는데 또 망가졌다는 말인지, 도무지 의미를 종잡을 수 없게 된다. 그러나 대부분의 우리나라 사람들은 우리말로 된 이 표현을 '텔레비전이 망가져서 고쳤기 때문에 이제는 작동이 잘 된다'라는 의미로 받아드린다. 이렇게 받아드리는 의미 속에 우리는 '나 텔레비전 고쳤어'라는 문장이 과거시점에, 즉 텔레비전을 고친 시점에 초점을 맞춘 의미가 아니라 지금시점 부근의 상황, 즉 이제는 작동이 잘 된다라는 의미에 초점을 맞춘 것을 알 수 있겠다.

따라서 현재완료형으로 'I have had my TV fixed.'라고 하면, 이제는 고쳐 놓았다는 의미가 확실해 진다.

'언제' 혹은 '어디서' 텔레비전을 수리했냐고 묻는 질문에서는 '이제는 텔레비전이 작동이 잘 된다'라는 상황과 의미는 포함되지 않는다. 다만 텔레비전을 고친 시점의 상황을 묻는 질문일 것이다. 즉 '언제 고쳤니?' 또는 '어디서 고쳤니?'라는 우리는 지금시점의 상황과는 아무 관계도 없다는 것을 느끼는 동시에 과거영역의 한정된 시-공간을 느낄 수 있을 것이다. 그러므로 '언제 고쳤니?', '어디서 고쳤니?', '누가 고쳤니?' 등의 표현들은 과거영역의 시·공간을 묘사하는 질문이기 때문에, 과거형을 사용하여 'When did you have it fixed?', 'Where did you have it fixed?' 'Who fixed it?'으로 표현하면 된다.

우리식의 사고에서는 사건이나 행동이 발생한 시점을 매우 중요시 여기기 때문에, 우리말은 과거형이 발달한 언어이다. 그리하여 영어표현으로는 현재형이나 현재완료형으로 써야함에도 불구하고 과거형으로 표현하는 일이 종종 있기 때문에, 의미전달이 잘못 될 수 있다. 저자의 의견으로는 영어식 사고방식에서는 사건, 상황, 행위가 발생한 시점보다 그 여파나 결과, 영향, 효과 등이 더 중요시되는 것 같다.

다음 Hamlet에서 나온 대화를 보고 과거시제로 쓴 문장의 주변 상황과 의미를 살펴보자.

Hamlet: Whose grave's this, sirrah? [Whose grave is this,]

Clown(gravedigger): Mine, sir...

Hamlet: What man dost thou dig it for? [What man do you dig it for?]

Clown: For no man, sir.

Hamlet: What woman then?

Clown: For none neither.

Hamlet: Who is to be buried isn't?

Clown: One that was a woman, sir; but, rest her soul, she's dead.

Hamlet: How absolute the knave is! We must speak by the card, or equivocation will undo us.

Hamlet이 누구의 무덤이냐는 질문에 무덤을 파는 사람은 자기가 파는 무덤이므로 자기 것이라고 답하였다. 'What man'(여기에서 'man'은 사람을 의미할 수도 있고 남자를 의미할 수도 있다)을 위해서 파느냐고 다시 질문을 했을 때 'For no man'이라고 답하였다. 이 대답은 남자의 무덤이 아니라는 의미도 되고, 사람의 무덤이 아니라는 의미도 될 수 있다. Hamlet은 아직까지도 이 clown이 말하고자 하는 의미를 깨닫지 못하고, 다시 그러면 여자가 묻힐 것이냐고 질문을 하였다. 여전히 여자의 무덤도 아니라고 대답하니까, 이번에는 누가 묻힐 것이냐고 묻자, clown 이 '여자였었던 자'라고 답을 한 것이다.

이 무덤을 파는 사람에게는 우리가 살아있는 시점에서나 인간이고 남자이고 여자이지, 일단 죽으면 이미 현재진행형은 끝나고 과거형이 되어버리는 동시에, 더 이상 인간일 수도 없고, 여자나 남자일 수도 없는 상황이라는 것이다. 과거시제의 주변 상황을 극단적으로 잘 보여준 예라 하겠다.

일전에 텔레비전에서 영화를 보았다. 한 고등학생이 편의점에서 일하는 도중 강도의 총에 맞아 죽었다. 영화가 거의 끝날 무렵 죽은 아이의 아버지에게 어떤 사람이 'Are you his father?'라고 묻자, 'Yes, I am. No, I WAS.'라고 답을 하였다. 지금시점에서는 죽은 아이는 더 이상 현재시제로서의 자식이 아니라는 논리에서 이렇게 현재형으로 답한 것을 부정하고 다시 과거형으로 바꾸어 답한 것이다. '예, 제가 죽은 아이의 아버지였지요'의 논리적인 의미로 답을 한 것이다.

우리말 표현을 이런 논리로 이야기 한다면 잔인하게 들리거나 비논리적이라고 여겨질 수 있으나 영어로 표현하고자 할 때는 영어식 논리를 아는 것이 중요하다고 생각한다.

5. 현재완료시제의 결론

유한의 존재인 인간이 존재 개념의 시간을 가장 확실하게 두 시점으로 연결한 시제가 현재완료시제이다. 또한 언어활동을 하고 있는 지금시점에서 과거영역의 상황, 즉 지금시점 미만의 시간대의 상황을 논하는 시제가 현재완료시제이므로, 엄격히 말하면 이 시간대는 '지금시점'을 포함하지 않는다.

현재완료시제는 시점의 시제가 아니라 시간대의 시제이기 때문에, 한정된 한 시점의 상황을 논하는 시제가 아니다. 즉 시점의 시제는 상황의 진행기간을 표현하지 않는 것이 정석이지만 시간대의 시제에서는 행위나 상황의 '기간 duration'을 당연히 묘사할 수 있다.

현재시제의 영역에서 불확실한 미래영역을 제거, 분리시킨 시제가 현재완료시제이기 때문에, 그 결과로써 현재시제의 속성인 영속성, 지속성,

불변성 등의 절대성에서 예측성, 기대성 등의 미래의 속성을 제외한 것이다. 그 대신 현재시제의 속성을 지금시점에서 한정하였기 때문에 현재완료시제에는 과거영역과 지금시점을 연결하는 연계성의 속성이 내재되어 있는 것이다.

이미 과거가 되어버린 행위나 상황을 지금시점에서 거론할 때는 단순히 이 과거의 사실을 재생시키려는 목적이 아니라 의도적으로 과거의 상황을 들추어낼 것이다. 의도적으로 기억을 되살리는 이유는 과거에 일어난 행위나 상황을 재삼 확인하려는 의도가 있겠고, 또한 과거에 일어난 일이 지금시점까지 영향을 미치기 때문일 것이다. 결과적으로 우리는 현재완료시제로 표현한 상황에서 '확증적 연계성'과 '인과적 연계성'을 찾아볼 수 있다.

05

현재완료진행시제

The Present Perfect Continuous Tense

1. 현재완료진행시제의 문자적 의미

현재완료진행시제는 문자 그대로 현재완료시제에 진행시제를 추가한 것이다. 다시 말하면, 과거의 한 시점부터 지금시점까지로 한정된 시간대 안에서 발생한 행위나 상황을 시간과 진행의 경과에 초점을 맞춘 시제이다. 따라서 현재완료진행시제는 과거 한 시점부터 시작된 행위와 상황을 진행에 초점을 맞추어 지금시점에서 한정시켜 구속하는 역할을 한다고 보면 된다.

현재완료시제에서 설명한 바와 같이 현재완료진행시제도 시간대의 시제이다. 따라서 한정할 수 있는 두 시점, 즉 과거영역의 한 시점과 지금시점을 연결한 시간대의 상황을 진행과 시간의 경과에 초점을 맞춘 시제이다.

2. 현재완료진행시제의 일반적 개요

다음 우리 말 예문을 보자.

1. (지금이 11시니까) 5시간 공부한 셈이네.
2. (일주일 전에 감기에 걸렸으니까) 지금까지 일주일이나 기침하니 (얼마나 괴로울까).
3. 우리는 벌써 3시간이나 시험을 치루고 있어.
4. 이 집에 이사 와서 산 지 10년이야.
5. (믿어지니?) 이 아기가 1시간 동안이나 울고 있다니.

위 예문의 상황을 자세히 살펴보자. 이 상황들의 공통점이 바로 현재완료진행시제의 상황과 의미를 보여주는 것이다.

위의 예문들은 모두 지금시점까지의 행위와 상황을 시간과 진행의 경과에 초점을 맞춘 것을 볼 수 있다. 시간과 진행의 경과에 초점을 맞추었기 때문에 지금시점에도 위와 같은 상황이 계속 진행이 되는지는 가늠하기 어렵다. 또한 위의 상황이 지금시점 이후에도 진행이 될 것인지도 추측하기 힘들다. 바로 이러한 점이 현재완료진행시제의 특수한 상황을 대변한다고 할 수 있다.

각 문장들의 상황을 자세히 살펴보자.

1. (지금이 11시니까) 5시간 공부한 셈이네.

이 문장의 상황은 6시부터 11시까지로 한정이 되어 있는 것을 볼 수 있다. 다만 이 시간대 내에서 진행되어 온 상황을 시간의 경과에 초점을 맞춘 것이다. 그러나 지금시점에도 공부하고 있는지는 확실하지 않은 것 같다.

2. (일주일 전에 감기에 걸렸으니까) 지금까지 일주일이나 기침하니 (얼마나 괴로울까).

이 문장의 상황도 일주일 전부터 지금까지의 시간대로 한정된 상황인 동시에 이 상황을 진행과 시간의 경과에 초점을 맞춘 것을 볼 수 있다. 이 상황에서는 지금시점 부근에도 여전히 기침하고 있을 것 같은 상황이다.

3. 우리는 벌써 3시간이나 시험을 치루고 있어.

이 문장의 경우는 3시간의 시간대 안에서 진행되고 있는 상황이지만 다른 보충 설명이 없는 것으로 보아 지금시점에도 시험을 치루고 있을 것 같은 인상을 준다.

4. 이 집에 이사 와서 산 지 10년이야.

이 문장의 경우도 한정된 시간대 내에서의 상황을 시간의 경과에 초점을 맞추었지만, 이 문장의 상황에서는 지금시점을 포함해서 앞으로도 여기에서 계속 살 상황에서 이렇게 표현할 수도 있고, 한편으로는 지금시점 이후에도 여기에서 계속 살 것이라는 보장이 없는 상황에서도 이렇게 표현할 수 있다. 즉 지금시점의 상황을 포함할 수 있기 때문에 위와 같은 인상을 주지만, 엄밀히 말하면 지금시점 이후의 상황에 간여하는 시제는 아니다.

5. (믿어지니?) 이 아기가 1시간 동안이나 울고 있다니.

이 문장의 상황에서 우리는 아기가 아직도, 즉 지금시점에도 울고 있는 상황을 느낄 수 있다.

우선 위의 예문을 영어로 표현해 보겠다.

1. I have been studying for five hours.
2. He has been coughing for a week.
3. We have been taking tests for the past three hours.
4. We have been living in this house for ten years.
5. The baby has been crying for an hour.

3. 현재완료진행시제의 논리적 접근

(1) 현재완료진행시제의 영역

세 개의 그림은 현재완료진행시제의 시간대는 지금시점을 포함할 수도 있다는 것을 보여주고자 한 것이다. 지금시점을 포함할 수도 있다는 것이지 지금시점을 반드시 포함한다는 의미는 아니다. 현재완료진행시제의 상황은 지금시점의 상황을 포함할 수도 있기 때문에 현재완료진행시제의 그림을 다시 세분화하여 두개의 그림으로 나타낸 것이다.

지금시점을 절대로 포함하지 않는 시간대는 과거영역 뿐이다. 그러므로 과거 한 시점에서 진행이 시작되어 온 상황을 지금시점에서 그 진행을 한정한다는 의미를 잘 생각해 보아야 한다. 지금시점 미만의 영역대에서 진행이 끝나거나 멈춘 상황은 당연히 과거시제로 표현해 주거나 지금시점에 비추어 볼 때는 이 상황을 현재완료시제로 표현하면 된다. 그러나 지금시점까지 진행이 되어온 상황을 지금시점에서 시간적으로 한정하여 표현한다면, 진행과 시간의 경과라는 속성으로 인하여 당연히 지금시점의 상황도 포함할 수가 있는 것이다. 또한 지금시점의 상황이 이 한정된 시간대의 시간과 진행의 결과라고 여겨질 때는 시간과 진행의 경과에 초점을 맞추어 현재완료진행시제로 표현할 수 있다.

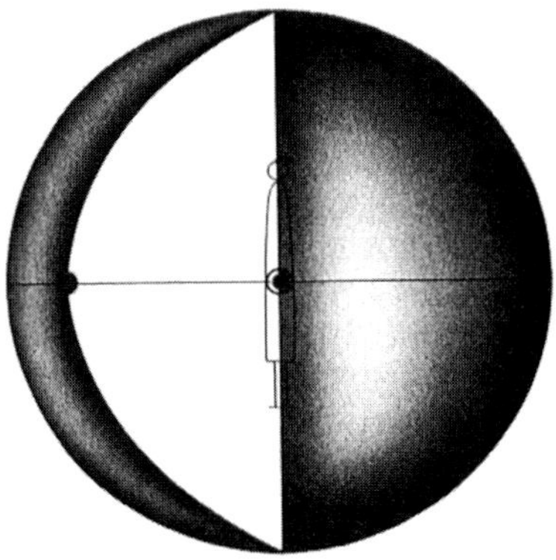

그림 5-1 **현재완료진행시제의 영역**

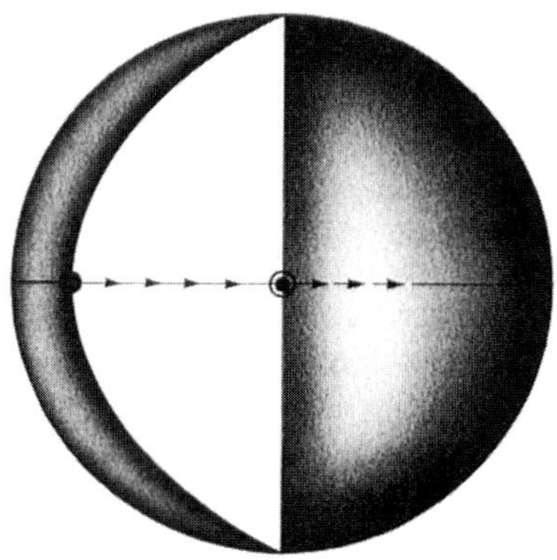

그림 5-2 **현재완료진행시제 1**

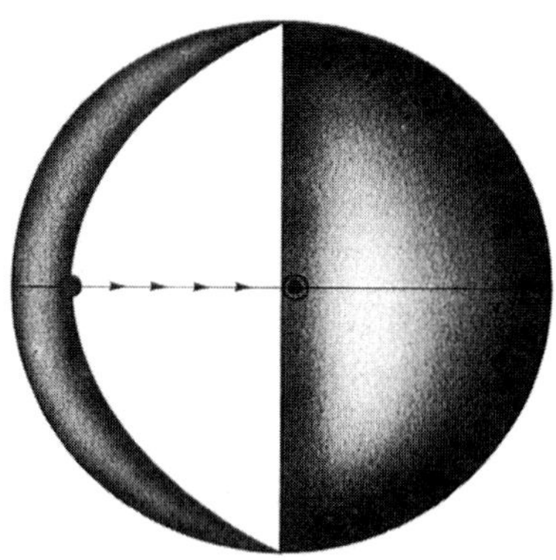

그림 5-3 **현재완료진행시제 2**

(2) 현재완료진행시제의 논리적 고찰

현재완료진행시제는 문자 그대로 현재완료시제의 영역과 속성을 공유하면서 동시에 '시간과 진행의 경과'의 속성을 포함하는 시제이다.

그림에서 보듯이 현재완료시제와 마찬가지로 현재시제의 영역에서 '불확실한 미래영역'을 제거한 것이 현재완료진행시제의 영역인 것이다. 한편으로는 현재진행시제와는 달리 한정된 미래시점에서 진행이 멈추거나 끝나는 상황을 표현하는 것이 아니라, 지금시점에서 진행을 한정시킨 상황을 표현하는 것이 현재완료진행시제의 역할이다.

과거에서 일어난 일을 지금시점에서 한정하지 않고 그대로 내버려 두게 되면 그 상황이 미래의 어느 시점에서 끝날지 모르게 되어 현재시제의 상황이 되든지, 아니면 한정된 미래의 한 시점까지만 진행을 계속시켜 현재진행시제로 표현해야 되는 상황이 될 것이다.

'지금시점'을 유동적인 개념으로 본다면 '진행과 시간의 경과'라는 특수한 속성 때문에 현재완료시제와는 달리 현재완료진행시제의 상황은 '지금시점'의 상황을 포함할 수도 있다는 의미이다. 결과적으로 지금시점에서 시간과 진행을 한정시키기 때문에 결과적으로 현재완료진행시제의 상황은 지금시점 미만의 상황과 '지금시점'에서 진행되고 있는 상황과 때로는 '지금시점 부근'에서 진행되는 상황도 포함할 수가 있다.

현재완료시제는 '지금시점 미만'의 상황을 논하는 반면에 현재완료진행시제는 '지금시점 이하'의 상황을 논하는 것이 이 두 시제의 가장 두드러진 차이점이다. '지금시점 이하'의 상황이라는 논리가 바로 '진행'과 '시간의 경과'라는 특수한 속성에서 기인하는 것이다.

지금까지 설명한 것을 예문을 들어가며 다시 한 번 설명하겠다. 다음 예문을 보고 우선 우리말의 의미와 논리를 생각해 본 후에 영어로 표현해 보기 바란다. 특히 '지금시점'의 상황을 잘 살펴보기 바란다. 현재완료시제와 현재완료진행시제의 차이점을 보여주기 위하여 아래의 예문에서는 두 시제의 상황들을 섞어 놓았다.

1. 어머, 너를 오랜 기간 동안 못 만났는데 (이제야 만났구나).
2. 이 집 몇 달 동안 청소 안했어.
3. 최근에 날이 무척 추었는데.
4. (피아노를 치고 있는 아들을 보고) 너 얼마나 피아노를 쳤니?
5. (담배꽁초가 수북이 쌓여 있는 것을 보고) 너 얼마나 담배를 계속 피워 댔니?
6. (친구를 기다리고 있는 아들을 보고) 네 친구를 오랫동안 기다리고 있구나.
7. (방금 도착한 친구가 오래 기다린 친구에게) 너 많이 기다렸지!
8. (숨을 여전히 씩씩거리고 있는 아들을 보고) 너 뛰어다녔구나!
9. (얼굴이 피투성이가 된 동료를 보고) 너 싸웠구나!
10. (피곤해 보이는 친구에게) 너 너무 열심히 공부했구나.

위의 예문에서 지금시점의 상황이 포함되었는지에 초점을 맞추어 살펴보자.

1. 어머, 너를 오랜 기간 동안 못 만났는데 (이제야 만났구나).

상대방을 직접 대면하고 있는 상황, 즉 지금시점에서 만나고 있는 상황은 '지금시점 미만'의 상황에는 포함되지 않는다. 오로지 '너를 오랜 기간 동안 못 만났는데'라고 말한 상황만이 지금시점 미만의 상황을 보여주는 것이다. 그러나 상대방이 삼인칭일 경우에는, 즉 삼인칭의 상대방이 배석하지 않은 상황에서는 '지금 이 시점까지도 만나보지 못했다'라는 의미가 더 강할 수 있다.

2. 이 집 몇 달 동안 청소 안 했어.

이 문장은 지금 이 시점까지는 청소를 하지 않은 상황을 보여주기 때문에, 이 문장도 '지금시점 미만'의 상황을 의미하는 문장이므로 현재완료형으로 표현하는 것이 좋다. 다시 말하면, 지금 이 시점의 상황과는 무관하기 때문에 지금시점부터는 청소를 시작하고 있다라는 상황도 될 수 있지만, 청소를 시작하고 있는 지금시점의 상황은 '지금시점 미만'의 상황에는 포함되지 않는다.

3. 최근에 날이 무척 추었는데.

이 문장의 상황도 위의 두 예문들과 같은 의미로 해석이 가능하다. 즉 '지금시점까지는 추웠지만 지금시점부터는 날씨가 풀리기 시작했다'는 등의 의미가 될 수 있다. 이렇게 변화되기 전 상황, 즉 지금시점 미만만의 상황을 현재완료시제로 표현하면 된다. 그러나 진행형을 기피하는 동사인 be 동사로 이 상황을 표현하게 되면 지금시점을 포함할 수가 있기 때문에 지금 이 시점에도 춥다는 상황도 가능하다.

다시 한 번 강조하는 것은 현재완료시제는 지금시점까지만의 상황, 즉 지금시점 미만의 상황을 지금시점에서 말하는 것이므로 어떤 행위나 상황이 계속되는 상황에서 지금시점을 기준으로 단순히 그 상황을 묘사할 수도 있다. 한편으로는 과거의 한 시점에서 시작한 행위의 진행이 지금시점 미만에서 진행이 완료될 수도 있기 때문에 지금시점 전의 상황과 지금시점 후의 상황이 다를 수도 있다.

4. (피아노를 치고 있는 아들을 보고) 너 얼마나 피아노를 쳤니?

이 문장의 상황도 한번 자세히 살펴볼 필요가 있다. 여기에서 어머니가 묻고자 하는 의미는 두 가지가 될 수 있다. 피아노를 몇 곡이나 혹은 몇 번이나 연습했느냐도 될 수 있고, 아니면 피아노를 얼마 동안이나 연습했느냐도 될 수 있다. 여기에서 우리는 첫 번째 질문과 두 번째 질문의 상이점을 자세히 살펴보자.

즉 첫 번째 질문인 '몇 곡이나 몇 번은' 과학적으로 측량이 가능한 양이나 횟수를 나타내기 때문에 지금시점 미만에서 자로 재듯이 정확하게 한정할 수 있다. 따라서 이렇게 정확하게 한정할 수 있는 상황에는 현재완료시제가 적합하다. 그러나 '얼마 동안이나'는 과학적으로 정확하게 측량하기가 힘든 '시간의 경과'에 관한 상황을 묻는 것이다. 이렇게 시간과 진행의 경과에 초점을 맞춘 상황에는 현재완료진행시제가 적합하다 특히 지금시점에서도 피아노를 치고 있는 경우에도 현재완료진행시제로 표현하는 것이 훨씬 바람직하다.

5. (담배꽁초가 수북이 쌓여 있는 것을 보고) 너 얼마나 담배를 계속 피워댔니?

'담배를 얼마나 피웠니?'라는 문장도 '담배를 몇 개나 피웠니?'의 질문은 과학적으로 정확하게 한정할 수 있으므로 현재완료시제로 표현하는 것이 좋겠고, '얼마 동안이나 피웠니?'라는 질문은 시간과 진행의 경과에 초점을 맞추었기 때문에 현재완료진행시제로 표현하는 것이 훨씬 적합하다.

지금시점에 담배를 피우고 있는 사람에게 몇 개나 피웠냐고 질문을 하게 되면 더욱 정확하게 대답하기 위하여 이렇게 말할 수도 있겠다. '지금 피우고 있는 담배까지 포함해서 (지금시점까지 포함해서) 12개야' 즉 'I have smoked 12 cigarettes including this one.'이라고 답할 수도 있다.

6. (친구를 기다리고 있는 아들을 보고) 네 친구를 오랫동안 기다리고 있구나.

상황의 설명이나 문맥이 없이 '네 친구를 오래 기다리고 있구나'의 상황을 생각해 보자. 과거 한 시점부터 친구를 기다리기 시작한 상황을 모르는 상황에서는 '오래 기다리고 있구나'라는 표현을 할 수가 없다. 우연히 버스 정거장에서 누구를 기다리는 듯한 모습의 아들을 보고 '친구를 기다리니?'라는 질문은 당연히 '지금시점'의 진행상황을 묻는 것이므로, 'Are you waiting for a friend?'라고 하면 된다. 그러나 과거 한 시점부터 기다리기 시작하여 지금 이 시점에도 기다리고 있는 상황은 지금시점 이하의 시간대의 상황을 설명한 것이기 때문에 현재완료진행시제로 표현하면 된다.

7. (방금 도착한 친구가 오래 기다린 친구에게) 너 많이 기다렸지!

이 문장의 상황처럼 기다리는 진행이 끝난 경우에도 현재완료진행형을 사용할 수가 있다. 오래 기다린 친구에게 '너 많이 기다렸지'하고 과거형이나 현재완료형으로 표현해 주는 것보다 오래 기다린 시간과 진행의 경과를 고려하여 현재완료진행시제로 표현해 주는 것이 훨씬 효과적이고 적합하다.

8. (숨을 여전히 씩씩거리고 있는 아들을 보고) 너 뛰어다녔구나!

9. (얼굴이 피투성이가 된 동료를 보고) 너 싸웠구나!

10. (피곤해 보이는 친구에게) 너 너무 열심히 공부했구나.

8, 9, 10번의 예문들을 다시 한 번 읽고 이 상황들의 공통점을 살펴보기로 하자. 씩씩거리고 있는 지금시점의 상황이나, 피투성이가 된 지금시점의 얼굴의 상황이나, 피곤해 보이는 지금의 모습의 공통점을 찾아보자. 지금시점의 상황이나 상태는 순간적인 상황에서 야기된 상태라기보다는 적어도 과거의 한 시점에서 시작된 행위나 상황이 어느 정도의 시간과 진행의 경과를 지나왔기 때문에 결과적으로 지금 이 시점의 상황으로 나타났다는 의미일 것이다.

다시 말하면 시간의 경과를 거치면서 진행되어 온 행위의 결과나 영향이 지금시점의 상황으로 나타났을 경우에는, 비록 진행이 끝난 행위일지라도 이러한 결과를 야기한 상황을 시간과 진행의 경과에 초점을 맞추어 현재완료진행형으로 표현해 주면 의미가 명백해 진다. 물론 지나가다 한 방 얻어맞고 피투성이가 될 수도 있다. 그러나 여기에서 말하고자 하는 초점은 과거시점에서 시작한 한 행위가 어느 정도 시간이 경과되어 진행이 되고 난 후에 결과적으로 야기된 지금시점의 상황의 경우를 두고 말하는 것이다. 즉 진행의 결과가 지금시점의 상황이라고 여길 때 그 행위의 진행을 현재완료진행형으로 표현하는 것이다.

그러면 위의 예문들을 영어로 표현해 보자.

1. I haven't seen you for a long time.
2. The house hasn't been cleaned for months.
3. It has been cold lately, but it is getting warmer.
4. How many pieces have you practiced?
   How long have you been playing?
5. How many cigarettes have you smoked?
   How long have you been smoking?
6. You have been waiting long.
7. Have you been waiting long?
8. You have been running (That's why you are out of breath).
9. You have been fighting.
10. You have been working too hard.

결론적으로 말한다면 현재완료시제의 형식은 단순히 '지금시점 미만'의 행위나 상황 등을 묘사하기 때문에 지금시점에서 그 행위나 상황이 완료가 될 수도 있고 완료가 되지 않을 수도 있다. 즉 현재완료시제의 상황은 지금시점의 상황과는 아무 관계가 없는 시제이다. 반면에 현재완료진행시제는 지금시점 이하의 상황을 논할 때 사용한다. 수학적으로 말하자면 지금시점 이하의 상황은 지금시점 미만의 상황 뿐 아니라 지금시점의 상황도 포함할 수 있다. 특히 중요한 것은 지금시점 이하의 상황이나 행위를 진행과 시간의 경과에 초점을 맞추어서 묘사할 때는 현재완료진행시제로 표현하는 것이 적합하다.

(3) 현재완료진행시제의 논리적 속성

현재완료시제와는 달리 현재완료진행시제는 '진행'이 갖는 속성을 포함하기 때문에 현재완료진행시제에서 '진행'이 갖는 특성을 먼저 설명하겠다.

현재진행시제에서 설명했듯이, 과거의 한 시점에서 일어난 행위나 상황이 한정된 미래의 시점에서 끝나는 한시성의 속성을 가진 시제가 현재진행시제이다. 그러나 현재완료진행시제에서는 현재진행시제가 갖고 있는 영역 중 미래영역을 제외시켜야 하기 때문에, 그 결과로 한시성의 속성 중 일부가 빠지게 된다.

즉, 미래영역까지 포함해야 하는 선약적 한시성, 변시적 한시성, 부정적 한시성이 제외되고, 그 결과로 지금시점 부근까지 진행이 되고 있는 상황의 속성인 미시적 한시성과 거시적 한시성만이 남게 된다.

진행형 시제로 표현한 상황의 특징은 '한정된 시점(미시적 한시성)'에서 일어나고 있는 일도 포함하지만, '한정된 시점 부근(거시적 한시성)'에서 일어나는 상황도 포함하는 것이다. 다시 말하면 현재완료시제의 속성(확증적 연계성과 인과적 연계성)과 진행시제의 일부 속성(미시적 한시성과 거시적 한시성)을 갖는 시제가 현재완료진행시제인 것이다.

✵ 확증적 한시성

현재완료진행시제는 과거의 한 시점에서 시작한 행위나 상황을 시간과 진행의 경과에 초점을 맞추면서, 지금시점에서 지금시점 이하의 상황의 진행을 들추어내어 확인하는 속성을 가지고 있다. 따라서 지금시점 이하의 상황은 현재완료시제가 갖는 다양한 상황, 즉 지금시점 미만의 상황을 모두 포함하고, 여기에 지금시점의 상황까지도 포함할 수 있는 것이다.

다음 영어로 된 예문들을 살펴보자.

1. How long have you been studying English?
2. I have been reading since lunch.
3. I have been thinking since breakfast.
4. My baby sister has been sleeping for 12 hours.
5. How long have you been living in Seoul?
6. How long have you been seeing him?
7. How long has she been working for you?

위의 영어 예문들의 상황을 살펴보겠다.

1. How long have you been studying English?

이 문장은 여러 상황에서 사용할 수 있다. 예를 들어 지금 책상에서 공부하고 있는 동생을 보고 몇 시간이나 공부했느냐(미시적 한시성)고 물을 수도 있고, 다방에 앉아서 차를 마시면서 영어공부를 지금까지 몇 년이나 했느냐(거시적 한시성)고 물을 수도 있다. 특히 후자의 경우처럼 지금시점에서 진행이 되지 않고 있는 상황에서는, 시간의 경과에 초점을 맞추더라도 그냥 현재완료시제로 써 주어도 무방하다. 현재완료시제와 현재완료진행시제의 차이점은 지금시점 미만의 상황과 지금시점 이하의 상황의 차이점이기 때문에, 이렇게 '이하'와 '미만'의 차이가 별로 중요하지 않을 경우에는 두 시제를 혼용해서 사용해도 좋다.

2. I have been reading since lunch.

그러나 이 문장의 상황은 좀 다르다. 이렇게 현재완료진행형으로 써주면 과거 한 시점에서 시작한 행위가 지금시점에도 진행이 된다는 의미가 더 강하다. 그러나 'I have read since lunch.'의 의미는 지금시점에서 책을 읽고 있다는 인상은 주지 않는다. 지금시점에서 책을 읽을 수도 있겠고, 읽고 있지 않을 수도 있겠고, 지금시점 전까지 읽는 행위가 끝날 수도 있겠다. 또 한편으로는 청소를 했다거나 정원에서 일을 한 것이 아니라 책 같은 것을 읽었다는 의미도 될 수 있겠다. 다시 말하면 현재완료시제는 지금시점의 상황과 상관이 없다고 생각하면 된다. 다만 과거시점부터 책을 읽고 있던 행위를 지금시점에서 한정해서 말해 주었을 따름이다.

3. I have been thinking since breakfast.

4. My baby sister has been sleeping for 12 hours.

이 문장들의 경우도 단순히 지금시점의 상황을 묘사한 것이 아니라, 과거 한 시점에서 시작한 행위가 지금시점까지 진행이 계속되는 것을 보여준다. 그러므로 지금시점에도 상황이나 행위의 진행을 볼 수도 있다.

5. How long have you been living in Seoul?

6. How long have you been seeing him?

7. How long has she been working for you?

물론 위의 세 문장 모두 '지금시점'까지의 기간만을 물어보는 말이지만,

위의 상황들이 '지금 이 시점'에서 끝난 것이 아니라 오히려 지금시점을 포함하는 느낌을 받을 것이다. 5번의 질문을 한 사람의 의도는 '지금도 서울에 살고 있는 것을 알지만, 그간 서울에서 얼마나 사셨오?'라는 의미일 것이다. 그러나 상대방이 영주권을 받아 식구 전체가 지금 미국으로 이사를 간다고 하면 'How long have you lived in Seoul?'이라고 하는 표현이 더 좋겠다. 한국을 떠나는 시각이 확실하기 때문에, 그동안 한국에서 산 기간을 정확하게 계산해 낼 수가 있기 때문에 이런 경우에는 현재완료시제로 표현하는 것이 더욱 효과적이다.

인과적 한시성

그간 저자가 시제 강의를 하면서 느낀 점은 이 속성의 현재완료진행시제를 별로 활용하지 않는다는 것이다. 우리말로는 흔히 과거형으로 표현이 되기 때문에 이런 현상이 생긴 것 같다. 앞에서 설명한 것을 우리말 예문을 통하여 다시 한 번 살펴보자.

1. 너 뭐했길래 손이 그렇게 더럽니?
2. 하루 종일 공부했더니 어지러운데.
3. 너 눈이 충혈된 걸 보니, 너 울었구나.
4. 옷이 그렇게 더러운 것을 보니 너 싸웠구나.
5. 늦어서 미안해. 너 많이 기다렸지.

순간적으로 상황이 발생하여 생긴 결과가 지금시점의 상황으로 나타난 것이 아니라, 시간의 경과를 두고 진행된 행위의 결과가 지금시점의 상황으로 나타났을 경우에는 지금시점 전까지의 상황을 현재완료진행형으로 써 주는 것이 의미전달에 훨씬 효과적이다. 위의 예문들을 영어로 표현해 보자.

1. Your hands are so dirty. What have you been doing?
2. I am dizzy because I have been studying all day.
3. Your eyes are red. Have you been crying?
4. Your clothes are dirty. Have you been fighting?
5. I am sorry I am late. Have you been waiting long?

위의 예문에서 보듯이 현재완료진행형으로 표현된 동사들의 상황이 지금시점에도 일어나고 있는 것은 아니다. 다만 지금시점 미만의 행위나 상황(즉 현재완료진행형으로 표현한 상황)이 시간의 경과를 두고 진행되어 온 결과가 지금시점의 상황(현재형으로 표현한 상황)으로 나타난 것뿐이다. 즉 과거시점에서 발생한 어떤 행위가 시간이 경과함에 따라 진행된 결과가 지금시점의 상황으로 나타난 것이다.

이 현재완료진행시제의 용도를 현재완료시제와 혼동하지 않기 위하여 반복 설명하겠다. 과거시점에서 발생한 행위나 상황이 지금시점까지 연결, 관련이 된다면, 과거 한 시점에서 발생한 행위나 상황은 현재완료시제로 표현한다. 예를 들어 차 사고가 나서 병원에 누워있으면 He has had a serious accident (so he is in hospital at the moment). 로 표현하면 된다. 즉 사고가 나는 것은 거의 순간에 가까운 행위이지, 오랜 시간의 경과를 두고 일어나는 행위가 아니기 때문에 진행형으로 표현하게 되면 이상하게 된다. 반면에 과거 한 시점에서 시작한 행위가 시간의 경과를 두고 진행되어서 발생한 결과가 지금시점의 상황과 연결이 될 때는 지금시점 미만까지의 상황을 현재완료진행형으로 표현해 주어야 한다.

4. 현재완료진행시제와 인근시제

현재완료진행시제의 영역에는 지금시점이 포함될 수 있기 때문에 경우에 따라서는 현재진행시제나 현재완료시제와 상충되는 부분이 있을 수 있다. 앞에서 설명한 것과 같이 현재완료진행시제는 지금시점 이하의 상황, 즉 지금시점의 상황을 포함할 수 있기 때문에, 미시적, 거시적 한시성의 현재진행시제의 상황과 상충될 수도 있고, 한편으로는 지금시점 이하의 상황은 지금시점 미만의 상황을 포함하기 때문에, 현재완료시제의 상황과 중복될 수도 있다.

(1) 현재완료진행시제와 현재진행시제

현재진행시제는 지금시점이나 지금시점 부근에서 진행되고 있는 상황이 미래의 한정된 시점에서 이 진행이 끝나는 것을 의미한다. 다시 말하면 지금시점에서 과거영역과 미래영역을 동시에 바라보는 시제가 현재진행시제이기 때문에, 지금시점에서 진행되고 있는 상황을 한시적으로 묘사할 수도 있고, 한편으로는 지금시점 부근에서 진행되고 있는 상황을 한시적으로 묘사하기도 한다.

현재진행시제의 상황은 확실하게 미래영역을 포함하지만 현재완료시제나 현재완료진행시제의 상황은 지금시점이나 지금시점 이후(미래영역)의 상황하고는 아무 관계가 없는 상황이다. 다만 진행과 시간의 속성으로 인하여 지금시점도 포함할 수 있는 상황이 현재완료진행시제의 상황이고, 따라서 지금시점을 유동적인 개념으로 보면, 지금시점의 진행상황을 포함하여 지금시점 이후의 진행상황도 포함되는 느낌을 받을 수도 있다.

다음 우리말 예문에서 현재진행형과 현재완료진행형의 차이를 알아보자.

1. 너, 지금 뭐해? / 너 지금 뭐하고 있니?
2. 영수야, 아버지 뭐하고 계신지 보고 오렴.
3. 네 친구들 뭐하니? 빨리 들어와 밥 먹으라니까.
4. (밖을 내다보고) 어머, 눈이 오네.
5. 너 왜 그렇게 친절하게 굴지.
6. (외출하고 들어온 어머니가 아들에게) 너 그동안 뭐했어?
7. (아들이 방에 들어가 보니 아버지가 침대에 누워 계신 것을 보고) 아버지, 지금까지 (여태) 주무셨어요?
8. (친구들하고 방에서 노는 줄 알고 아들 방에 들어간 어머니가 공부하고 있는 아이들을 보고) 어머, 너희들 공부하고 있었구나.
9. (눈이 오는 것을 보고 감탄하는 친구에게) 언제부터 눈이 왔는데. 너 모르고 있었구나.
10. 그 애는 최근 들어 담배를 무척 많이 피는 것 같아.

위의 우리말 예문들은 크게 두 종류로 나눌 수 있다. 1번부터 5번까지의 문장들의 공통점과 6번부터 10번까지 문장들의 공통점을 살펴보기로 하자. 1번부터 5번까지의 문장들의 상황은 얼마 전부터 지금시점까지 무슨 일을 하고 있었느냐에 중점을 두는 것이 아니라, 오로지 지금시점 부근에서 일어나고 있는 상황에 초점을 맞춘 것이다.

그러나 6번부터 10번까지의 문장들은 지금시점 까지, 즉 상당한 시간이 경과한 지금시점까지 의 시간대 상황을 묘사해 주는 것이다. 6번 문장의 경우, 어머니가 오랜 시간 집을 비우시고 집에 돌아와서, 아들이 그 시간동안 (즉 어머니가 외출한 과거의 시점부터 외출에서 돌아온 지금시점까지) 무슨 일을 하고 있었는지 궁금해서 묻는 상황이지, 지금 이 순간

아들이 하고 있는 행위에 초점을 맞춘 것이 아니다. 7번의 문장도 아버지가 지금시점까지 해 오신 행위에 초점을 맞춘 것이지, 지금시점의 상황을 논하는 문제가 아니다.

8번의 문장도 아들이 친구들하고 방에 들어간 지 꽤 시간이 지나서 방에서 놀고 있는 줄 알았는데, 그 시간동안 공부하고 있었다는 의미이다. 9번의 문장도 눈이 얼마 전부터 지금까지 오고 있었는데, 넌 그것도 모르고 있었느냐의 의미이다. 10번의 문장도 지금 이 순간 담배를 많이 피우고 있는 것이 아니라, 얼마 전부터 지금시점 부근까지 꽤 오랜 시간 동안 많이 피는 상황을 보여준 것이다.

앞에서 설명한 바와 같이 현재완료진행시제란 지금시점 이하의 상황을 의미하는 것이지, 지금시점까지 의 행위나 상황이 완전히 종료되었는지, 또는 미래에 까지 계속 진행이 되는지에 초점을 맞추는 것이 아니라는 점을 다시 강조한다.

그러면 위의 예문들을 영어로 표현해 보자.

1. What are you doing?
2. Go and see what he is doing.
3. What are your friends doing?
4. Look, it is snowing.
5. You are being friendly.
6. What have you been doing?
7. You have been sleeping?
8. You have been studying?
9. It has been snowing for a while.
10. He has been smoking too much lately.

(2) 현재완료진행시제와 현재완료시제

현재완료시제 설명에서 두 시제의 차이점을 논하였지만, 다시 한 번 두 시제의 차이점을 설명하겠다. 이번에는 부정문의 예문을 들어 두 시제의 근본적 차이점인 지금시점 미만의 상황과 지금시점 이하의 상황을 비교해서 설명하겠다.

다음 영어 예문을 읽고 차이점을 생각해 보자.

1. He hasn't driven a sports car for a long time.
2. He hasn't been driving for long.

이번에는 그림을 보며 지금시점 의 상황에서 두 문장의 차이점을 살펴 보자.

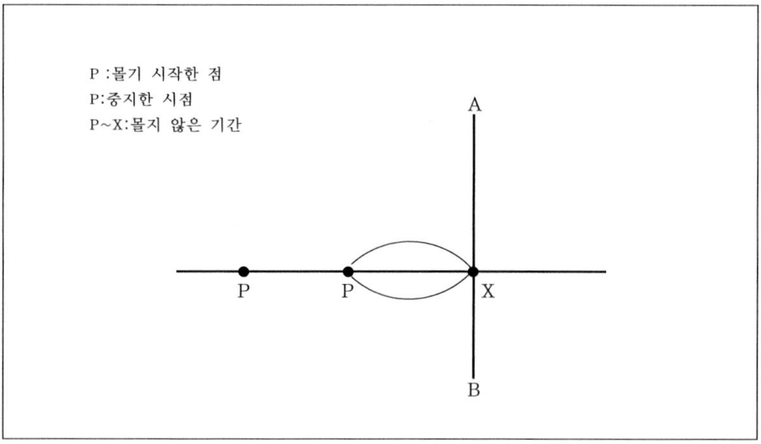

그림 5-1 **현재완료시제**

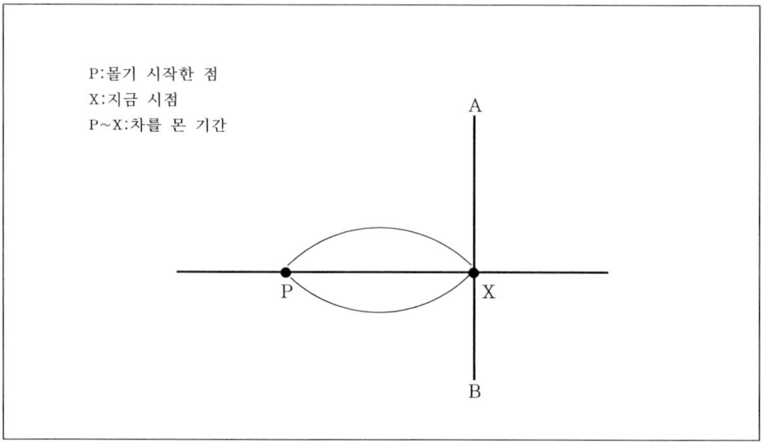

그림 5-2 **현재완료진행시제**

1번 문장은 우리말로 오랫동안 스포츠 차를 몰지 않았다 라고 해석할 수 있다. 즉 과거 한때 스포츠 차를 몰다가 어느 한 시점에서 그 행위를 중지해서 지금시점 미만까지 스포츠 차를 몰지 않았는데, 그 기간이 길다는 의미일 것이다. 이 문장에는 지금시점 에서 다시 몰기 시작했는지, 아니면 지금시점에도 몰지 않는지의 의미나 상황하고는 전혀 관련이 없는 것이다. 이렇게 현재완료형으로 써 준 문장에는 지금시점 이 포함되지 않는 지금시점 미만 의 상황만을 의미한다는 것을 잊지 말자.

그러나 2번 문장을 우리말로 옮기면 운전을 배운 지가 얼마 안 되어 오랫동안 운전을 한 것이 아니다 라고 할 수 있다. 즉 지금 말하고 있는 시점(미시적 한시성)에서 운전을 하고 있을 수도 있고, 지금시점 부근, 즉 요즈음(거시적 한시성)에도 운전을 할 수가 있다. 그러나 이 문장이 말하고자 하는 요점은 지금시점의 상황을 포함해도 운전한 지가 얼마 안 되는 상황이라는 것이다. 따라서 이렇게 지금시점 이하 의 상황을 의미하고자 할 때는 현재완료진행형이 적합하다.

5. 현재완료진행시제의 결론

과거 한 시점에서 시작한 행위의 진행을 지금시점에서 한정하여 주기 때문에 현재완료진행시제의 상황은 두 가지 상황을 모두 포함할 수가 있다. 즉 과거 한 시점에서 시작한 행위가 언제까지 진행을 계속할지는 모르지만 단순히 지금시점에서 한정하여 준 상황도 있겠고, 한편으로는 과거 한 시점에서 시작한 행위의 진행이 지금시점 미만에서 끝이 난 상황도 있을 수 있겠다.

전자의 경우처럼 현재완료진행시제는 지금시점을 포함하기 때문에 지금시점 이하 의 상황을 논하는 형식인 것이다. 지금시점 이하의 행위나 상황을 진행과 시간의 경과에 초점을 맞춘 시제가 현재완료진행시제이기 때문에, 결과적으로 지금시점 미만 의 상황뿐 아니라 지금시점의 상황도 포함할 수 있는 시제이다.

현재완료진행시제는 현재완료시제에 진행시제를 추가한 것이다. 따라서 현재완료시제가 갖는 확증적 연계성과 인과적 연계성을 가지는 동시에, 진행시제가 갖는 한시성을 포함한다.

그러나 진행 중인 행위나 상황을 지금시점으로 한정하였기 때문에, 다시 말하면 현재완료진행시제는 현재진행시제의 영역에서 미래영역을 제외한 시제이기 때문에, 현재진행시제가 갖는 속성 중에서 미래영역까지 포함하는 선약적, 변시적, 부정적 한시성의 속성을 포함하지 않는다. 따라서 미시적 한시성과 거시적 한시성만을 현재완료진행시제에서 포용하는 것이다.

지금시점에서 과거영역을 바라보면서 한편으로는 정면(지금시점 포함)을 바라보는 시제이기 때문에, 현재완료시제가 갖는 확증적 연계성과 인과적 연계성을 모두 수용하는 시제가 현재완료진행시제인 것이다. 그러나 이 시제는 어디까지나 과거의 한 시점에서 시작한 행위를 진행과 시간의 경과에 초점을 맞춘다는 것을 잊지 말아야 한다.

지금시점 미만만의 상황을 논하는 현재완료시제와는 달리, 지금시점을 포함하는 지금시점 이하의 상황을 논하는 형식이 현재완료진행시제이기 때문에, 경우에 따라서는 이하와 미만의 차이가 의미전달에 그렇게 중요하지 않을 수도 있다. 이런 경우에는 현재완료시제와 현재완료진행시제를 혼용해서 써 주어도 무방하다.

현재완료진행시제는 진행형 시제의 한 종류이기 때문에 진행형을 기피하는 동사들과는 잘 어울리지 않는다. 따라서 지금시점 이하의 상황이 진행형을 기피하는 동사의 상황일 경우에는 비록 그 상황을 진행과 시간의 경과에 초점을 맞추어도 현재완료시제로 표현하는 것이 바람직하다.

예를 들어, 너 그 친구 얼마나 만났어? 라는 질문을 의도적인 의미의 동사인 see를 사용하여 How long have you been seeing him? 라고 할 수 있으나, 진행형을 기피하는 동사인 to know를 사용할 경우에는 How long have you known him? 으로 표현하는 것이 적합하다.

(A) 다음 대화를 현재완료시제와 현재완료진행시제에 초점을 맞추어 읽기 바란다.

Two months ago Julia bought a pullover from a large department store. The pullover is worn out already. Julia took the pullover back during the lunch hour today. She went there with a friend, Mary, who works in the same office. This is what happened.

Mary : It's certainly very busy here today, isn't it?

Julia : Yes, there aren't enough salesgirls. We've been standing here for at least five minutes!

Mary : Quick. Catch that salesgirl's eye! She's just finishing with a customer.

Julia : Miss! Miss! Excuse me. I think I am next and I don't have very much time.

Salesgirl : Yes, Madam. How can I help you?

Julia : I'm afraid I have a complaint. It's this pullover. I've only had it for two months and it's already worn out.

Salesgirl : Worn out? May I see it?

Julia : Yes, here you are. Look at the sleeves. They're the worst part. Do you see? They've worn very badly.

Salesgirl : And how long do you say you've had it?

Julia : For only two months. Since Christmas, in fact. Look, here's the receipt.

Salesgirl : Thank you. This is very strange. We've been selling this particular make for years and we haven't had any complaints in all that time.

Julia : Well, I am sorry. I'm sure it isn't my fault it's already worn out.

Salesgirl : One moment, please. Let me call the manager. Mr. Simons! Mr. Simons!

Mr. Simons : Yes?

Salesgirl : It's this lady. She's had this pullover for two months and it's already worn out.

Mr. Simons : Really? Let me see, please. Hmmm... yes...

Julia : I've been wearing it at the week-ends; that's all.

Mr. Simons : Yes, well... make out a credit-slip for the lady, would you, Miss Smith?

Julia : A credit- slip?

Mr. Simons : Yes. You can buy anything you like with it in the store.

Julia : I'd rather have my money back, if you don't mind.

Mr. Simons : I see. Well, I suppose we can arrange that.

Julia : Thank you.

06 과거시제

The Past Tense

1. 과거시제의 사전적 의미

형용사로서의 past를 *Webster* 사전에서 찾아보면 gone by; ended라고 나와 있다. gone만으로도 충분하지 않아 by라는 어휘까지 추가하여 과거시제에서의 과거의 의미를 완전히 지나가 버린; 끝나버린으로 정의한 것이다.

우리말의 과거시제는 우리문화와 철학을 대표하는 반면에 영어의 과거시제는 영어권의 문화와 논리를 대변한다고 할 수 있다. 영어의 논리로 본다면, Let by-gones be by-gones로서 지나간 일은 지나간 일에 불과할 뿐이다. 즉 과거시제의 상황은 오로지 과거로 끝나버린 상황이다.

내가 지금 이 순간 하고 있는 일이나 내 주위에서 지금 이 시점에서 일어나고 있는 모든 상황들은 이 말을 하는 순간 이미 과거의 상황이 되어 버린다. 우리 인간은 정체된 상태로 있는 것이 아니라 부단히 진행을 하기 때문에, 지금 이 순간 내가 하고 있는 일은 내가 0.1초전에 한 일과 같을 수 없다. 바꾸어 말하면, 지금 이 순간 내가 숨 쉬며 살아있는 자체가 내가 과거에도, 아니면 1초 전에도 진행하면서 존재했다는 것을 증명해 주는 것이다.

우리 인간은 부단히 진행의 모습을 바꾸어 가며 존재의 진행을 계속하는 것이다. 과거는 한때 현재였고 현재는 미래의 과거일 뿐이라서 우리는 부단히 과거와 미래를 생성하면서 존재한다고 할 수 있다. 따라서 과거영역에서 일어난 현상은 지금시점 부근에서 일어나고 있는 현상으로 증명이 가능할 뿐만 아니라, 과거의 상황은 지금시점에서 일어나고 있는 현상의 진행의 멈춤 현상인 것이다.

과거시제를 이해하기 위해서는 지나간 시간의 개념을 이해하여야 한다. 간혹 어른들이 하시는 말씀이 지나간 세월은 순간 내지는 찰라에 불과하다고 하신다. 50여 전에 있었던 일이 바로 엊그제 일 같다고 말씀하시고, 지난 70년의 세월이 눈 깜짝할 사이에 지나가 버렸다고 말씀하신다. 바로 여기에 과거의 시간을 이해하는 비결이 있다.

지금시점 부근에서는 시간대와 시각의 차이가 시제를 결정하는 중요한 역할을 하지만, 일단 지나가버린 과거의 상황에서는 시간의 폭을 의미하는 duration과 시점을 나타내는 point가 용해되어 공존한다고 할 수 있다. 따라서 일단 지나가버린 시간은 인간이 만든 시계로 몇 시 몇 분 몇 초라고 정확히 한정할 수도 있지만, 시간의 폭, 즉 기간이 포함되어 있는 어제, 지난 달, 남북전쟁 당시, 빙하기에 등도 엄연히 시각으로 존재할 수 있는 것이다.

예를 들어 지난 달이라고 하면 30일 간의 시간대이지만, 이 지나간 시간은 선분 상에 점으로 표시할 수 있는 점, 즉 시점에 불과한 시간이다. 지나간 시간이나 미래의 시간은 우리 손 안에 잡힐 수 있는 실체가 아니라, 다만 시 공간의 상태, 즉 영역으로만 존재할 뿐이다. 따라서 시간의 길고 짧음이 과거영역과 미래영역에서는 별 의미를 가지지 못한다.

2. 과거시제의 일반적 개요

아무 문맥이나 상황이 없는 상태에서 I saw my relatives in San Francisco. 라는 문장은 별 의미가 없다. 단지 과거 어느 시점에 샌프란시스코에 있는 친척을 방문했다라는 의미일 뿐이다. 이 문장을 들은 사람은 왜 상대방이 밑도 끝도 없이 지나간 과거 일을 들추어내는지 의아할 것이다.

영어의 과거시제의 상황은 과거영역을 나타내 주는, 즉 과거 시간이나 시각을 표시해주는 문맥이 있어야 과거시제로서의 역할을 할 수 있다. 예를 들어 누구나 알 수 있게 말이나 글로 어제, 지난 해, 한국전쟁 당시 라고 보여줄 수도 있고, 대화나 글을 나누는 사람들끼리 묵계 하에 알 수도 있고, 또는 앞뒤 문맥으로 보아 말하고자 하는 과거시점이 분명하면 된다.

I saw my relatives in San Francisco. 라는 문장도 이 문장을 말하는 사람이나 듣는 사람 모두가 언제 적의 과거영역에서 일어난 일인가를 아는 전제하에는 물론 완전한 영어표현이 된다. 지난겨울 방학동안 어떻게 지냈는지 궁금하여 대화를 나눈다면 일일이 과거영역을 보여주는 시각이 없어도 된다. I invited her to the party but she didn't come. 이라는 문장도 두 사람 모두 언제 있었던 특정한 파티에 관한 대화라면 시각을 보여주는 구절이 없어도 완전한 영어 문장이 된다.

어린아이들한테 옛날이야기를 해 줄 때는 우선 옛날 옛날 한 옛날에, 호랑이가 담배 먹던 시절에, 혹은 내가 너만 했을 때 등으로 이야기를 시작한다. 즉 아이들에게 지금부터는 과거의 세계로 들어가야 한다는 것을 암시해 주는 것이다. 일단 과거의 세계에 들어가면 현실의 세계와 똑같은 세상이 있다는 것을 암시해 주는 것과 같다고 할 수 있다. 다시 말하면 Long long time ago 또는 Once upon a time 이라고 시작하여 그 안의 내용이 100년간에 걸친 이야기든지, 1000년간에 걸친 이야기든지, 직접 인용구를 제외하고는 모두 과거꼴의 시제로 써 주는 것이다. 이 시간과 진행의 경과가 끝났을 때는 기간의 장단을 불구하고 모두 과거의 한 시점으로 남게 된다.

3. 과거시제의 논리적 접근

(1) 과거시제의 영역

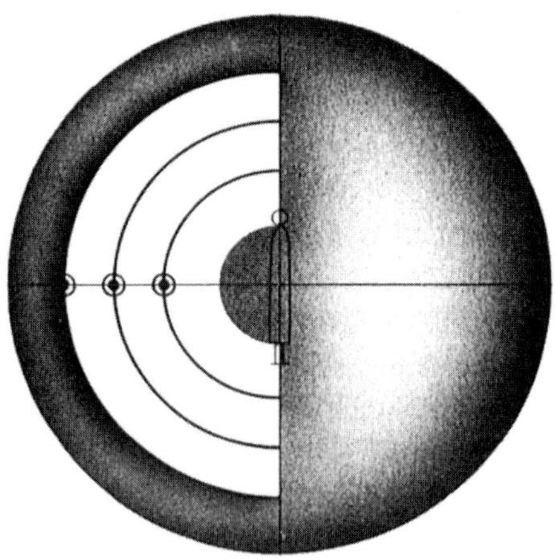

그림 6-1 **과거시제의 영역**

지금까지 설명한 현재시제, 현재진행시제, 현재완료시제, 현재완료진행 시제의 상황이 지금시점과는 아무 상관이 없는 완전히 다른 세계에서 재현되는 시제가 과거시제의 상황이라고 생각하면 된다. 우리의 언어활동이 지금시점에서 이루어진다는 사실 외에는 지금시점과 과거영역 간에는 아무 연관이 없는 것이다.

지금시점의 세계와 마찬가지로 이 과거영역에도 과거, 지금시점, 미래의 상황이 모두 포함된 세계가 있다는 것을 알 수 있다. 과거시제의 기준이 되는 과거시점의 표시유무가 유한적인 시 공간 개념으로 과거영역을 한정, 구속하는 것이다. 즉 과거시각을 보여 줌으로써 과거시제의 상황은 한정된 과거영역에만 국한된 상황이라는 것을 보여주는 것이다.

(2) 과거시제의 논리적 고찰

Dewey와 James가 설명한 과거의 개념을 살펴보겠다.

> But the past is of logical necessity the past-of-the present, and the present is the-past-of-a future-living present. That which is now past was once a living present, just as the now living present is already in course of becoming the past of another present. As the new present arises, the past is the past of a different present. (Dewey)
>
> That past time itself was, is guaranteed by its coherence with everything that's present. True as the present is, but the past was also. (James)

Dewey와 James가 논한 과거의 개념을 이해하는 길은 지금시점(the present)에서 내 주위에서 일어나고 있는 현상들은 부단히 과거를 생산하고 미래의 시간은 지금시점을 향해 맹렬히 다가온다고 생각하면 된다. 지금시점이라고 느끼기도 전에 지금시점은 과거의 시점이 되어버리고, 지금시점에서 말하는 지금시점은 또 다른 지금시점인 것이다. 즉 과거와 미래의 경계선인 지금시점은 거의 존재를 확인하기가 힘든 시점이므로, 엄격히 말한다면 과거와 미래는 거의 동시에 존재하는 상태라고 보면 된다.

일단 지나간 시간은 아무리 긴 시간이라도 선분 상에 점으로 표시할 수 있는 것이 과거시제를 이해하는 지름길이다. 우리는 숨 쉬며 살아있을 동안이나 삶의 진행을 느낄 수 있는 것과 마찬가지로, 일단 진행이 멈춘 일은 모두 과거에 속하는 것이다. 지금시점 부근에서 진행되고 있는 행위나 상황은 순리, 순서대로 끝날 수도 있고, 예기치도 않게 중도에 멈출 수도 있고, 때로는 늦게 일어나야 될 일이 먼저 일어나기도 하며 진행의 끝을 보기도 한다. 한 진행의 종료는 다른 진행의 시작일 뿐이다. 과거는 한때 현재(the present)였고, 현재(the present)는 미래의 과거라고 하였다. 이 논리에 의하면 지금시점 부근을 논하는 시제는 모두 과거영역에도 존재하고 있다는 의미이다.

지금 이 순간 여러분들은 이 책을 읽고 있는 중이다. 그러나 이 책을 읽기 시작하기 전에 여러분들이 한 일은 이미 과거의 일로 끝나버려서 기억 속으로 들어가 버린 것을 느낄 수 있을 것이다. 이 책을 읽기 시작하기 전에 한 일도 분명히 어느 한 행위의 진행이었을 것이다. 그러나 그 진행이 이 책을 읽기 시작한 점에서 이미 끝나 버린 것이다. 다시 말하면 1초 전의 일도 과거이고, 천만 년 전의 일도 과거에 불과한 것이다.

그러면 지나간 과거의 일을, 즉 과거로써 끝난 일을 지금시점에서 구태여 꺼내는 이유는 무엇일까. 앞에서 설명한 현재완료시제에서는 우리는 인과성을 볼 수 있었다. 그러나 과거시제는 지금시점과는 아무 관련이 없기 때문에 과거영역에서만 그 존재의 가치를 발할 수 있는 것이다. 다시 말하면 과거시점을 들추어내기 위하여 과거시제가 존재하는 것이다.

지금까지 설명한 현재완료시제와 현재완료진행시제의 상황은 두 시점의 시간대 내에서 일어나는 상황인데 반하여, 과거시제는 선분 상에 시점을 소유하는 영역의 시제이다. 과거는 과거로 내버려 두라(Let by-gones be by-gones)는 속담을 인용했듯이, 과거시제의 상황은 선분 상에 찍혀져 있는 시점처럼 과거의 일로서 끝나는 상황일 뿐이지, 지금시점과는 아무 상관이 없는 영역의 상황이다.

과거시제와 현재완료시제를 구분하기 위하여 절대적으로 필요한 것이 과거영역의 표시유무이다. 현재완료시제에서는 과거시점부터 지금시점까지의 상황을 지금시점에서 말하는 것이기 때문에, 지금시점을 명시할 필요가 없다고 설명하였다. 그러나 과거시제는 우리가 과거영역으로 들어가야만 사용할 수 있는 시제이기 때문에, 다시 말하면 과거의 행위나 상황이 일어난 시각과 장소가 확실히 있기 때문에 반드시 과거영역을 표시해 주는 시점이 있어야 한다. 물론 말이나 글을 주고받는 상호간에 이 과거영역의 시점을 알거나 이해한다는 전제하에는 과거시점을 명시해 주는 묘사가 없어도 당연히 과거시제를 쓸 수 있다. 특히 중요한 것은 과거시제의 시점이나 시각의 개념에는 시간의 개념도 포함된다는 점이다. 이러한 논리에서 과거시제는 영역의 시제라고 할 수 있는 것이다.

영역의 시제인 과거시제와 시간대의 시제인 현재완료시제가 갖는 논리를 우리말에서는 과거시제가 모두 포함하기 때문에, 우리말에서는 구태여 과거시제와 현재완료시제를 구분하는 형식이 별개로 필요하지 않다. 그러나 영어에서는 같은 과거의 사실을 논하더라도 지금시점과의 관련여부에 따라 시제의 형식이 다르기 때문에, 우리말 표현의 의미와 영어의 논리를 먼저 생각한 후 영어로 표현해 보기 바란다.

우리말로 표현한 과거시제의 상황과 의미를 자세히 살펴보자.

1. 저는 담배를 두 달 피웠지요.
2. 그 사고에 대해서 듣지 못했는데요.
3. 저의 아버지는 돈을 많이 벌었지요.
4. 그간 날이 무척 추웠지요.
5. 그 친구는 서울에서 평생 살았어요.

위의 예문을 상황과 의미에 초점을 맞추어 살펴보겠다.

1. 저는 담배를 두 달 피웠지요.

우리말로 이와 같이 표현했을 경우에는 담배를 두 달 동안만 피우고 그만 피웠다는 의미인지, 아니면 지금까지 담배를 피운 기간이 두 달인지, 정확한 상황과 의미를 파악하기가 어려울 수 있다. 즉 우리말의 과거시제에서는 이 두 가지 의미를 모두 포함할 수 있기 때문이다.

2. 그 사고에 대해서 듣지 못했는데요.

이 문장의 경우도 마찬가지이다. 그 당시에는 듣지 못했는데 지금시점에서는 들어서 안다는 의미인지, 아니면 지금시점까지 듣지 못했다는 의미인지, 우리말로 이렇게 표현했을 경우에는 상황과 의미가 정확하게 전달이 되지 않을 수 있다.

3. 저의 아버지는 돈을 많이 벌었지요.

이 문장도 두 가지 상황으로 받아들일 수 있다. 옛날에는 돈을 많이 벌었지만 지금은 형편이 좋지 않다는 의미도 되겠고, 아니면 돈을 많이 벌어놓아서 지금까지 형편이 좋다는 의미로도 받아들일 수 있겠다.

4. 그간 날이 무척 추웠지요.

최근 전까지는 추웠다가 요즈음은 날씨가 따듯하다는 상황이나 의미도 되겠고, 아니면 지금시점에도 춥거나 혹은 날씨가 막 풀리기 시작했다는 의미도 될 수 있겠다.

5. 그 친구는 서울에서 평생 살았어요.

이 문장의 상황도 그 친구가 서울에서 살다가 이제는 다른 곳으로 이사를 갔는지 혹은 죽었는지, 아니면 지금시점에도 서울에서 사는지, 의미가 정확하게 전달이 되지 않을 수도 있다.

이렇게 우리말로 표현한 과거시제의 상황에서는 효과적인 의미전달이 어려울 수가 있다. 그러나 지금까지 설명한 우리말 문장의 상황을 영어로 표현하자면, 전자의 경우는 과거형으로 묘사하고 후자의 경우에는 현재완료형으로 묘사해 주면 의미전달이 확실해 진다. 즉 우리말의 과거시제의 상황은 다양한 상황을 내포할 수 있으므로 상황 뒤에 숨겨진 의미를 잘 살펴보아야 하겠다.

위의 예문을 영어로 과거형과 현재완료형 또는 현재완료진행형을 사용하여 표현해 보겠다.

1. I smoked for two months. / I have smoked (have been smoking) for two months.
2. I didn't hear anything about the accident. / I haven't heard anything about the accident.
3. My father made a fortune. / My father has made a fortune.
4. It was cold lately. / It has been cold lately.
5. He lived in Seoul all his life. / He has always lived in Seoul.

이번에는 영어로 된 과거시제의 예문들을 살펴보자. 영어 문장에서 과거영역을 보여주는 수식어가 없이, 즉 과거의 한 시점을 명시하지 않은 상태에서 과거시제로만 표현할 경우에 어떤 상황이나 의미가 가능한지 알아보겠다.

1. I smoked pot (marijuana) for two months.
2. I washed the car.
3. I had my room cleaned.
4. She had a serious car accident.
5. He lived in the mental hospital all his life.

I smoked marijuana for two months. 의 의미는 두 달 쯤 피우다가 지금시점에서는 피우지 않는 상황을 나타낼 수도 있겠고, I washed the car. 의 의미는 세차했는데 다시 더러워졌다라는 의미도 되겠다. I had my room cleaned. 의 의미는 누가 청소를 해 주었는데 다시 먼지가 쌓였다라는 의미도 될 수 있고, She had a serious accident. 의 의미는 아주 큰 자동차 사고가 났었는데 지금은 병원에서 퇴원했을 수도 있는 상황을 의미하고, He lived in the mental hospital all his life. 의 의미는 평생을 정신병원에서만 살다가 죽었을 수도 있는 상황이 된다.

과거시제로 표현한 문장에서 과거시점을 보여주는 수식어가 없을 경우에는 이렇게 다양한 상황과 의미를 추측할 수 있는 반면에, 과거시점을 보여 주는 수식어가 있으면 문자 그대로 직역하면 된다.

지금부터는 과거시점이 명시되어 있는 과거시제형의 상황을 살펴보자. 위의 영어 예문들에 과거시점을 보여 주는 수식어를 첨가하겠다.

1. I smoked marijuana for two months last year.
2. I washed the car yesterday.
3. I had my room cleaned two days ago.
4. She had a serious car accident last week.
5. He was in the mental hospital from 1945 to 1960.

위의 영어 예문을 우리말로 옮겨 보겠다.

1. 작년에 나는 두 달 동안 마리화나를 피웠다.
2. 어제 나는 차를 닦았다.
3. 이틀 전에 (누가) 내 방을 청소해 주었다.
4. 지난주에 그 친구에게 큰 사고가 났다.
5. 1945년부터 1960년까지 그 사람은 정신병원에 있었다.

저자가 위의 영어예문을 우리말로 옮기면서 제일 먼저 우리말로 옮긴 부분이 과거시점이었다. 즉 작년에, 어제, 이틀 전에, 지난주에, 1945~1960년까지 의 과거시각을 먼저 보여 줌으로써 그 다음에 나오는 내용은 단순히 이 시점에서 일어난 상황을 재생해 준 것뿐이다.

1번 문장을 예로 들어 다시 한 번 영어로 표현한 과거시제의 상황을 살펴보겠다. 마리화나를 피운 것이 일차적인 문제가 아니라, 작년에 라는 시각이 이 문장에서는 중요한 영역, 즉 한정된 시 공간을 제공해 주는 것이다. 특히 이 문장의 사실여부는 지금시점하고는 아무 상관이 없이 단순히 작년에 있었던 일을 재생하여 표현한 것뿐이다.

이렇게 과거시제는 과거영역에서 일어난 행위, 상황 등을 과거시점에 초점을 맞추어 단순히 재생하는 시제이다. 따라서 단순히 과거영역에서 일어난 일을 과거시점에 초점을 맞추어 재생하여 표현하고자 할 경우에는 과거시제로 표현하면 된다. 그러나 과거에 일어 난 일이 조금이라도 지금시점과 관련이 있는 경우에도 과거시제를 사용하게 되면 상황과 의미가 엉뚱하게 변질될 수 있기 때문에 조심하여야 한다. 옛날이야기나 소설의 내용은 모두 과거영역에서 일어났기 때문에 우리가 이야기나 소설의 시작과 끝을 알 수 있는 것이다. 미래에 관한 공상과학 소설도 소설의 장르에 속할 때는 과거시제로 써 주는 이유가 여기에 있다 하겠다.

(3) 과거시제의 논리적 속성

I smoked marijuana for two months last year. 의 상황을 작년으로 돌아가서 작년의 지금시점 에서 묘사한다면 분명 우리는 이 상황의 진행을 볼 수가 있을 것이다. 그러나 작년 시점에서 두 달 후에 진행이 끝나서 과거사로만 남아있다라는 사실은 무엇을 의미하나 생각해 보자.

무 한시성(無限時性)

앞에서 설명했듯이, 진행(continuous)이란 going on without interruption 이라고 하였다. 다시 말하면 진행을 계속하다가 interruption을 만나게 되면, 그 진행은 멈추고 다른 형태의 진행이 시작되어 계속된다는 의미이다. 그러면 일단 진행이 완료되거나 멈춘 상황, 즉 과거가 되어버린 상황은 더 이상 진행의 속성을 소유할 수 없게 된다. 다시 강조하는 것은 진행 중인 상황일 때만 진행의 속성인 한시성을 갖게 되는 것이다.

진행의 상태에서 무 진행( )의 상태로 되는 현상이 과거시제의 상황이다. 그러므로 한시성의 속성을 가지고 있다가 한시성의 부재현상으로 되는 시제가 바로 과거시제의 상황인 것이다. 따라서 과거시제의 상황은 진행을 멈춘 존재의 상태로써 무 한시성의 속성을 갖고 있다고 말할 수 있겠다.

지금까지의 설명은 Dewey가 the present(지금시점의 현재)에만 living 이라는 진행을 나타낸 배경과 일맥상통할 것이다.

□ 확실성

진행이 멈추고 과거로 남아있는 모든 현상들은 존재의 상태로만 과거영역 속에 자리를 차지하고 있는 것이다. 대부분 순리대로, 순서대로 진행된 것이 과거의 상황이 된 것도 있겠고, 때로는 예기치도 않게 진행이 중도에 그친 경우도 있겠고, 진행의 순서가 뒤바뀌어 일어난 상황도 있을 것이다. 즉 이 시점에서 우리가 과거의 일을 재생할 수 있는 것은 지금은 과거가 되어버렸지만 한 때는 지금시점 부근의 진행이었다는 확실성의 속성이 있기 때문이다.

이러한 논리에서 Russell이 말한 것을 인용해 보겠다. The word past implies knowledge that something happened in the past. When they 〈images〉 come with a yes-feeling, but do not fit into the present, they are referred to the past.

4. 과거시제와 인근시제

(1) 과거시제와 현재완료시제

지금시점에서 단순히 재생의 목적으로 과거시점에 초점을 맞추어 과거의 일을 꺼내는 것이 과거시제의 역할인 반면에, 과거의 상황을 지금시점과 연관시키는 시제가 현재완료시제이다. 특히 우리말에서는 재생성의 과거시제와 인과성의 현재완료시제와의 구분이 분명하지 않기 때문에, 우리말에서 과거시제로 표현한 문장의 의미를 다시 한 번 살펴보자.

나 머리 파마했어 , 우리 텔레비전 고쳤어 , 우리 집 수리 했어 등의 의미는 과거시점에서 파마를 하여 지금시점에도 파마한 지 얼마 안 되었다는 의미이고, 과거시점에 텔레비전을 고쳐서 지금 작동이 잘 된다는 의미이고, 과거 한 시점에서 집을 수리해서 이제는 집이 산뜻해 졌다는 의미일 것이다. 이들 문장에서 보면, 과거시점에 일어난 상황들이 모두 지금시점 의 상황과 연관이 있다. 그러므로 우리말의 과거형 문장들을 영어로 옮길 때는 지금시점과의 연관성을 살펴보는 것이 중요하다.

과거시제를 확실히 이해하기 위하여 저자의 다음 예문의 의미와 상황을 주의 깊게 생각해 보자.

1. (신문기자가 희대의 도둑에게) 잡혀본 적이(체포된 적이) 있습니까?
   (도둑이 신문기자에게) 없습니다. 그러나 제 동생은 큰 실수를 한번 했지요.
2. 곡예를 하다가 떨어져 보신 적이 있습니까?
   없어요, 그러나 제 동생은 큰 실수를 한번 했지요.

이 예문들을 영어로 표현하려면 상황설명이나 보충설명이 없기 때문에, 이 대화를 나눈 사람들의 의도를 충분히 전달할 수가 없다. 예를 들어 신문기자가 대담하고 있는 사람이 지금도 도둑인지 아니면 한 때 도둑이었던 사람인지는 대화의 내용만 듣고는 알 수가 없다.

두 번째 예문도 마찬가지이다. 지금도 그 사람이 여전히 곡예를 하는지 안하는지 알 길이 없다. 제 동생은 한번 실수를 크게 했지요 의 상황도 정확하게 영어로 표현하기가 힘들다.

우리말에서는 행위나 사건, 상황 등의 발생시점을 매우 중요시 여긴다. 한번 발생한 일은 일어난 자체로서 중요성을 가지고, 그 사건이나 행위가 끼친 영향이나 결과를 말하려면 보충설명이 필요하게 된다. 그러나 영어에서는 시간의 개념이 매우 중요하기 때문에, 과거의 사건이 과거로만 끝나는 것인지, 과거의 사건이 지금시점과 어떤 연관이 있는지, 아니면 미래시간과 어떤 관련이 있는지 등의 의미를 모두 시제의 형식으로 나타낼 수가 있다. 그러나 우리가 일상 사용하는 우리말의 시제형식은 영어의 시제형식에 비해서 포괄적인 개념을 내포하기 때문에 영어 시제 속에 내포된 상황이나 의미를 충분히 전달하려면 때로는 보충설명이 필요하다.

그러면 위의 예문들을 현재완료형으로 표현해 보겠다.

1. Have you ever been caught?
   No. But my brother has made a big mistake.
2. Have you ever fallen off the rope?
   No. But my brother has made a big mistake.

우리말의 예문을 이렇게 현재완료형을 사용하여 영어로 표현하면, 대부분 그 사람이 아직도 도둑인 것 같고, 아직도 곡마단에서 곡예를 한다는 인상을 받을 것이다. 이번에는 우리말 예문을 과거시제를 사용하여 영어로 표현해 보자.

1. Were you ever caught?
   No, but my brother was caught once.
2. Did you ever fall off the rope?
   No, but my brother made a very big mistake.

이렇게 과거형으로 표현하면 지금시점과는 아무 관련이 없기 때문에, 대부분 과거에 있었던 상황에 관하여 이야기를 주고받는다는 인상을 받을 것이다. 이렇게 과거형으로 쓰인 문장은 지금시점과는 아무 상관이 없기 때문에, 지금시점 부근에서 일어나는 상황은 알 수 없겠다. 위와 같은 논리에서 거의 비슷한 상황을 과거형과 현재완료형으로 표현한 경우에 과거형으로 표현된 문장의 상황은 꽤 오래 전에 일어난 상황이라는 느낌을 받고, 현재완료형으로 표현된 문장의 상황은 일어난 지 얼마 지나지 않은 상황이라는 느낌을 받을 수 있다.

결론적으로 말하면 과거시제는 시점의 상황을 대변해 주고, when 자체가 시점을 보여주는 어휘이기 때문에 시점의 상황을 묘사하는 시제와 자주 쓰인다. 물론 진행형과 when을 같이 사용하는 경우도 있지만, 진행형의 문장에서는 when 사용을 기피하는 이유가 여기에 있다. 그러나 완료된 상황의 시점을 나타내는 완료형의 문장에서는 when을 사용해도 된다. 예를 들어, Let me know when you have done with it. 문장이나 When she had known me for a year she invited me to coffee. 등의 문장에서는 당연히 when을 사용할 수 있다.

과거시제는 지나간 시각을 전제로 해야만 상황이 성립되기 때문에, 일단 발생한 일은, 즉 과거가 되어버린 행위나 상황은 이미 한정된 시각과 한정된 공간의 개념을 동시에 내포하고 있다. 호킹Hawking의 말을 빌려보자. An event is something that happens at a particular point in space and at a particular time. 다시 말하면, 어떤 한 시점에서 발생한 일은 동시에 어떤 한 장소에서 발생한 일이기 때문에, 이미 발생한 상황은 이렇게 시각과 장소의 한정, 구속을 받는 상황이 되어버리는 것이다.

어제 한 일이 궁금하면 What did you do yesterday? 가 될 것이고, 여름방학 잘 보내고 2학기에 학교에 나와서 친구들하고 반갑게 Did you have a nice summer? 또는 What did you do (during the summer)? 라고 인사를 나눌 것이다. 2학기에 다시 만나게 되면 당연히 지나간 여름방학에 관한 이야기를 할 것이 자명한 사실이기 때문에, 이런 경우에는 과거시점을 반드시 언급할 필요가 없다. 기차에서 내리면서 The train was 10 minutes late. 라고 할 수 있고, 새 차를 보면서 Where did you buy this car? 라고 할 수 있고, 직장에 처음으로 다니게 된 친구에게 How did you get your job? 이라고 물을 수 있다.

위의 상황과 같이 과거시점을 명시하지 않았다고 하여 과거시제의 상황에서 과거시점에 초점을 맞추지 않았다는 의미는 아니다. 과거시점을 명시하지 않았더라도 과거시제의 상황은 전후 문맥을 보아 과거시점에 초점을 맞춘 것이라는 것을 알 수 있겠다.

5. 과거시제의 결론

과거시제는 시간대의 시제가 아니라 영역의 시제이다. 과거시제의 역할은 어느 한 과거시점을 들추어내기 위함이다. 예를 들어 과거영역에 있는 시간을 한정해 주어야만 과거시제로써 상황을 묘사할 수가 있다. 일단 지나가 버린 영역의 시간은 시간의 길고 짧음에 상관없이 시점으로 표시될 수 있으며 시점으로 표시될 수 있다는 의미는 결국은 시간과 진행의 멈춤을 의미하는 것이다.

나를 비롯하여 우주의 모든 만물은 부단히 여러 형태의 진행을 계속하며 존재한다. 지금 이 순간 내가 하고 있는 일은, 정밀하게 말하면, 1초 전에 내가 한 일과 똑같을 수 없다. 이러한 의미에서 여러 형태의 진행을 계속한다고 말한 것이다. 일단 진행의 모습을 달리 한다는 의미는 계속되고 있던 진행이 끝나거나 멈추고 다른 형태의 진행을 시작한다는 의미이다. 이렇게 진행이 멈춤과 동시에 이 진행은 과거시제의 상황이 되고 마는 것이다.

어떠한 종류의 진행의 현상도 일단 과거가 되어버리면 진행의 중단을 의미하기 때문에, 자연히 진행의 속성인 한시성 을 더 이상 소유할 수 없게 된다. 다시 말하자면 진행의 한시성을 가지고 있다가 한시성을 잃어버린 상황이 곧 과거시제의 상황이다. 따라서 과거시제의 영역에는 무 한시성( ) 만이 존재하는 상태, 즉 진행을 멈춘 존재의 상태 만이 존재한다고 보면 되겠다.

과거는 살아있는 현재 의 산물이며, 살아있는 현재 는 미래의 산물이다. 지금시점 부근에서 발견할 수 있는 모든 상황은 영역만 달리하여 과거영역에도 존재하는 것이다. 그러나 지금시점에서 과거시점을 논할 뿐이지, 과거시점의 상황이 지금시점의 상황과는 아무 연관, 상관이 없다는 것이다. 결국 과거지사는 과거사실의 존재여부를 확신할 수 확실성을 가지고 있기 때문에, 이 확실성이 우리로 하여금 가정법을 만들 수 있는 논리적 배경을 제공해 주는 것이다.

(A) 다음 글은 *Swing Kids* 영화의 앞부분과 끝 부분을 옮겨 적은 것이다.

In the late 1930's there was a new movement on the rise among the teenagers of Hamburg, Germany. Its followers refused to join the Nazi Youth Organization, the Hitler Jugend – known as the H.J. They wore their hair long and were obssessed by American movies, British fashion and Swing music. They called themselves Swing Kids.

x x x x

Hundreds of swing kids were sent to work camps. Thousands more were forced into the army and died in the war. But the movement continued to grow, and a new generation of swing kids survived to see the defeat of the Nazis.

(B) *English in Situation* 에서 떠온 다음 대화를 과거형으로 쓰인 상황에 초점을 맞추어 읽기 바란다.

Tom and Susan are in Tom's sports car. They are at a gas station.

Tom : Three gallons of super, please.
Attendant : Three gallons of super; yes, sir.
Susan : Tom... why don't we get a small family car?
Tom : What? You mean, sell my sports car? Never!
Susan : But it's expensive to run and it's old. ou bought it long before I met you. When did you get it?
Tom : It's a very good car, and never have any trouble with it!
Susan : But you had some trouble with it only last week. Don't you...?
Attendant : Er... excuse me. That's $15, sir.

Tom : Here you are. Oh, and would you check the battery, please?

Attendant : Check the battery, sir? Certainly.

Susan : Don't you remember? It broke down just before we got married and it was in the garage for a whole week!

Tom : This is a wonderful car! It always starts first time!

Attendant : The battery's all right, sir.

Tom : Thank you.

Susan : It didn't start first time yesterday morning!

Tom : That was only because it was so cold! It's a wonderful engine. Just listen to it when I start it now! (Press starter. Sound of engine turning over but not starting).

Susan : I'm listening, Tom.

07 과거진행시제

The Past Continuous Tense

1. 과거진행시제의 문자적 의미

문자 그대로 현재진행시제의 상황이 과거영역 안에서 재현되는 것이 과거진행시제의 세계이다. 지금시점 부근에서 진행되고 있는 행위, 상황이 interruption을 만나 과거가 되어버린 것이 과거진행시제의 상황이다. 현재진행시제의 상황에서 with interruption일 때 그 진행은 중단되었거나 끝나서 다른 형태의 진행을 계속했을 것이다.

지나간 일은 지나간 일로 내버려 두라 라는 과거시제의 상황에서 과거진행시제의 상황은 어떤 상황인지를 살펴보자.

지금시점에서 과거영역에서 일어난 행위, 상황을 재생시키려면 단순히 과거시제로 표현하면 된다. 그러나 일단 있었던 사건 상황이기 때문에 과거영역의 사실들은 소설 속의 세계처럼 과거, 현재, 미래의 세계를 전부 포함하고 있다. 다시 말하면 과거의 사실들은 이미 끝나버린 상황이지만 과거가 되어버리기 전 상황에서는 시작점(과거시점)도 있고, 진행(지금시점 부근)도 있고, 종료점(미래영역)도 있었을 것이다.

같은 진행의 상황을 영역만 달리하여 묘사하는 형식이라 하여도, 과거진행시제의 세계는 문자 그대로 상황의 시작, 경과, 종료가 이미 발생한 영역에서 재연되는 상황이다. 현재진행시제의 상황에서는 끝날 시점을 예측하거나 알 수 있어도 언제든지 돌발 상황이 발생할 수도 있어 미래의 끝날 시점을 확실하게 단언할 수 없다. 그리하여 현재진행시제는 시간의 폭, 즉 기간을 표현하지 않는다. 현재진행의 상황이 순조롭게 진행이 되나 끝난 상황은 모두 과거영역 속에 차곡차곡 과거의 상황으로 남아있게 된다. 물론 진행이 끝난 상황이라도 한정된 시점에서의 과거상황은 물론 과거진행의 상황으로 표현할 수 있다.

그러나 현재진행의 상황에서 돌발적인 상황이 벌어졌을 때는 이미 돌발적인 상황 전까지의 상황은 순수하게 과거시제의 상황으로 남지 못하고 과거진행의 상황으로 남게 된다. 현재진행시제의 상황은 진행의 종말을 알거나 예측해도 확실하게 종료점을 예측할 수 없는 반면에 과거진행시제의 상황에서는 이미 발생한 상황이기 때문에 우리는 돌발 상황의 시작점과 그 결과를 정확히 알 수 있는 것이다. 이 점이 현재진행시제의 속성과 과거진행시제의 속성의 다른 점이다.

2. 과거진행시제의 일반적 개요

다음 우리말 예문을 시제에 초점을 맞추어 어떤 상황인지 생각해 보자.

1. 당신 어제 8시에 뭐 했소?
2. 너 작년 이맘때쯤 뭐 했지?
3. (네가 아까 전화했을 때) 목욕하느라고 전화를 못 받았어.
4. (친구에게 전화를 걸어서) 너 지금 뭐 해?
   (친구가 응접실에서 전화를 받으면서) 나 설거지 해.
5. (친구의 전화를 받고) 나도 너한테 전화 걸려고 했는데.

위의 우리말 예문에서 과거와 현재시제로 표현된 상황과 의미를 살펴 보겠다.

1. 당신 어제 8시에 뭐 했소?

어제 저녁 8시 정각에 정확하게 무엇을 하고 있었는지 기억할 사람은 아무도 없다. 어떻게 정각 8시에 시작해서 정각 8시에 끝날 수 있는 상황이 가능하겠는가. 8시에 하고 있었던 일은 어떤 한 진행의 일부이었을 것이다. 즉 과거진행시제의 상황은 그 시점부근에서 어떤 행위나 상황이 단순히 진행되고 있었다는 의미이지, 어떤 행위나 상황이 그 시점에서 완료가 되어야 한다는 상황을 의미하는 것은 아니다.

2. 너 작년 이맘때쯤 뭐 했지?

이 문장의 상황도 1번 문장의 상황과 비슷하다. 작년 이맘때쯤 정확하게 무엇을 했는지 기억하는 사람은 많지 않을 것이다. 다만 작년 이맘때쯤은 어떤 행위나 상황이 진행되고 있었던 시점의 일부이었을 것이다.

3. (네가 아까 전화했을 때) 목욕하느라고 전화를 못 받았어.

이 문장을 풀어 쓰면 네가 아까 전화했을 때 내가 전화를 받을 수 없었어. 목욕하고 있었거든 이 될 것이다. 전화를 받을 수 없었던 이유가 어떤 일을 하고 있었던 도중이라는 상황이다. 즉 전화가 걸려온 과거시점에, 예를 들어, 나는 목욕을 하고 있었던 중이었다라는 등의 상황이다.

4. (친구에게 전화를 걸어서) 너 지금 뭐 해?

(설거지하고 있던 친구가 응접실에서 전화를 받으면서) 나 설거지 했어.

대부분 우리는 친구에게 전화를 걸어서 친구가 전화를 받으면 십중팔구 너 뭐 해? 로 대화를 시작한다. 저자가 네 살 난 조카에게 전화를 걸어서 현아야, 너 뭐 해? 라고 물었더니, 고모하고 전화 하고 있잖아! 라고 대답을 하는 것이었다. 이렇게 어린아이들에게는 아직도 언어가 순수한 의미를 간직한 채 전달이 되지만, 우리 어른들한테는 관습화된 언어표현과 언어활동이 익숙하게 되어 시제의 본질하고는 아무 상관이 없는 시제로 묻고 답한다.

우리말 문장에서 지금 이라는 상황은 지금시점 부근 의 상황, 즉 전화를 받기 바로 전까지의 상황을 의미하겠고, 뭐해? 의 의미도 결국은 전화를 받기 전까지 뭐 하고 있었어? 의 의미일 것이다. 나 설거지 해 의 의미도 전화를 받기 전까지 설거지하고 있었어 의 상황을 의미했을 것이다.

우리말에는 시제개념이 언어형식에 모두 들어나 있지 않기 때문에, 너, 뭐해? 라고 전화로 물었을 때도 당연히 나, 텔레비전 보고 있었어, 혹은 나 텔레비전 봤어 라고 질문의 시제와는 상관없이 답할 수 있다. 친구에게 전화를 걸고는 너, 내 전화 받은 시점까지 뭐 하고 있었어? 라고 영어식으로 질문을 한다면 오히려 자연스럽지 못한 우리말 표현이 될 것이다. 우리말에서는 질문하고 답하는 언어형식이 중요한 것이 아니고, 앞뒤 상황으로 미루어 의중을 헤아려보는 언어활동이 중요하기 때문에 영어식 논리에 익숙해지는 일이 쉽지 않을 것이다.

전화를 걸어놓고는 전화를 받은 친구에게 너, 뭐해? 또는 너, 뭐했어? 라는 질문을 그대로 직역하여 영어로 표현한다면 앞뒤가 전혀 안 맞는 질문이 될 것이다. 이러한 질문의 시제와는 상관이 없는 시제로, 예를 들어 나 텔레비전 보고 있었어 등의 대화를 진행시킬 수 있는 것은 우리 언어만이 가지고 있는 포괄성과 포용성에 기인한다고 생각한다.

친구에게 전화를 걸어서 궁금한 것은 그 친구가 내 전화를 받기 전까지, 즉 내 전화를 받은 시점까지, 무엇을 하고 있었는지 궁금할 것이다. 전화가 울려서 전화를 받기 전까지는 어떠한 행위나 상황이 진행되고 있었을 것이므로, 전화로 인하여 중단된 진행의 행위나 상황에 관해 알아보고 싶어 질문한 것일 것이다.

이 상황을 좀 더 자세히 설명하겠다. 전화를 받은 친구는 어떤 행위의 진행 중에 있다가 전화가 울리므로 전화를 받기위하여 하고 있던 행위를 중단하고 전화를 받았을 것이다. 그리고 전화를 받은 행위는 거의 순간에 일어난 행위이고 전화를 받은 시점은 벌써 지나간 과거가 되어버렸다. 따라서 전화를 받은 행위는 when으로, 즉 시점으로 표현할 수 있는 상황이 되었을 것이다. 전화를 받기 전까지, 엄격히 말한다면 전화가 울려 전화를 받으려고 몸을 움직인 시점까지 한 행위가, 즉 중단된 진행의 행위가 바로 과거진행형으로 표현될 수 있는 부분이다.

5. (친구의 전화를 받고) 나도 너한테 전화 걸려고 했는데.

친구한테서 전화를 받았기 때문에, 결국은 친구에게 전화를 걸으려고 한 행위(그 당시 상황에서는 be going to 의 상황)가 중도에 중단이 된 상황이다. 다시 말하면 하려고 했을 뿐이지, 실제로 전화를 건 행위는 일어나지 않은 상황이다. 그러나 하려고 한 행위는 이미 과거의 상황이라는 것을 잊지 말자.

위의 예문들을 영어로 표현해 보겠다.

1. What were you doing at 8:00 last night?
2. What were you doing this time last year?
3. I am sorry I didn't answer your call. I was having a bath.
4. What were you doing when the telephone rang?
   I was doing the dishes.
5. I was going to call you.

3. 과거진행시제의 논리적 접근

(1) 과거진행시제의 영역

과거진행시제의 영역은 결국은 현재진행시제의 영역을 지금시점 미만의 과거영역으로 옮겨놓은 것에 불과하다. 다만 어떤 행위나 상황이 진행되고 있었던 지금시점이 과거가 되어버린 것뿐이다. 현재진행시제와는 달리 진행되고 있었던 상황도 과거영역으로 국한되어 있다는 점이다.

그림을 자세히 살펴보면 현재진행시제가 갖는 미래영역을 절대로 포함하지 않는 시제가 과거진행시제이다. 지금시점에서 보면 과거진행시제의 상황은 이미 진행되었던 상황이기 때문에, 진행이 끝났거나 멈춘 시점을 과거영역 내에서 정확히 표시할 수 있는 것이다. 이러한 논리에서 과거진행시제에는 특별한 속성이 존재한다.

현재진행시제의 상황에서는 진행이 시작한 과거시점도 있고, 진행이 끝날 미래시점도 있는 논리와 마찬가지로, 과거진행시제의 상황에서도 진행의 시작점도 있겠고 진행의 멈춘 점이나 끝난 점도 있겠다. 다만 과거진행시제는 한정된 과거시점부근에서 진행되고 있던 상황을 묘사해 주는 시제이기 때문에 진행의 멈춘 점이나 끝난 점도 이미 과거의 사실이 되어 우리가 확실하게 알 수 있는 영역이 된 것이다.

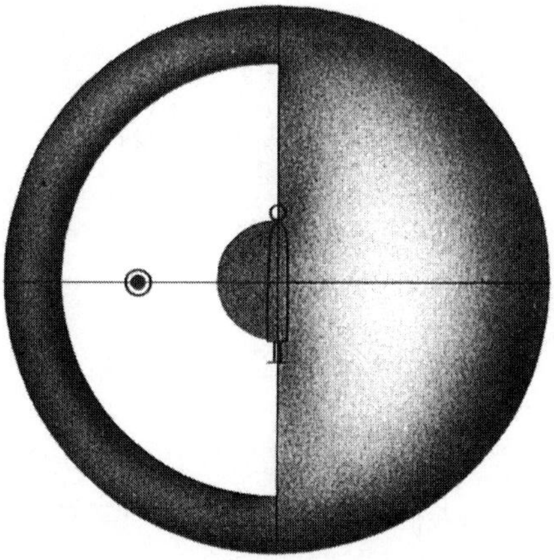

그림 7-1 **과거진행시제의 영역**

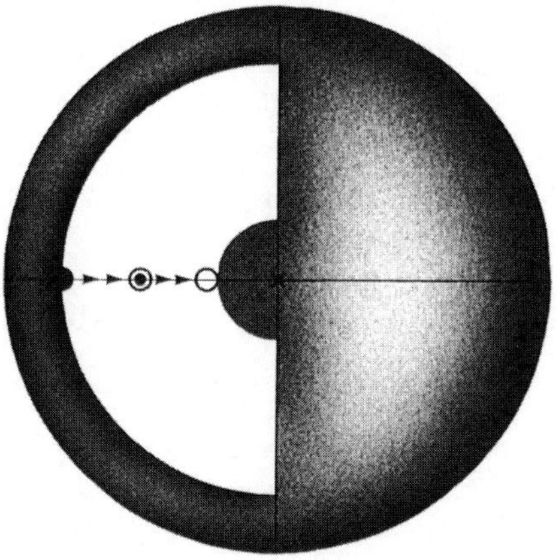

그림 7-2 **과거진행시제 1**

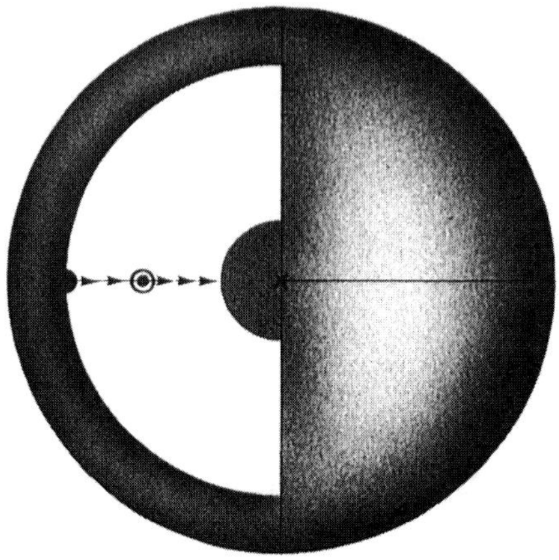

그림 7-3 과거진행시제 2

(2) 과거진행시제의 논리적 고찰

우리의 과거는 모두 진행의 연속, 진행의 완료, 진행의 중단의 상황이 상태존재로 남아있기 때문에, 과거의 일을 한정된 과거시점에서 진행의 측면에서 관찰할 수 있다. 정확하게 말하자면, 거의 모든 시점에서 삼라만상의 현상과 유한의 존재인 인간은 항상 진행 상태에 있기 때문에, 과거시점을 한정만 해 준다면 그 시점의 상황을 진행상황으로 표현할 수 있다.

과거시점의 진행상황을 표현할 수 있을 뿐 아니라 우리의 앎에 해당하는 상황이기 때문에 진행이 언제 어떻게 중단되었으며 그 결과로서의 상황까지도 정확하게 표현할 수 있다. 이 점이 현재진행시제에서는 찾아 볼 수 없는 과거진행시제의 특수한 속성이다.

과거진행시제에서 가장 중요한 부분이 과거시점을 나타내 주는 시각, 즉 시점의 표시다. 예를 들어 어제, 작년에, 1993년에, 9시부터 10시까지도 시점이지만, 내가 전화했을 때, 전기불이 나갔을 때, 비가 오기 시작했을 때 도 과거시점이다.

다음 우리말 예문의 상황에서 과거진행시제의 논리를 찾아보자.

1. (어젯밤 내가 전화했을 때 너 왜 전화를 못 받았니?) 동생하고 싸우느라고.
2. 너 작년 이맘때쯤 뭐 했지? (넌 도깨비같이 돌아다니니까)
3. 너 어젯밤 거기서 뭐 했어? (나한테 자세히 보고해)
4. 어제 뜨거운 물로 목욕하는데 전화가 왔잖아. (할 수 없이 전화를 받았는데 잘못 걸려온 전화였어)
5. (네 손이 왜 그러니?) 요리하다가 손 데었어.
6. (글쎄, 그 애한테 줄 밥도 없었는데) 그 애가 우리 식사하고 있는데 왔잖아.
7. 내가 산보 나갈 준비를 하고 있는데 그 친구가 도착했어.
8. 내가 도착하니까 벌써 어두워지더라.
10. 그 친구는 꼭 밤이면 전화를 하곤 했지.
11. (내가 그 친구하고 같은 기숙사 방에 살았거든) 그 친구는 꼭 자다가 나를 깨웠단 말이야.
12. (내가 그 친구하고 사귀었을 때) 그 친구는 항상 약속시간에 늦게 왔어.

아래의 설명을 읽기 전에 위의 예문들을 영어로 표현해 보기 바란다.

위의 예문들 중에서는 한 문장 안에 과거진행형과 과거형을 같이 써 주어야 되는 예문들이 있다. 특히 4, 5, 6, 7, 8번의 각기 문장 내에서 어느 부분을 과거진행형으로 표현해야 하고 어느 부분을 과거형으로 표현해야 하는지 생각해 보자. 여기에서 과거형으로 표현해 주는 부분, 즉 when으로 이끄는 절이 과거시점을 명시해 주는 부분이다. 즉 when 시점 부근에서 일어나고 있었던 상황이 과거진행형으로 표현되는 상황이다.

1. (어젯밤 내가 전화했을 때 너 왜 전화를 못 받았니?) 동생하고 싸우느라고.

무슨 일을 하고 있었던 중이었기 때문에 전화를 못 받았다는 상황이다. 즉 전화가 울린 시점에서 진행되고 있었던 상황에 초점을 맞춘 것이다. 다시 말하면 싸우고 있었던 도중 이라는 진행상황에서 전화가 온 것이다. 물론 너 어제 뭐 했어? 라는 질문에 단순히 나 동생하고 싸웠어 라고 대답한다면 I had an argument with my brother. 라고 과거형을 사용하여 어제 라는 시점에 초점을 맞추면 된다.

2. 너 작년 이맘때쯤 뭐 했지? (넌 도깨비같이 돌아다니니까)

이 질문의 상황도 결국은 1번과 같은 상황이지만, 상황 시점을 좀 더 확장해 놓은 것뿐이다. 항상 여기 저기 돌아다니는 것을 알기 때문에, 작년 이맘때쯤 어디서 무엇을 하고 있었는지가(진행이나 경과) 궁금한 것이므로, 이 경우에도 진행형을 사용해 주면 말하고자 하는 의미가 확실하게 된다.

3. 너 어젯밤 거기서 뭐 했어? (나한테 자세히 보고해)

이 질문도 단순히 과거로 끝난 상황이나 행위를 묻는다기보다는, 나한테 들켰을 때 상대방이 그 장소에서 무엇을 하고 있었는지 알고자 하는 질문이기 때문에, 이 경우에도 과거진행형이 적합하다. 어젯밤에 한 일을 단순히 묻는 질문이라면 물론 간단히 과거형으로도 표현할 수 있는 상황이다.

4. 어제 뜨거운 물로 목욕하는데 전화가 왔잖아. (할 수 없이 전화를 받았는데 잘못 걸려온 전화였어)

4번, 5번, 6번의 예문들은 아주 논리적으로 생각해 볼 필요가 있다. 진행형의 상황은 한정된 시점부근에서 진행되고 있는 상황이고, 과거형의 상황은 시점으로 표현할 수 있는 상황이다. 따라서 이 예문들을 읽고 어느 부분이 그 시점 부근의 진행상황에 해당하고, 어느 부분이 시점의 상황에 해당하는지를 알아야겠다.

4번 예문을 살펴보기로 하자. 전화가 울렸을 때 혹은 전화가 왔을 때의 상황을 생각해 보자. 전화는 따르릉 하고 울리기 시작하는 시점이 있고, 그 시점에서 우리는 전화가 온 것을 알 수가 있다. 그러므로 전화가 온 상황은 진행에 해당하는 상황이 아니라 거의 순간적으로 일어나는 상황이기 때문에 시점, 즉 when으로 표현할 수 있는 상황이다. 따라서 전화가 온 사실 을 when + 과거형 으로 표현하면 된다.

그러나 모처럼 뜨거운 물을 받아 놓고 목욕을 하고 있었던 상황은 전화가 온 상황하고는 매우 다르다. 우선 물을 받아 놓고 물속에 들어가 있는 상황은 시간의 경과를 요하는 상황이므로, 순간적으로 발생한 시점의 상황이라기보다는 시점 부근의 진행에 해당하는 상황이다. 따라서 진행형으로 표현하는 것이 논리적으로 옳다 하겠다. 그리고 이 진행은 이미 지나간 과거의 일이기 때문에 과거진행형으로 표현하는 것이 적합하다. 우리말로 바꾸어 말한다면 목욕하는 도중에 전화가 왔다 라는 의미이다.

5. (네 손이 왜 그러니?) 요리하다가 손 데었어.

이 문장도 4번 문장과 같은 상황이다. 즉 손을 덴 것은 순간, 혹은 시점에 관한 일이다. 손을 장시간 뜨거운 불에 데고 있을 바보 같은 사람은 하나도 없다. 손을 덴 순간에 불이나 뜨거운 냄비에서 손을 떼어 놓았을 것이다. 그러나 요리를 하는 것은 순간동작에 해당하지 않는다. 이 문장을 다시 표현하자면 요리하는 도중에 손을 데었다 로 손을 덴 시점에서 요리를 하고 있었던 상황을 표현해 준 것이다. 따라서 손을 덴 자체는 과거형으로 표현하고, 요리를 하고 있었던 상황은 과거진행형으로 표현하면 된다.

6. (글쎄, 그 애한테 줄 밥도 없었는데) 그 애가 우리 식사하고 있는데 왔잖아.

우리가 밥을 먹고 있는 중간에 그 친구가 온 것이므로, 그 친구가 문을 열고 들어온 시점은 과거형으로 표현하고, 그 친구가 들어온 시점의 상황은 식사 도중이었기 때문에 과거진행형으로 표현하면 된다. 그러나 이 상황을 잘못 표현하여 과거형으로 하게 되면 의미가 완전히 변질이 된다. 이 점에 대해서는 후에 설명하기로 한다.

4번, 5번, 6번 문장의 상황을 종합적으로 다시 한 번 설명하겠다. 만약 돌발 상황이 일어나지 않았더라면 진행 중이었던 사건 상황들은 진행이 완료되어서 지금시점에서 보면 과거시제로 표현할 수 있는 상황이 되었을 것이다. 구체적으로 한정된 과거시점의 진행상황을 묻기 전에는 특별히 진행형으로 표현할 일이 없을 것이다. 그러나 이 예문들의 상황에서는 돌발의 사건이 생겨서 진행되고 있던 상황이 완료되지 못한 상황을 보여주고 있다. 여기에서 돌발의 사건이 생긴 시점이 과거진행시제에서 한정적으로 구속할 수 있는 시점이 되는 것이다. 이 한정된 시점까지의 미완료 진행상황을 과거진행시제로 표현해 주는 것이다.

7. 내가 산보 나갈 준비를 하고 있는데 그 친구가 도착했어.

산보 나갈 준비가 다 되어 있는(끝나 있는) 상태가 아니고, 준비를 하고 있는 도중이었기 때문에, 도착한 시점까지의 미완성 상태의 상황을 과거진행형으로 표현하고, 도착한 사실은 과거형으로 표현하면 된다.

8. 내가 도착하니까 벌써 어두워지더라.

현재진행시제에서 설명한 바와 같이, 동사 자체가 변화의 의미를 내포하고 있을 때에는 진행형을 사용하는 것이 의미에 생동감을 준다. 여기에서도 어두워지다 라는 의미가 get, become, change 등의 변화의 의미를 내포하기 때문에 진행형을 사용하는 편이 적합하다.

9. (어제 영수네 집에 가 보니까) 그 친구 짐 싸느라고 대단히 바쁘더라. 어젯밤에 부산에 가기로 되어 있었거든.

어제 부산에 가기로 되어 있었거든 의 상황은 약속이나 예정이 되어 있는 일을 실행에 옮기는 도중에 있었다라는 의미이다. 그러므로 예약, 약속, 예정, 준비가 되어 있는 상태에서는 진행형으로 표현하는 것이 효과적인 의미전달이 될 수 있다.

10. 그 친구는 꼭 밤이면 전화를 하곤 했지.

11. (내가 그 친구하고 같은 기숙사 방에 살았거든) 그 친구는 꼭 자다가 나를 깨웠단 말이야.

12. (내가 그 친구하고 사귀었을 때) 그 친구는 항상 약속시간에 늦게 왔어.

10번, 11번, 12번의 예문들의 공통점을 쉽게 발견할 수 있을 것이다. 이 예문들의 상황은 모두 부정적인 의미를 내포하고 있을 뿐 아니라 그러한 부정적인 상황이 빠른 시일 내에 개선되기를 바라는 마음을 표현을 했을 것이다. 현재진행시제의 부정적 한시성에서 설명했듯이, 이러한 상황을 always와 함께 진행형으로 표현하면 효과적으로 의미를 전달할 수 있다.

그러면 위의 예문들을 영어로 표현해 보겠다.

1. I was arguing with my brother.
2. What were you doing this time last year?
   Where were you staying this time last year?
3. What were you doing there last night?
4. I was having a hot bath when the telephone rang.
5. I was cooking when I burned my hand.
6. We were having dinner when she arrived.

7. I was getting ready for a walk when he arrived.

8. It was getting dark when I arrived.

9. He was busy packing. He was leaving for Busan that night.

10. He was always calling me at night.

11. He was always waking me up in the middle of night.

12. She was always coming late.

과거진행시제의 상황은 이미 발생한 상황이기 때문에, 현재진행시제의 상황에서는 찾아볼 수 없는 상황, 즉 중도에 그친 미완료의 진행상황도 과거진행시제로 묘사할 수 있다.

현재진행시제에서 설명한 바와 같이, 과거진행시제도 시점의 시제이기 때문에 진행의 기간을 표현하는데 주로 사용하지 않는다. 과거의 영역에서 시점을 한정하여 그 시점의 진행상황을 묘사하는 형식이 과거진행시제이기 때문에, 시간대의 시제에서 볼 수 있는 for + 기간 을 묘사하는 형식이 아니다.

(3) 과거진행시제의 논리적 속성

과거진행시제는 현재진행시제가 갖고 있는 속성을 전부 내포하지만, 상황이 이미 발생하여 과거가 되어버린 특수한 상황 때문에, 진행의 상황을 좀 더 상세하고 구체적으로 표현할 수 있을 뿐 아니라 미완성의 상황이나 중단된 상황까지도 정확하게 묘사할 수 있다.

묘사적 한시성

과거진행시제에는 한정된 과거시점 부근에서 진행되고 있었던 행위 상황 등을 한정적으로 묘사하는 한시성 속성이 있다. 지나간 과거의 일이지만 그 일이 실제로 일어나고 있었던 상황은 현재진행시제로 묘사할 수 있었던 상황이라는 것을 잊지 말자.

1. I was playing the piano around 9:00 PM last night.
2. This time last month I was dating one of my classmates.
3. What were you doing at 10 this morning?
4. This time last year I was traveling around the world.
5. I was just talking with her when your parents saw me last night.

한 예로 5번 문장의 상황을 살펴보겠다. 진행시제는 단순히 진행상황을 제 삼자의 입장에서 관찰하여 묘사하는 것과 같은 시제이기 때문에 우리가 기본시제에서 찾아볼 수 있는 주어의 역할을 보기가 힘들다. 즉 5번 문장의 경우, 내가 그 여자에게 말을 건 장본인으로서 그 여자와 담소를 나누고 있었던 것이 아니라, 단순히 과거시점의 상황, 즉 담소를 하고 있었던 진행상황을 묘사한 것뿐이다.

변시적 한시성

변천, 변화, 증가, 감소 등 동사의 상황이 변화나 진행을 내포하고 있을 경우에 진행시제로 표현한다. 즉 변화, 변천 자체에서 이미 다른 형태의 변화나 진행을 예고해 주는 상황을 의미하기 때문에, 진행 중이었던 상황과 그 다음에 변화, 발생한 상황, 즉 with interruption 상황 사이에서 우리는 한시성을 엿볼 수 있다.

1. The population of Korea was rising very fast this time last year.
2. The temperature was rising towards the end of last month
3. He was getting better slowly when I saw him last time.
4. The cost of living was getting higher this time last year.
5. Those days food was getting more expensive.

선약적 한시성

현재진행시제와 마찬가지로, 약속이나 예정, 또는 준비가 되어 있던 상황을 과거진행시제로 표현한다. 이렇게 예정된 상황은 한정된 영역대 내에서만 진행을 하는 한시성을 포함하고 있다.

1. We were dining out that night.
2. He was arriving at 10:00 AM yesterday morning, but I forgot about it completely.
3. When you called him this morning he was leaving for France.
4. He was seeing his doctor the following morning.
5. I was seeing the President the following week.

부정적 한시성

어떤 상황이나 행위가 불만스럽거나 부정적으로 여겨질 경우에 그 상황이나 행위가 중지되기를 바랐던 마음에서 과거진행시제로 표현한다. 즉 부정적인 진행이 어느 한정된 시점에서 끝나기를 원했던 상황이기 때문에, 여기에서도 우리는 한시성을 엿볼 수 있다.

1. She was always asking for more money.
2. My son was always complaining.
3. My son was always losing things when he went to high school.
4. At the beginning of our marriage my husband was always forgetting my birthdays.
5. He was always reading aloud while he was with us.

중단적 한시성

과거진행시제만이 가지고 있는 특수한 속성인 중단적 한시성을 이해하기 위하여 과거시제와 과거진행시제의 차이점을 살펴보는 것이 중요하다. 다음 영어로 된 두 문장을 비교해 보자.

1. When she arrived, we played cards.
2. When she arrived, we were playing cards.

위의 문장들의 상황과 의미를 파악하기 전에 다음의 그림을 살펴보자.

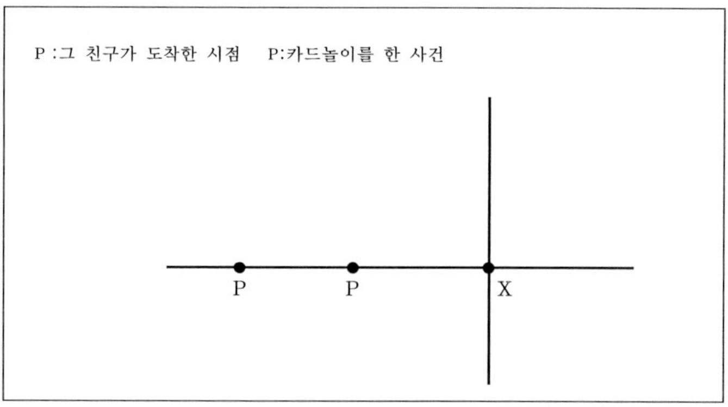

그림 7-4 When she arrived, we played cards 의 그림

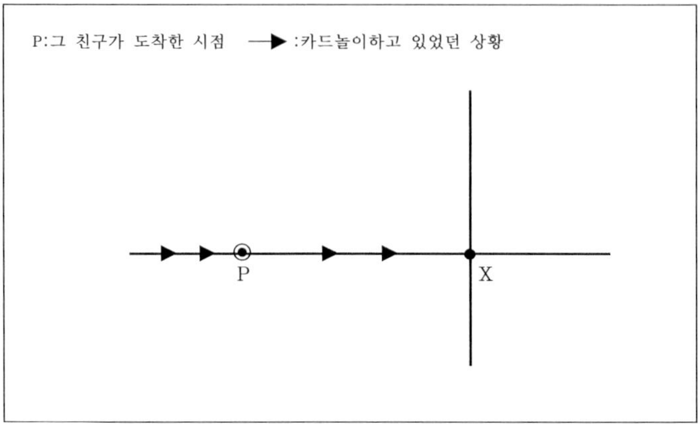

그림 7-5 When she arrived, we were playing cards 의 그림

We played cards when she arrived. 문장은 선분 상에서 시점으로 표시될 수 있는 과거형의 상황이다. 이 문장의 상황에서는 when이라는 시점 때문에 그 친구가 도착하기 전에 우리가 카드놀이를 시작했을 리가 없다. 그 친구가 도착한 시점과 우리가 카드놀이를 시작한 시점이 거의 동시에 일어났다거나, 세상만사는 대부분 순리대로 일어난다는 가정 하에, 그 친구가 도착하고 나서 카드놀이를 했다라는 상황일 것이다.

그러나 We were playing cards when she arrived. 의 문장에서 we were playing cards. 는 진행상황인 반면에, when she arrived. 는 한정된 시점에서 발생한 상황이다. 따라서 한정된 시점, 즉 친구가 도착한 시점에서 진행되고 있었던 상황이 playing cards 이다. 즉 친구가 도착한 시점부근에 우리는 카드놀이를 하고 있었다 라는 의미이다. 좀 더 자연스럽게 표현하자면, 우리가 카드놀이를 하고 있는데 그 친구가 도착했다 라는 상황이다.

그러면 When she arrived, we were playing cards. 라는 문장은 어느 경우에 사용하는지 궁금할 것이다. 물론 영어식으로 바꾸어 우리말로 표현하게 되면 자연스럽게 과거진행시제를 사용할 수 있다. 그러나 인지발달이 완성된 우리들에게는 자연스러운 우리말 표현 속에 숨겨진 논리를 찾아내어 영어로 표현하는 것이 중요하다 하겠다. 지금부터 설명하고자 하는 것이 과거진행시제만이 갖고 있는 특수한 속성이다.

위와 같은 상황을 과거진행형으로 표현한 배경에는 어떤 행위나 상황이 진행되고 있는 도중에 다른 상황이 발생하여 진행되고 있었던 상황이 중지되었다는 것이다. 만약에 이런 돌발사고가 없었더라면 진행되고 있었던 일이 계속 진행되다가 종료되어 단순히 카드놀이를 했다 라고 과거시제로 표현하면 될 것이다. 다시 설명하자면, We were playing cards when she arrived. 의 문장은 그 친구가 도착한 시점 부근의 진행상황을 묘사한 문장이다. 이러한 상황에서 과거진행형을 사용하여 표현할 경우에는 시점 부근의 진행상황이 도중에 중지되었다라는 의미가 강하게 들어간다. 물론 일시적으로 중지됐을 수도 있고 완전히 중지되어 다른 상황으로 변했을 수도 있다. 그러나 with interruption 이후의 상황은 과거진행시제와는 무관하다.

When she arrived, we played cards. 의 상황에서 볼 수 있듯이, 두 상황이 거의 동시에 일어났거나, 두 상황이 발생한 시간의 차이가 별로 길지 않으며, 상황의 발생순서가 중요하지 않을 때는, 즉 순서, 순리대로 일어난 상황일 경우에는 두 상황을 모두 과거시제로 표현하면 된다. 그러나 진행되고 있었던 일이 돌발 상황으로 인하여 끝을 맺지 못하고 진행이 중지되었을 경우에는 중지된 상황을 과거진행시제로 표현하면 된다. 진행의 중지를 초래한 상황, 예를 들어 돌발 상황과 돌발적인 상황의 결과로 일어난 다른 상황도 마찬가지로 과거시제로 표현해 주면 된다.

We were playing cards when she arrived. When she arrived, (we stopped playing and) had dinner. 의 상황, 즉 카드놀이를 하고 있는데

그 친구가 왔고, 그 친구가 와서 카드놀이를 그만 두고 저녁식사를 했다는 상황에서 질문과 답을 만들어보자.

1. 그 친구가 왔을 때 너희들 뭐 했어?
2. 카드놀이 했어.
3. 친구가 와서 어떻게 했어?
4. 저녁 먹었지.

위의 질문과 답의 상황에서는 정확하게 영어로 표현하기가 쉽지 않으나 우리가 일상적으로 사용하고 있는 우리말에서 숨겨진 논리와 배경을 찾아보자. 같은 상황이지만 이번에는 영어로 표현하기 쉽게 위의 상황을 다시 만들어보겠다.

1. 그 친구가 도착했을 때 너희들은 뭐 하고 있었니?
2. 카드놀이 하고 있었어.
3. 그 친구가 와서 너희들은 뭐 했어?
4. 저녁 먹었어.

이번에는 위의 질문과 답을 영어로 표현한 후에, 같은 영어표현이지만 우리말에서 다르게 표현된 것을 찾아보자.

1. What were you doing when she arrived?
2. We were playing cards.
3. What did you do when she arrived?
4. We stopped playing and had dinner.

1번 문장의 when she arrived와 3번 문장의 when she arrived가 우

리말에서는 다르게 표현된 것을 볼 수 있다. 즉 우리말 논리에서는 시점에 의존하지 않으면서 상황의 순서를 정확히 표현할 수 있는 것을 볼 수 있다.

우리말 표현을 논리적으로 생각해 보지 않고 그대로 영어로 직역하게 되면, 나 텔레비전을 보는데 아버지가 돌아오셨어 의 문장을 When I was watching TV, my father returned. 라고 잘못 표현하기 쉽다. 그러나 when은 시점을 나타내 주는 어휘이기 때문에 시점을 의미하는 곳에 사용하는 것이 안전하다. 우리말 문장에서 TV를 보고 있었던 진행상황을 한정적으로 구속한 시점이 바로 아버지가 돌아오신 시점이므로, 시점을 나타내 주는 when 이 이끄는 절이 아버지가 돌아오신 상황이다. 따라서 I was watching TV when my father returned. 로 표현해 주는 것이 좋다.

지금까지 설명한 과거진행시제의 상황을 다시 한 번 살펴보자. 어떤 행위나 상황이 과거영역에서 진행되고 있는 도중, 행위가 완료되기 전에 다른 사건이 발생하여 진행되고 있던 일을 중도에 중지하였을 때, 이 중단된 상황을 과거진행시제로 표현한다. 때로는 진행 중이었던 생각이나 의도가 현실화되지 못 했을 경우에도 과거진행시제가 효과적으로 의미전달을 할 수 있다.

의도한 일을 실제로 실행하기 전까지는 be going to + verb 의 상황이 된다. 이 상황을 그대로 과거영역으로 옮겨놓으면, 하려고 했는데 하지 못한 상황 이 된다. 즉 의사, 의도, 생각은 있었지만 실행에 옮기지 못한 상황을 be going to + verb 를 과거로 표현하면 되겠다. 예를 들어 보겠다.

1. 어머, 내가 너한테 막 전화 걸려고 했는데(네가 나한테 전화했구나).
2. (갑자기 놀러 온 친구보고) 너를 만나러 나가려고 했는데.
3. (부하직원이 좋은 아이디어를 내 놓자 사장이) 나도 그렇게 제안하려고 했네.
4. 나도 너와 똑같은 말을 하려고 했는데.
5. 편지 하려고 했어(그런데 네가 먼저 했구나).

이 예문들을 같이 영어로 표현해 보자.

1. I was going to call you.
2. I was going out to see you.
3. I was going to suggest that.
4. I was going to say the same thing.
5. I was going to write to you.

과거가 되어버린 상황은 여러 형태의 과거꼴 시제로 표현하면 된다. 그 중에서 진행이 끝나지 않은 상태에서 중도에 다른 상황이 발생하여 과거가 되어버린 상황은 이렇게 과거진행시제로 표현하면 된다. 진행 중이었던 상황이 중도에서 with interruption을 만나, 즉 한정할 수 있는 시점의 상황이 발생하여 미완성의 진행으로 끝나버린 중단적 한시성을 찾아볼 수 있다.

4. 과거진행시제와 인근시제

(1) 과거진행시제와 과거시제

가끔 영화에서 보면 나쁜 사람이 몰래 남의 사무실에서 서류를 뒤지다 사무실 주인과 맞부딪치게 되는 경우에 이런 질문을 받게 된다. Hey! What do you think you are doing here? 이 상황을 과거영역으로 옮겨 보자. 우리말로 너 어저께 내 방에서 뭐 하고 있었지? 와 너 어제 내 방에서 뭐 했지? 와의 뉘앙스 차이를 한번 살펴보자.

물론 너 내 방에서 뭐 하고 있었지? 의 질문은 단순히 그 시점에 무엇을 하고 있었느냐는 질문도 될 수 있다. 그러나 이 질문을 너 (도대체) 어제 내 방에서 뭐 하고 있었지? 하고 약간의 힐난하는 어조로 물었다면 허락도 없이 내 방에 들어가 무엇을 하고 있었느냐, 아니면 나한테 들켰을 때까지 너 뭐 하고 있었지? 의 상황도 될 수 있다. 즉 진행하고 있었던 일을 중도에서 그만 두었을 때는 어떤 돌발사고가 일어났기 때문이고, 특히 남의 방에서 진행되고 있던 일이 주인이 나타나므로 중지되었다면 바로 이런 뉘앙스를 나타낼 수도 있는 것이다. 반면에 너 어제 내 방에서 무엇 했지? 하고 묻는다면 단순히 무엇을 했느냐의 과거시제의 상황을 묻는 질문일 뿐이다. 이런 차원에서 과거진행형의 상황과 과거형의 상황 사이에 아주 중요하고 미묘한 뉘앙스 차이를 가져올 수 있다.

1. I was dancing with her last night.
2. I danced with her last night.

위의 문장에서 I was dancing with her. 의 의미는 그 친구하고 춤추고 있었을 뿐인데 의 상황으로 당시의 상황을 묘사할 뿐이지 누구에 의해서 춤을 추게 되었는지의 의미는 내포하고 있지 않다. 반면에, I danced with him. 의 의미는 문자 그대로 내가 그 친구하고 춤을 추었다 라는 뉘앙스가 강하게 풍긴다. 즉 과거시제의 상황에서는 주어가 주어 구실을 제대로 한다는 의미이다.

5. 과거진행시제의 결론

과거가 되어버린 지금시점 부근의 상황을 우리가 과거시점으로 돌아가서 논할 수 있도록 제공해 주는 과거꼴 형식이 과거시제, 과거진행시제, 과거완료시제, 과거완료진행시제인 것이다. 과거영역 내에서만 시 공간의 한정과 구속을 받는 시제들이기 때문에, 지금시점의 상황과는 관계가 없는 시제이다.

이 중 과거진행시제는 현재진행시제를 과거영역으로 옮겨놓은 시제이다. 그러나 구속받는 시 공간점이 과거영역으로 한정되어 있기 때문에, 즉 한정된 과거시점의 진행상황을 묘사하는 시제이기 때문에, 과거진행시제의 상황에서 우리는 현재진행시제의 속성인 묘사적, 변시적, 선약적, 부정적 한시성도 찾을 수 있고, 이미 발생한 상황이라는 점에 기인하여 과거진행시제만이 갖고 있는 중단적 한시성도 찾아볼 수 있다.

과거의 한정된 시점부근에서 진행되고 있었던 행위나 상황을 논하는 것이 과거진행시제이지만, 이렇게 과거영역 안에서만 이루어진다는 논리 때문에, 다시 말하면 이미 발생한 확실한 과거의 상황을 논하는 시제이기 때문에, 돌발의 상황으로 인하여 중도에서 진행이 멈춘 상황도 과거진행시제로 표현할 수 있는 것이다.

이러한 중단적 한시성의 속성은 현재진행시제에서는 찾아볼 수가 없다. 미래의 상황을 모르는 상태에서, 진행 중인 상황이 한정된 미래시점까지 연결이 되지 않고 중도에서 멈추리라는 가정을 할 수가 없기 때문이다. 다시 설명하자면, 지금시점 부근에서 진행되고 있었던 일이 중도에 멈추지 않고 완료가 되었으면 이 상황은 단순히 과거시제로 표현할 수 있다. 예를 들어, I had a bath yesterday.(어제 목욕을 했다) 는 과거의 사실은 단순히 목욕을 시작해서 끝냈다는 의미일 것이다. 그러나 돌발의 상황으로 인하여 목욕을 끝내지 못하고 일시적으로나 아니면 완전히 중도에서 그만 두었을 때, 우리는 이 상황을 과거진행시제로 표현할 수 있는 것이다.

이렇게 과거진행시제는 과거시점 부근에서 진행 중에 있었던 상황을 묘사할 뿐 아니라, 중단된 진행상황도 묘사하는 표현형식이다. 그러므로 단순히 시점의 진행에 관한 시제이기 때문에, 시점의 진행시제는 완료의 의미하고는 상관이 없는 시제이므로 진행의 기간을 표현하는 시제가 아니다. 또한 시점의 진행상황을 제 삼자의 입장에서 관찰하여 표현하는 것 같은 형식이기 때문에, 기본시제에서 찾을 수 있는 주어의 역할이 희석되어 나타나는 것도 과거진행시제의 특수성 중의 하나이다.

08 과거완료시제

The Past Perfect Tense

1. 과거완료시제의 문자적 의미

현재완료시제는 지금시점에서 과거영역을 바라보는 시제이고, 과거완료시제는 한정된 과거시점에서 그 시점 전에 위치한 과거영역을 바라보는 시제이다. 한정된 과거시점에서 바라보는 또 다른 과거영역에서 일어난 상황은 당연히 그 과거시점의 상황보다 더 먼저 일어난 상황일 것이다. 즉 과거완료시제는 한정된 과거시점의 상황보다 더 먼저 일어난 상황을 표현하는 시제로, 두 상황의 발생시간 차이의 크고 작음에는 상관없이 과거시점의 상황보다 100분의 1초라도 더 먼저 일어난 상황은 과거완료시제로서 표현할 수 있다.

그러나 과거시제에서 설명한 바와 같이, 일단 발생한 상황은 과거가 되어버려 모두 과거시제의 상황으로 남아있는데도 불구하고, 구태여 두 상황의 발생시간 차이로 인하여 과거시제의 상황과 과거완료시제의 상황을 구별하는 이유를 생각해 보자.

우리 인간은 지금시점에서 지나간 과거를 회상하면서 한정된 과거시점에서도 그 이전에 발생한 상황을 회상하기도 하고, 발생순서에 초점을 맞추기도 하고, 발생한 상황을 두고 후회도 하고 안타까워할 수도 있다. 우리가 조금만 일찍 만났더라면, 내가 조금만 빨리 도착했더라면 등의 상황에서 느낄 수 있듯이, 때로는 세상만사가 순리대로, 순서대로 일어나지 않는 경우를 종종 보게 된다.

대부분의 상황은 순리대로, 순서대로 진행이 되다가 과거시제의 상황으로 차곡차곡 남게 된다. 때로는 예기치 않은 상황이 발생하여 중도에 진행이 멈추어 과거진행시제의 상황이 되기도 한다. 또한 순리 순서대로 발생하면 좋을 일이 안타깝게도 선후가 뒤바뀌어 일어나서 우리의 마음을 아프게 하는 일도 종종 있다. 바로 이렇게 이미 발생한 두 상황을 순서에 초점을 맞추어 묘사하는 것이 과거완료시제의 역할이다.

2. 과거완료시제의 일반적 개요

자연의 순리 법칙에 맞추어 일어난 경우에는, 시간의 경과와는 상관없이 대부분 과거시제로 순서대로 기술하면 된다. 그러나 이미 과거가 되어버린 상황을 굳이 한정된 과거시점의 상황과 비교하여 더 먼저 일어났다는 것을 밝히고자 하는 근거를 다음 예문에서 찾아보자.

1. 그분을 찾아뵈올 때는 반드시 전화를 먼저 걸고 찾아뵈었다.
2. (얄밉게도) 그 사람은 일을 다 마치니까 돈을 지불하더라.
3. 그 당시 우리 아버님은 어머니한테 가르침을 받아서 후에 유명한 학자가 되셨어.
4. 입사원서를 제출하러 갔더니 벌써 사람을 고용했더라.
5. 내 친구는 어머니가 돌아가실 때까지 그 집에서 살다가 아파트로 이사했어.

각 문장의 상황을 순서에 초점을 맞추어 살펴보기 바란다.

1. 그분을 찾아뵈올 때는 반드시 전화를 먼저 걸고 찾아뵈었다.

단순히 전화를 걸고 찾아뵌 일을 이야기 하고자 할 때는 단순히 과거시제로만 써 주어도 된다. 그러나 항상 반드시 전화를 먼저 드리고 나서 찾아뵌 경우에는 행위의 순서가 중요하다는 상황이란 것을 알 수 있을 것이다.

2. (얄밉게도) 그 사람은 일을 다 마치니까 돈을 지불하더라.

돈을 미리 줄 경우도 있고, 중간에 줄 경우도 있는데, 그 사람은 일단 일이 다 끝난 후에야 비로소 돈을 지불하였다라는 상황에서 우리는 반드시 일이 끝난 후에 돈을 받은 순서가 별로 탐탁하지 않았음을 엿볼 수 있다.

3. 그 당시 우리 아버님은 어머니한테 가르침을 받아서 후에 유명한 학자가 되셨어.

이 문장도 공부를 배운 것이 먼저 있었기 때문에, 즉 이 결과로 후에 유명한 학자가 되셨다 는 의미로, 순서의 중요성을 강조한 상황이다.

4. 입사원서를 제출하러 갔더니 벌써 사람을 고용했더라.

이 문장의 상황은 지금까지 설명한 예문들과 상황이 좀 다르다. 일이 순서대로 순조롭게 진행이 되려면, 먼저 입사원서를 낸 후에 면접을 보고 취직이 결정될 것이다. 그러나 이 상황에서는 불행히도 순서가 뒤바뀌었다는 것을 느낄 수 있다. 예를 들어 이 상황을 가정법으로 표현하여 조금만 일찍 제출했었더라면 취직의 가능성도 있었을 텐데 의 의미로도 말할 수 있는 상황이다.

5. 내 친구는 어머니가 돌아가실 때까지 그 집에서 살다가 아파트로 이사했어.

이 문장의 상황을 순서대로 나열하면 모두 과거시제로 표현해도 된다. 그러나 어머니가 돌아가시고 나서야 비로소 이사를 했다 라는 상황으로, 한 행위의 완료가 있은 후에야 비로소 그 다음 행위나 상황이 뒤따랐다는 것을 보여주는 문장이다. 즉 발생순서가 중요한 의미를 부여한 것이다.

바로 위와 같은 2개의 과거 상황을 순서에 초점을 맞추어 보다 먼저 발생한 상황을 과거완료시제로 표현하고 보다 후에 발생한 상황을 과거시제로 표현하는 것이다. 일단 위의 예문을 영어로 표현하겠다.

1. When I had called him I visited him.
2. When I had done the work I was paid.
3. My father had learned a lot from my mother, so he became a famous scholar.
4. When I submitted my application form, the position had already been filled.
5. My friend had lived in his mother's house till his mother died. Then he moved to an apartment.

위의 영어로 표현한 부분 중, when을 과거완료시제와 같이 써 준 것도 있고, when을 과거시제와 함께 써 준 부분도 있는 것을 발견할 수 있을 것이다. 완료의 시점을 의미할 때는 when을 완료시제와 같이 사용해도 좋다고 하였다. 과거완료시제에서 가장 중요한 점은 when이 어느 시제와 함께 쓰였냐의 문제가 아니고, 다만 과거완료시제로 표현한 부분이 과거시제로 표현한 부분보다 더 먼저 일어난 행위나 상황이라는 것이다.

현재완료시제는 과거시점과 지금시점을 연결하는 시간대의 시제이지만, 지금시점의 특수성, 즉 언어활동이 이루어지고 있는 시점이며 지금시점은 매우 유동적이라서 정확하게 한정할 수 없는 시점이기 때문에 현재완료시제의 상황에서는 지금시점을 명시하지 않는다고 했다. 그러나 과거완료의 시제는 이미 발생한 두 시점의 상황을 묘사하는 시제이기 때문에 두 시점 모두 명료하게 명시할 수 있다. 즉 when을 과거시제의 문장이나 과거완료시제 문장에 공히 쓸 수 있다.

3. 과거완료시제의 논리적 접근

(1) 과거완료시제의 영역

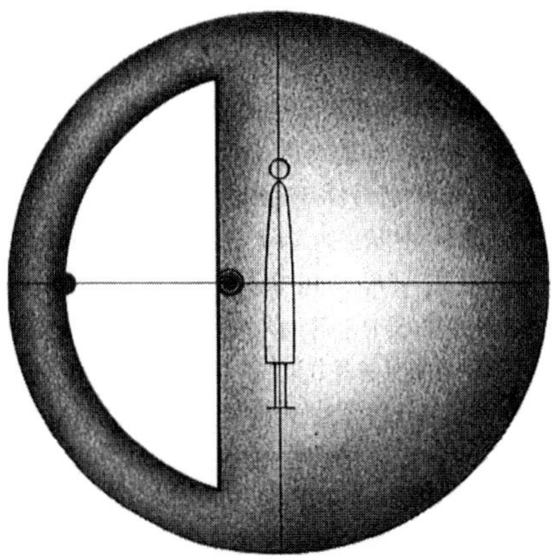

그림 8-1 **과거완료시제의 영역**

현재완료시제는 지금시점에서 지금시점 미만의 상황을 논하는 시제이다. 그러나 지금시점 이라는 특수한 시 공간의 상황으로 인하여, 즉 모든 언어활동이 지금시점을 기준으로 일어나기 때문에 지금시점을 명시하지 않은 상황에서 현재완료시제만의 상황으로도 홀로 자생할 수 있다. 지금시점과 연관이 있는 시제가 현재완료시제인 것처럼, 기준이 되는 과거시점과 연관이 있는 과거시점 미만의 상황을 묘사하는 형식이 과거완료 시제인 것이다.

(2) 과거완료시제의 논리적 고찰

현재완료시제의 상황에서는 지금시점 을 명시하지 않지만 과거완료시제는 과거시점에서 과거시점 미만의 상황을 바라보는 시제이기 때문에, 기준이 되는 과거시점을 명시하지 않으면, 즉 과거시점의 상황이 없이는 과거완료시제의 상황은 존재할 수 없다.

대부분의 세상만사가 순리대로 그리고 순서대로 진행이 되는 상황이기 때문에, 지나간 과거의 상황은 모두 과거시제로 표현하면 된다. 앞에서 설명했듯이, 천만 년 전의 사건이나 5초 전의 상황도 똑같이 과거시제로 표현하면 된다. 이러한 논리에도 불구하고, 이미 발생한 두 상황간의 연계 관계가 성립될 때, 즉 먼저 발생한 상황이 후에 발생한 상황과 관계가 있을 때, 먼저 발생한 상황을 과거완료시제로 표현하고 후에 발생한 상황을 과거시제로 표현하여 두 상황 간의 연계 관계를 보여주는 것이다.

가장 중요한 사실은 두 상황의 시간의 차이는 경우에 따라서 1초도 안 되는 시간의 차이도 있겠고, 몇 년의 시간의 차이도 있을 수 있겠다. 그러면 과거영역에서 이미 발생한 두개의 사건 상황을 굳이 시제의 형식을 구별하는 이유가 무엇일까.

과거에 발생한 상황이 지금시점과 연관이 있을 때 현재완료시제로 이 상황을 표현한다고 했다. 같은 논리로 기준이 되는 과거시점에서(과거시제의 상황) 그 과거시점 전에 발생했던 행위나 상황(과거완료시제의 상황)을 들추어 낼 수도 있겠고, 두 상황의 발생순서가 중요하여 순서에 초점을 맞추어 두 상황을 각기 과거시제와 과거완료시제로 표현할 수도 있을 것이다.

한편으로는 과거영역에서 일어난 두 사건이 발생한 시간의 차이가 중요한 결과를 가져왔을 때, 예를 들어 두 사건의 발생순서가 순리대로 진행이 되지 않고 뒤바뀐 상황을 시제로서 효과적으로 묘사할 수 있다. 과거시제로 표현한 사건보다 더 먼저 일어난 사건을 과거완료시제로 표현하여, 경제적이며 효과적으로 의미 전달을 할 수 있다.

또 한편으로는 두 시간대의 상황이 중요한 결과를 초래하였을 경우에는 기준이 되는 과거시점의 상황보다 더 먼저 일어난 상황을 과거완료시제로서 묘사함으로 극적인 효과를 불러올 수 있다. 소설에서 과거완료시제를 사용한 문장의 상황은 과거시제로 쓰인 상황(물론 소설에서는 지금 시점의 상황이 모두 과거형이라는 것을 잊지 말아야 한다)과는 정반대의 상황과 의미라고 생각하면 된다. 예를 들어 소설에서 I hadn't thought so. 의 의미는 전에는 그렇게 생각하지 않았지만 이제는 그렇게 생각한다 라는 의미이다.

이렇게 과거완료시제는 과거시제의 상황과 같이 존재하여야 한다. 이는 한 문장 내에서 과거완료시제와 과거시제가 같이 존재해야 된다는 의미가 아니고, 기준이 되는 과거시점의 상황이 있어야 한다는 의미이다. 즉 과거완료시제의 문장 자체로서는 합법적인 영어 문장이 될 수 없다.

다음 우리말 예문을 보고 과거완료시제와 과거시제의 차이점을 살펴보자.

1. (1993년도의 서해페리호 침몰 사고 당시) 구조대가 도착했을 때는 배가 벌써 가라앉았어.
2. 어제 파티에 갔더니 벌써 끝났더구먼.
3. (너 아까 왜 그 친구하고 점심 먹으러 가지 않았니?) 난 이미 점심을 먹었거든.
4. 친구 배웅하러 공항에 갔더니 비행기가 이미 출발했더구먼.

5. 작년에 그 친구를 만나러 집에 찾아갔더니 벌써 어디론가 떠나버렸어.
6. 어제 쇼핑하고 나서 친구하고 영화 봤어.
7. 드디어 마지막 초대 손님이 도착해서 우린 파티를 시작했지.
8. 우리 부모님은 1970년에 처음 만나서 1972년에 결혼하셨어.

위의 예문을 잘 읽어보면 1번부터 5번까지의 문장들의 공통상황과 6번부터 10번까지 문장들의 공통상황의 의미상 차이점을 느낄 수 있을 것이다. 6번부터 10번까지의 문장들도 각 문장 내에서 먼저 일어난 사건이 있고 나중에 일어난 사건이 있지만, 이 두 사건이 발생한 시점의 차이가 중요한 의미를 내포하지 않는다.

예를 들어, 6번 문장의 경우를 보면 영화를 먼저 볼 수도 있고 쇼핑을 나중에 할 수도 있다. 특히 두 사건의 발생순서가 중요한 결과를 가져올 만큼 중요하지도 않다. 다만 사건의 발생순서를 차례로 나열한 것에 불과하기 때문에, 이런 경우에는 두 사건 모두 단순히 과거형으로 써 주면 된다. 9번 문장의 경우도 마찬가지이다. 두 사건의 시간차이가 90년간의 간격이 있다하더라도, 이 시간의 차이가 중요한 결과를 가져오는 것이 아니기 때문에, 과거형으로 써 주면 된다.

그러면 1번부터 5번까지의 문장들을 다시 한 번 읽어보고 상황과 의미를 생각해 보자.

두 사건이 발생한 시간의 차이가 얼마인가는 중요한 문제가 아니다. 다만 시간의 차이가, 즉 두 사건의 발생시간의 차이가 중요한 결과를 가져왔을 때는, 다시 말하면 사건이 발생한 순서가 원치 않는 결과를 가져왔을 때는, 먼저 일어난 사건을 과거완료형으로 써줌으로써 두 상황 간의 중요한 관계를 보여줄 수 있는 것이다. 예를 들어 1번 문장의 상황을 한

번 생각해 보자. 만약 배가 가라앉기 전에 구조대가 먼저 도착하였더라면 많은 인명을 구출할 수 있었을 것이다.

1번부터 5번까지의 문장들의 상황에서 보듯이, 과거완료형의 상황과 과거형의 상황은 순리대로 일어나지 않은 상황들이다. 순리 순서대로 발생하였다면 다음과 같은 후회 등은 하지 않았을 것이다. 조금만 일찍 도착했더라면 파티에 참석할 수 있었을 텐데, 조금만 늦게 점심을 먹었더라면 같이 먹을 수 있었을 텐데, 조금만 일찍 갔더라면 친구를 배웅할 수 있었을 텐데, 조금만 일찍 찾아보았다면 가지 말라고 했을 텐데 등의 상황이 두 상황의 뒤바뀐 발생 순서를 보여준다.

1번부터 5번까지 문장의 이와 같은 과거완료시제의 상황은 현재완료시제에서 찾아볼 수 없는 상황으로써 이미 발생한 상황을 논하는 과거완료시제와 과거시제의 관계에서만 찾아볼 수 있는 상황이다.

위의 예문들을 영어로 표현해 보겠다.

1. The ship had sunk when the helicopter arrived.
2. The party had finished when I got there.
3. I had already had dinner(when he invited me to dinner).
4. When I arrived at the airport, the plane had already taken off.
5. When I went there he had already gone away.

그러나 6번부터 10번까지의 예문들은 과거형으로 표현하면 된다.

6. I went shopping yesterday. Then I went to the movies with a friend.
7. The last guest arrived and the party started.

8. My parents first met in 1970 and got married in 1972.
9. The first explosion was in 1990 and the second one was in 1990.
10. Where did you go after you visited England?

단순히 김 선생은 떠났고 이 선생은 도착했지 라는 문장을 Kim had already left when Lee arrived. 로 잘못 표현한다면 두 사람의 행위의 순서가 중대한 결과를 가져온 것 같은 뉘앙스를 제공하게 된다. 그러나 그 친구를 만나러 헐레벌떡 뛰어갔는데, 그 친구는 방금 전에 떠났다고 한다 라는 상황에서는 당연히 When I arrived he had already left. 로 표현해 주어 언어의 경제성과 의미전달의 극대화를 가져올 수 있는 것이다.

(3) 과거완료시제의 속성

과거영역에 있는 두 사건이나 상황을 이렇게 과거완료시제와 과거시제로 구분하는 데는 영어의 시간대가 가지고 있는 논리성에 기인한다. 같은 영역 내에서 확실하게 한정할 수 있는 두 시점에서 발생한 상황사이에서 우리는 인과 관계를 찾아볼 수가 있기 때문에, 두 시점의 상황을 각기 별개의 시제로써 구분하여 관계설정을 명확히 해 줄 수 있는 것이다. 한편으로는 현재완료시제에서 볼 수 있는 연계성의 속성이 과거완료시제에서는 시간대의 특수성으로 인해 양상이 조금 다르게 나타난다.

순차적 연계성

두 행위, 사건의 발생순서가 중요할 때, 먼저 일어난 사건을 과거완료형으로 써주고, 후에 일어난 사건을 과거형으로 써준다.

순서에 초점을 맞추어 다음 영어 예문을 읽기 바란다.

1. When I had closed the windows I opened the door of the cage.
2. When he had washed his hands he examined the wound.
3. When the water had been boiled she poured it into her tea.
4. When he had said the Lord's Prayer he sat down.
5. When she had known him for a year she invited him to her house.

위의 예문에서 보듯이 일련의 두 상황들은 반드시 순서를 확실히 구별해 주어야만 말하고자 하는 의미를 정확히 전달할 수 있다. 위의 예문을 하나씩 살펴보겠다.

1. When I had closed the windows I opened the door of the cage.

이 문장의 경우, 새장 문을 먼저 열고 창문을 닫을 경우에는 새가 밖으로 날아갈 수도 있기 때문에, 반드시 창문을 먼저 닫은 후 새장 문을 열었다는 의미이다. 이 두 순서가 뒤바뀌게 되면 원치 않는 결과가 발생할 수 있기 때문에, 이 상황에서는 순서가 중요하기 때문에 과거시점의 상황, 즉 과거형으로 표현한 상황보다 더 먼저 일어난 상황을 과거완료형으로 표현해 주었다.

2. When he had washed his hands he examined the wound.

먼저 손을 깨끗이 닦은 후 상처를 살펴보아야 하는 상황이기 때문에, 여기에서도 순서가 매우 중요한 역할을 하는 것을 볼 수 있다.

3. When the water had been boiled she poured it into her tea.

일단 완전히 끓인 물을 넣어야만 차 맛이 제대로 나기 때문에, 이 상황에서도 순서가 중요하여 물을 끓인 행위를 과거완료형으로 표현하였다.

4. When he had said the Lord's Prayer he sat down.

만약 이 상황을 과거시제로 표현하여 When he said the Lord's Prayer, he sat down 라고 하면 앉아서 기도했다는 의미도 될 수 있다. 따라서 기도를 한 행위를 과거완료형으로 표현해서 순서를 확실하게 잡아주어야만 서 있는 상태로 기도를 하고 난 후에 앉았다라는 상황이 된다.

5. When she had known him for a year she invited him to her house.

이 문장도 1년을 사귀고 난 후에야 비로소 그 친구를 자기 집에 초대했다는 상황을 보여준다. 즉 순서가 중요하여 과거완료형과 과거형으로 두 상황을 묘사한 것이다.

이렇게 두 사건의 발생 시간의 간격이 크거나 작거나에 상관없이, 순서가 중요할 때는 먼저 일어난 사건을 과거완료시제로 써주면 된다. 우리말로 굳이 옮기자면, 일단 을 하고나서 의 상황이 바로 과거완료시제의 상황일 것이다. 이렇게 과거완료시제로 표현한 상황에서 우리는 순서의 중요성, 즉 순차적 연계성의 속성을 엿볼 수 있다.

위의 예문을 우리말로 표현해 보겠다.

1. 일단 창문을 닫고 나서 새장 문을 열었다.
2. 우선 손을 씻은 후에 그는 상처를 살펴보았다.
3. 일단 물을 팔팔 끓이고 나서 그 물을 차에 부었다.
4. 주기도문을 외우고 나서 그는 자리에 앉았다.
5. 1년을 사귀고 난 후에야 비로소 그를 집에 초대했다.

과거시제에서 설명했듯이 과거의 사건들을 먼저 일어난 순서대로 차례대로 기술하고자 하면 과거시제만으로도 충분히 사건의 순서를 보여줄 수 있다. 그러나 한정된 과거시점의 상황보다 더 먼저 일어난 과거의 상황을 묘사할 필요가 있을 때는 과거완료시제의 형식을 사용하여 표현한다. 다시 말하면 과거영역에서 사건이 일어난 순서대로 표현하는 것이 아니라, 예를 들어 과거시점의 상황을 논하는 도중에 그 보다 더 먼저 일어난 과거의 상황을 들추어 낼 때는, 이 상황을 과거완료시제로 표현해 줌으로써 상황설정의 시점을 분명히 해 주는 것이다.

지금까지 설명한 순차적 연계성이 과거완료시제가 가지고 있는 가장 기본적인 속성이다. 과거의 시점에서 이보다 더 먼저 일어난 상황 사건을 과거완료시제로 표현하여 대조 대비시키는 형식이 소설에서도 많이 사용하는 기법 중의 하나다.

Trevayne sat on the hotel bed, fighting to keep his eyes open, to keep his attention on the neatly typed pages in front of him. He knew he was losing the fight, and so he reached for the telephone and requested a call for seven in the morning.

He'd [had] left Aaron Green shortly after one o'clock, much earlier than he'd [had] expected. Green had offered him lunch, but Andy [Trevayne] had declined, making a feeble excuse that he had to drive into New York--business undisclosed (Robert Ludlum의 Trevayne에서 인용).

위의 두 문단을 보면 2개의 문단이 사건이 일어난 순서대로 기술된 것이 아니고, 두 번째 문단의 상황이 첫 번째 문단의 상황보다 더 먼저 발생하였던 상황이라는 것을 과거완료시제의 형식으로 보여준다. 즉 주인공 Andy Trevayne이 호텔방에 돌아오기 전에 이미 Aaron Green을 만난 것이다. 즉 Green씨를 만난 후(과거완료시제로 표현된 문단), 지금 호텔방에 들어와서(과거시제로 표현한 첫 번째 문단), Green씨를 만났던 상황

(과거완료시제로 표현한 두 번째 문단)을 생각하고 있다고 이해하면 된다.

역행적 연계성

이 역행적 연계성은 지금시점에서 지금시점 미만의 상황을 표현하는 현재완료시제의 영역에서는 찾아볼 수 없는 속성이다. 역행적 연계성은 두 시점으로 연결된 과거영역에서의 상황, 즉 이미 발생한 상황에서만 가능한 속성이다. 참과 거짓을 알 수 있는 과거 상황은 우리는 후회할 수도 있고 회상할 수도 있기 때문이다. 즉 과거영역에서 일어난 두 시점의 상황을 의미적으로, 그리고 시간적으로 돌려놓고자 하는 바람에서 나온 시제이다. 예문을 보며 설명하겠다.

① 의미적 역행성

과거시점(과거영역에서는 지금시점에 해당됨)에서 볼 때, 과거완료시제로 표현된 상황과 과거시제의 상황 사이에서 우리는 정 반대의 상황이나 의미를 찾을 수 있다.

다음 영어 예문들이 모두 소설에서 인용한 문장들이라고 하자. 소설에서는 지금시점의 상황이 모두 과거시점의 상황으로 표현된다는 것을 염두에 두고 다음 예문들의 상황을 살펴보자.

1. I had thought life was an easy game to play (now you taught me how tough life could be).
2. I had been a miserable old-maid (before I met you).
3. Whisky had tasted so good then.
4. I had not realized then that I had any feelings for him.
5. He had never driven a car before he moved to Seoul.

과거완료시제에 초점을 맞추어 위의 영어 예문들을 살펴보겠다.

1. I had thought life was an easy game to play (now you taught me how tough life could be).

이 문장에서 had thought 에 초점을 맞추면 전에는 (그렇게) 생각했지만 이제는 (그렇게) 생각하지 않는다 의 의미이다. 소설에서 우리말의 여기에서 이제는 은 과거시점을 지칭한다는 것을 잊지 말자.

2. I had been a miserable old-maid (before I met you).

이 문장의 경우도 (너를 만나기 전에는) 나는 불쌍한 노처녀였다 라는 의미로 이제는 (과거시점임) 그런 상황에 있지 않다는 말이다.

3. Whisky had tasted so good then.

과거완료시제로만 표현한 영어 문장은 가능하지 않다고 했다. 그러나 이 문장은 소설, 즉 과거시제로 쓰인 상황에서의 일부라고 생각하면 된다. 즉 이제는 술이라는 것이 얼마나 나쁜지 알게 되었지만, 그 전에는 술맛이 너무 좋았다는 의미이다.

4. I had not realized then that I had any feelings for him.

이 문장의 경우도 그 당시에는 그 사람에게 좋은 감정이 있는지 몰랐지만, 이제는 그 사실을 깨닫게 되었다는 상황이다.

5. He had never driven a car before he moved to Seoul.

이 문장의 경우도 서울로 이사 오기 전 까지만 해도 운전을 전혀 해 보지 않았지만, 이제는 상황이 달라졌다는 것을 의미한다.

위의 설명에서 두 가지 문제점을 발견할 수 있을 것이다. 첫째로, 이제는 이라는 우리말 표현 때문에, 과거시제로 표현한 상황들이 흡사 지금 시점의 상황을 지칭하는 것처럼 들릴 수가 있다. 과거시제에서의 now 가 우리말에서는 과거시점으로 해석하기가 힘들기 때문에 이렇게 지금시점의 상황을 묘사하는 것 같이 들리는 것이다. 그러나 여기에서 이제는 은 과거시점을 말하는 것이다. 둘째로, 3번 예문에서 볼 수 있듯이, 과거완료시제의 상황을 우리말로 옮길 때, 예를 들어 좋았다 라고 옮기는 대신에 좋았었다 라고 하면 좀 더 과거완료시제의 상황에 적합한 표현이 될 것이지만 자연스러운 우리말 표현이 아니라고 생각한다. 대신에 이제는 이 과거완료시제와 과거시제의 경계선 역할을 한다고 보면 되겠다.

과거시제로 서술되는 소설이나 글에서 과거완료시제로 묘사되는 부분은 이렇게 지금의 상황(과거시점에서 본 상황)과는 반대상황이었다는 것을 의미해 줄 때가 많다. 과거완료시제의 형식과 과거시제의 형식을 대비하여 반대상황이나 반대결과를 보여주는 역행성 연계성의 속성은 앞에서 설명한 순차적 연계성과 함께 소설에서도 많이 찾아볼 수 있는 속성이다.

② 순차적 역행성

문자 그대로 두 사건의 순서가 바뀌었더라면 본래의 목적을 달성했을 수 있었던 상황에서 먼저 일어난 사건을 과거완료시제로 써 준다. 이렇게 두 사건이 일어난 시간의 차이가 중요하거나 중대한 결과를 가져왔을 때 사용한다.

1. The ship had sunk when the rescuers arrived.
2. When I arrived at the party, she had already gone home.
3. When we arrived at the theater the movie had already begun.
4. My uncle had died when I finally visited him last year.
5. He had (already) been executed when a witness finally showed up.

위의 영어 예문을 과거완료시제의 상황에 초점을 맞추어 살펴보자.

1. The ship had sunk when the rescuers arrived.

이 예문의 경우, 구조대가 도착했을 때는 이미 배가 가라앉아 버린 상황으로, 순리대로라면 배가 가라앉기 전에 구조대가 도착했어야 되었다는 상황을 내포하고 있다.

2. When I arrived at the party, she had already gone home.

이 문장의 경우도 내가 도착했을 때는 이미 그 친구는 떠나고 말았기 때문에, 두 상황의 순서가 바뀌었더라면 좋았을 것이었다는 의미이다.

3. When we arrived at the theater the movie had already begun.

영화가 시작하기 전에 도착을 했어야 했는데, 그만 영화가 시작한 다음에 도착했다는 의미이다.

4. My uncle had died when I finally visited him last year.

이 예문의 경우도 삼촌께서 돌아가시기 전에 찾아뵈었어야 했다는 상황을 보여준 것이다.

5. He had (already) been executed when a witness finally showed up.

그 사람이 처형이 되기 전에 증인이 나타났어야 했는데, 불행히도 순서가 뒤바뀌어 죽고 난 다음에서야 증인이 나타났다는 상황이다.

이렇게 두 상황의 발생순서가 뒤바뀌어 원치 않는 결과를 가져왔을 때는, 두 사건 사이의 발생시간의 간격에는 상관없이, 먼저 발생한 사건을 과거완료시제로 표현하고, 후에 발생한 사건을 과거시제로 표현하여 발생순서가 뒤바뀌어 본래의 목적을 달성하지 못하게 된 상황을 보여주는 것이다.

이 뒤바뀐 상황을 강조하기 위해서 과거완료형으로 표현한 절에

already를 첨가하면 순서가 뒤바뀐 상황이 더욱 절실하게 다가온다.

과거완료시제의 속성을 가장 잘 대표하는 것이 바로 이 역행적 연계성이다. 두 상황의 발생순서가 뒤바뀌어 원치 않는 결과를 가져왔을 때, 이렇게 시제의 구분만으로도 의미를 정확하고 생동감 있게 보여줄 수 있을 뿐 아니라, 경제적으로 언어를 사용할 수 있게 한다.

가정법 과거완료시제로 표현할 수 있는 상황을 이렇게 직설법으로 표현하여, 시제의 구분만으로도 훌륭하게 의미전달과 언어사용의 경제효과를 가져올 수 있다.

확증적/인과적 연계성

과거시점 미만의 상황을 과거시점에서 들추어내어 확인하거나 묘사할 때, 과거시점 미만의 상황을 과거완료시제로 표현한다. 다음 예문들을 두 상황 간의 관계에 초점을 맞추어 살펴보자.

1. She wasn't home when I arrived. She had just gone out.
2. I wasn't hungry. I had just had lunch.
3. I was very happy when he showed up. I had not seen him for ages.
4. My teacher, who had waited for me since 10:00, was not angry with me when I finally arrived.
5. They suddenly tore down the old church which had been there for 100years.
6. My car had been fixed by the time I arrived at the garage.
7. When she entered her room, she could feel that there had been someone in the room.
8. When I came home, I found that someone had broken into my house.

확증적/인과적 연계성은 현재완료시제에서 설명한 것과 비슷하다. 강조하고 싶은 점은 과거완료시제의 상황은 과거시점(과거시제로 표현한 부분)의 상황을 포함하지 않는다는 것이다. 우리말로 옮기기 전에 3번, 6번, 7번, 8번의 예문만 분석해 보겠다.

3. I was very happy when he showed up. I had not seen him for ages.

이 문장에서 과거완료형으로 표현한 I had not seen him for ages 의 상황은 그 사람이 나타난 과거시점의 상황을 포함하지 않는다. 따라서 과거시점에서 볼 때 지금 만나고 있는 상황(과거시제의 상황)이 가능한 것이다.

6. My car had been fixed by the time I arrived at the garage.

정비소에 도착했을 때는, 즉 도착한 시점 전에 이미 차를 다 고쳐놓은 상황이었다는 의미이다.

7. When she entered her room, she could feel that there had been someone in the room.

그 사람이 방에 들어가서 이미 어떤 사람이 들어왔다 나간 것을 알 수 있었다는 상황이다. 이 예문을 단순히 과거형으로 When she entered her room, she could feel that there was someone in the room. 이라고 표현하면, 방에 들어선 시점에 누군가가 그 방에 있는 것을 알 수 있었다는 의미가 된다.

8. When I came home, I found that someone had broken into my house.

이 문장도 집에 도착했을 때는 이미 도둑이 다녀간 것을 알았다는 상황이다.

위의 예문을 과거완료시제의 상황에 초점을 맞추어 우리말로 옮겨 보겠다.

1. 집에 도착하니 그 친구가 방금 나갔대.
2. 방금 점심을 먹어서 배가 고프지 않았어.
3. 그 친구를 오랫동안 못 만났기 때문에, 드디어 그 친구가 나타났을 때는 굉장히 반가웠어.
4. 선생님이 10시부터 기다리셨는데도 늦게 도착한 나에게 화도 안 내셨어.
5. 그들은 100년간이나 있었던 교회건물을 부셔 버렸지.
6. 정비소에 도착했을 때는 이미 차를 다 수리해 놓았더라.
7. 내 방에 들어가 보니까 어떤 사람이 들어왔다 나간 것을 느끼겠더라.
8. 집에 돌아오니 이미 도둑이 다녀간 것을 알았어.

이번에는 우리말로 옮긴 문장을 보고 역으로 영어로 표현한 후 위의 영어 예문들과 비교해 보자. 과거시제로 표현할 부분을 먼저 결정한 후에 과거완료시제로 쓸 부분을 찾아보기 바란다.

과거완료시제는 완료시제이기 때문에 완료시제가 갖는 속성, 즉 확증적/인과적 연계성을 포함하지만, 확실한 과거영역의 사실, 상황, 사건들을 표현하는 시제이기 때문에, 과거완료시제만이 갖는 순차적 연계성과 역행적 연계성도 내포한다.

4. 과거완료시제와 인근시제

(1) 과거완료시제와 과거완료진행시제

과거완료시제의 상황은 한정된 과거시점에서 과거시점 미만의 상황으로 국한되었기 때문에 그 과거시점의 상황과 그 과거시점 이후에 진행된 상황하고는 아무 상관이 없다. 그러나 시간은 말하고 있는 시점에 붙잡아

맬 수 없기 때문에, 정해진 과거시점을 지나서 계속 진행된 상황이나 한정된 과거시점을 포함하는 상황에는, 다시 말하면 시점 미만과 시점 이하의 차이가 별로 중요하지 않을 때는 과거완료시제나 과거완료진행시제로 표현하면 된다. 그러므로 앞뒤 문맥을 잘 살펴보는 것이 중요하다. 그러나 시간의 경과나 진행자체를 논하는 상황에는 진행형 시제가 생동감있는 의미와 상황을 제공해 준다. 이 부분은 과거완료진행시제에서 다시 설명하겠지만, 여기에서 잠시 언급하겠다.

1. The landlady had lived in this house since she got married, and had no desire to move to a modern townhouse.
2. John had lived alone for 10 years since his wife died, and had no wish to remarry.

위의 두 문장 모두 과거시점에서 바라본 과거시점 미만의 상황을 과거완료시제로 써 주면서 시간의 기간을 표시해 주었다. 그러나 시간은 과거시점에서 붙잡아 둘 수 없기 때문에, 과거완료형으로 표현된 행위가 과거시점에도 계속되는 것을 볼 수 있다. 그러나 이 문제는 시간이라는 특수한 개념에 관한 것일 뿐이지, 말하고자 하는 의도는 지금시점 미만의 기간을 의미한 것뿐이다. 현재완료시제에서 설명했듯이, 이렇게 위의 예문들 같이 시간의 duration을 의미할 때는 과거완료시제도 무난하지만, 과거완료진행시제로 표현하는 것이 상황과 의미에 생동감을 더해 준다.

(2) 과거완료시제와 과거꼴 시제의 비교

과거영역에서 과거시제와 같이 사용할 수 있는 시제들을 비교하면서 과거시제, 과거진행시제, 과거완료시제의 상황을 살펴보겠다.

1. My husband had (already) gone out when his boss phoned.
2. He was taking a hot bath when his boss phoned.
3. He answered the phone when it rang.

위의 예문들은 모두 과거영역을 when이 이끄는 절로 한정한 상황이다. 즉 when이 이끄는 절이 기준이 되는 과거시점이고, 이 시점을 기준으로 각기 과거완료형, 과거진행형, 과거형으로 표현한 문장들이다.

1. My husband had (already) gone out when his boss phoned.

이 예문의 상황에서 과거완료형으로 표현한 상황이 과거형으로 표현한 상황보다 더 먼저 발생한 상황이다. 이렇게 두 상황을 과거완료형과 과거형으로 표현한 것으로 보아 두 사건의 발생순서가 순서가 중요한 의미를 나타내고 있는 것 같은 느낌을 받을 수 있다.

2. He was taking a hot bath when his boss phoned.

이 문장의 상황은 기준이 되는 시점 부근에서 진행되고 있던 상황을 표현한 것이지만, 이렇게 진행형으로 묘사한 것으로 보아 진행 중의 상황이 중도에 그쳤을 것이라고 생각할 수 있다.

3. He answered the phone when it rang.

이 예문에서는 두 상황을 모두 과거형으로 표현하였기 때문에, 두 상황의 순서가 순리적이거나, 순서가 별로 중요하지 않거나, 거의 동시에 일어난 상황이거나, when이 이끄는 절의 상황 후에 주절의 상황이 일어난 것을 알 수가 있다.

위의 예문들을 우리말로 표현해 보겠다.

1. 우리 남편의 상사가 전화했을 때는 그이는 이미 외출한 상태였어.
2. 우리 남편이 목욕하고 있는데 그의 상사가 전화했어.
3. 전화가 와서 우리 남편이 전화 받았지, 뭐.

순서의 중요성을 부각시키거나, 순리 순서대로 발생하지 않아서 중요한 결과를 가져온 상황들은 이렇게 과거완료시제와 과거시제로 구분하여 표현하면 된다. 과거영역에서 진행되고 있던 상황이 완료되지 못하고 중도에 그쳤을 때는 중도에 그친 상황을 과거진행형으로 표현하면 되겠고, 순리 순서대로 발생한 상황이나 사건 발생의 순서가 중요하지 않을 경우에는 과거시제로 표현하면 된다.

5. 과거완료시제의 결론

과거시점의 상황은 과거시제로 표현해 준다. 아무리 긴 세월을 두고 일어난 일이라도 일단 과거의 사건이 되어버리면, 시간의 길고 짧음에 상관없이 시점이 되어 버린다고 설명하였다. 과거시제와는 달리 과거완료시제는 과거시제와 병행하여 사용하는 경우가 많기 때문에, 두 시제의 관계설정에 의해서 과거완료시제의 진가가 나타나는 것이다.

다시 말하면 과거완료시제는 홀로 독립해서 사용할 수 없는 시제이기 때문에, 반드시 과거영역에서 또 다른 과거시점과 불가분의 관계를 맺어야 한다. 따라서 과거완료시제는 그 자체로는 완전한 시제가 될 수 없고,

반드시 과거 시간대 영역을 보여주는 과거시제 문장이나 과거시점을 보여주는 문맥, 상황 등이 있어야만 사용이 가능하다.

즉 이미 발생한 상황 사이에서 과거완료시제를 논하기 때문에 완료시제의 속성인 연계성이 과거완료시제에서는 다양하게 나타난다. 두 사건 상황의 발생순서가 중요할 때는 이 순서를 정확하게 전달하고자 하는 순차적 연계성의 속성을 과거완료시제의 상황에서 찾아볼 수 있다. 또한 한정된 과거시점의 상황과 그 과거시점 이전의 상황 간의 극적인 상황변화나 의미의 대조 대비를 명확하게 보여주는 의미적 역행성과 순차적 역행성의 속성도 찾아 볼 수 있다. 현재완료시제는 지금시점에서 지금시점 미만의 과거영역을 바라보는 시제이고, 과거완료시제는 과거시점에서 과거시점 미만의 과거영역을 바라보는 시제이다. 따라서 완료시제의 공통 속성인 확증적/인과적 연계성을 과거완료시제의 상황에서도 찾아볼 수 있다.

09 과거완료진행시제

The Past Perfect Continuous Tense

1. 과거완료진행시제의 문자적 의미

과거완료진행시제는 문자 그대로 과거완료시제에 진행 시제를 추가한 것이다. 지금시점 이하의 상황을 시간의 경과와 진행에 초점을 맞춘 시제가 현재완료진행시제인 것과 마찬가지로, 한정된 과거시점 이하의 상황을 진행과 시간의 경과에 초점을 맞춘 시제가 과거완료진행시제이다. 따라서 과거완료진행시제는 한정된 과거시점에서 과거시점 이하의 진행을 한정, 구속시켜, 두 시점을 연결하는 시간대의 진행에 관한 형식이다.

2. 과거완료진행시제의 일반적 개요

시간의 경과나 진행은 한 시점에서 꼭 잡아맬 수 없는 성질을 가졌기 때문에, 아무리 시간을 한정된 과거시점에서 구속해 준다 해도 시점의 상황을 포함할 수가 있다. 현재완료시제에서 설명했듯이, 과학적으로 정밀하게 양 quantity 을 측량할 수 있는 상황에는 완료시제가 바람직하고, 정밀하게 측량을 하기 힘든 시간의 경과나 진행의 상황에는 완료진행시제가 더 바람직하다고 설명하였다. 과거완료진행시제에도 적용되는 이 논리를 살펴보겠다.

다음 예문을 읽고 과거시점의 상황과 과거시점 이하의 완료진행상황을 구별해 보자.

1. 어제 부모님이 여행에서 돌아오셨을 때까지 우리는 5시간이나 집안 청소를 했지.
2. 10시간이나 리허설을 하고 나서 교수님이 집에 가라고 하셨어.
3. 우리 남편이 집에 돌아왔을 때는 완전 녹초였어. 24시간이나 비행기를 탔거든.

시간의 경과나 진행의 상황에 초점을 맞추어 위의 예문들을 살펴보자.

1. 어제 부모님이 여행에서 돌아오셨을 때까지 우리는 5시간이나 집안 청소를 했지.

이 예문의 상황을 살펴보자. 집에 돌아오신 행위는 시점으로 표시할 수 있는 상황임에 반하여, 그 시점까지 청소를 한 행위는 완료진행형에 속하는 시간대의 상황일 것이다. 즉 청소를 하고 있었던 진행상황을 한정된 과거시점(즉 부모님이 돌아오신 시점)으로 한정, 구속한 상황이다. 다만 부모님이 돌아오신 시점에도 청소를 하고 있었는지는 모르는 상황이지만, 문맥으로 보아 그 시점을 포함할 수도 있는 상황이다. 중요한 것은, 완료진행시제의 상황은 진행의 경과가 반드시 한정된 과거시점에서 또는 그 시점 미만에서 완료가 되어야 하는 상황은 아니다.

2. 10시간이나 리허설을 하고 나서 교수님이 집에 가라고 하셨어.

이 예문에서도 집에 가라고 말씀하신 행위는 시점에 속하는 상황이고, 시점 전까지 진행된 행위는 완료진행형에 속하는 시간대에 관한 상황이다.

3. 우리 남편이 집에 돌아왔을 때는 완전 녹초였어. 24시간이나 비행기를 탔거든.

이 예문의 상황은 위의 상황들과는 약간 다르다. 집에 돌아온 시점과 그 시점의 상황은 과거형으로 표현할 수 있지만, 이 한정된 과거시점의 상황은 그 시점 전까지의 진행과 시간의 경과로 인해 생긴 결과로 볼 수 있다.

영어로 옮기기 전에 위의 우리말 예문들의 상황이 어디에 초점을 두고 있는지 살펴볼 필요가 있다. 3개의 문장 모두 5시간이나, 10시간이나, 24시간이나 로 표현하면서 시간의 경과에 초점을 맞춘 것으로 보아 이 부분을 과거완료진행형으로 표현하면 된다.

위의 예문을 영어로 옮겨 보겠다.

1. We had been cleaning for five hours when our parents came back from the journey.
2. We had been rehearsing for ten hours before the professor let us go home.
3. My husband was exhausted when he came home. He had been flying for 24 hours.

3. 과거완료진행시제의 논리적 접근

(1) 과거완료진행시제의 영역

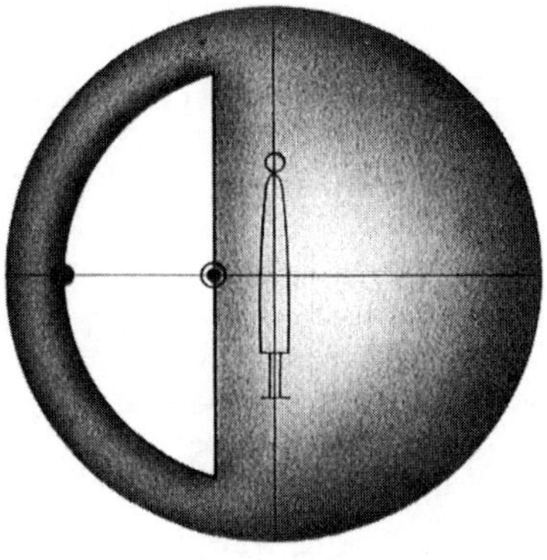

그림 9-1 **과거완료진행시제의 영역**

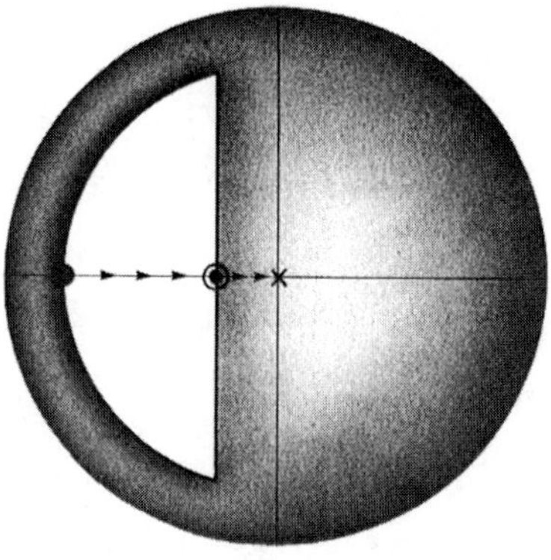

그림 9-2 **과거완료진행시제 1**

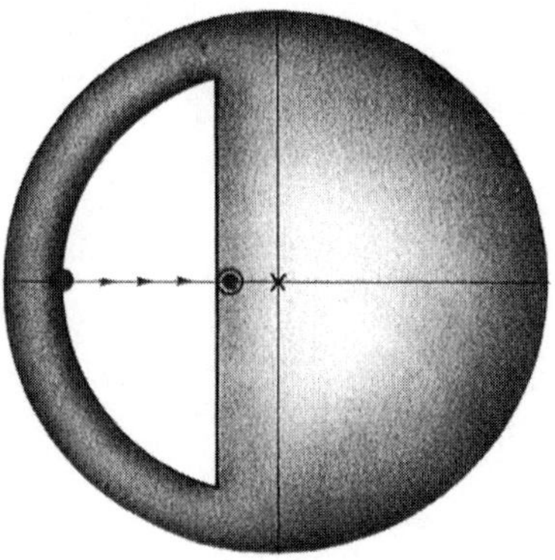

그림 9-3 **과거완료진행시제 2**

그림에서 보듯이 과거완료진행시제는 한정된 과거시점 이하의 상황을 묘사하기 때문에, 과거시점도 포함하여 선분으로 한정하여 시간대 설정을 하여 주었다. 과거완료진행시제는 이 시제만으로 홀로 자립하여 기능할 수 있는 시제가 아니다. 반드시 과거영역의 문맥(context)안에서만 과거완료진행시제의 존재의의를 찾을 수 있다. 지금시점의 상황과는 아무 연관이 없는 시제이므로, 반드시 과거시점의 문맥(context)과 연계를 가져야 한다.

과거완료진행시제가 존재하기 위해서는 반드시 두개의 과거시점이 필요한 것을 볼 수 있다. 다시 말하면 두 과거시점 사이의 시간대의 상황을 진행과 시간의 경과에 초점을 맞춘 시제이기 때문에, 우리가 시점의 시제인 과거진행시제의 상황에서 볼 수 있는 중단적 한시성을 찾아볼 수가 없다. 이러한 의미에서 과거완료진행시제는 시간대의 시제로써 완료진행시제인 것이다.

또한 과거완료진행시제는 한정된 과거시점의 상황을 포함할 수도 있기 때문에, 과거시점을 포함하여 이 시점을 지나서도 진행이 되었었을 상황을 과거시점에서 한정할 수도 있다. 또 한편으로는 과거완료진행시제는 과거시점 이하의 상황을 묘사하기 때문에 한정된 과거시점 미만에서 완료가 된 진행상황도 묘사할 수 있다.

(2) 과거완료진행시제의 논리적 고찰

완료진행시제는 한정된 시간대의 상황을 진행이나 시간의 경과에 초점을 맞춘 형식이다. 과거영역에서 진행이 계속되고 있었던 도중에 돌발의 사건이 생겨서 진행을 부득이 멈추어야 했던 상황을 묘사하는 시제가 아니다. 다만 진행의 계속을 한 시점으로 한정, 구속하여 그 시점 이하의 상황을 묘사하는 형식이 완료진행시제인 것이다.

어느 한 과거시점에서 진행이 시작되어 계속되고 있던 상황을 또 다른 과거시점에서 한정하여 과거완료진행시제로 묘사할 경우에는 다음과 같은 상황으로 생각해 볼 수 있다. 과거시점 전에 이미 진행이 끝난 상황을 진행과 시간의 경과에 초점을 맞추어 기준이 되는 그 과거시점에서 바라볼 수 있는 상황도 있겠고, 과거영역에서 계속 진행이 되고 있는 상황을 단순히 기준이 되는 과거시점에서 한정, 구속시킨 상황도 있겠다. 특히 후자의 경우에는 진행의 상황이 한정된 과거시점에도 연결이 될 수 있는 것을 볼 수 있다.

결과적으로 과거완료진행시제는 과거시점 이하의 상황, 즉 위에서 언급한 상황들을 진행과 시간의 경과에 초점을 맞추어 묘사하는 형식인 것이다. 특히 과거시점 이하의 상황은 과거시점의 상황도 포함할 수 있다고 생각하면 과거완료진행시제로 표현한 상황은 기준이 되는 과거시점에서도 행위의 진행이 계속될 수도 있는 상황이다.

시간의 경과를 거치면서 진행되어 온 행위의 결과나 영향이 지금시점의 상황으로 나타났을 경우에는, 비록 지금시점에서 보면 진행이 끝난 행위일지라도, 이러한 결과를 가져 온 행위를 진행에 초점을 맞추어 현재완료진행시제로 표현한다고 설명하였다.

같은 논리로, 과거 한 시점에서 시작한 행위가 시간의 경과를 거쳐 진행되어 온 결과가 한정된 과거시점의 상황으로 나타났을 때는, 비록 한정된 과거시점 미만에서 진행이 끝난 행위일지라도, 이러한 결과를 가져온 상황을 진행과 시간의 경과에 초점을 맞추어 과거완료진행시제로 표현하면 된다.

다음 예문을 먼저 영어로 표현해 보기 바란다.

1. 나 어제 (버스가 드디어 왔을 때까지) 버스 오래 기다렸어.
2. 오늘 아침에 보니 땅이 축축이 젖었더라. 밤새 비가 온 모양이야.

3. 어제 퇴근하고 내 방에 들어가니 담배 냄새가 났어. 누가 내 방에서 담배를 피웠어.
4. 내 친구가 노래를 부른지 1시간이나 되었는데 어떤 사람이 달걀을 던졌어.
5. 어제 저녁 나는 굉장히 피곤했어. 하루 종일 공부했거든.

위의 예문을 진행과 시간의 경과에 초점을 맞추어 자세히 살펴보자.

1. 나 어제(버스가 드디어 왔을 때까지) 버스 오래 기다렸어.

결국은 버스를 탔지만(버스가 왔을 때까지) 오랫동안 기다렸다는 것을 강조하기 위해서는 과거완료진행시제로 표현해 주는 것이 가장 적합하다. 버스가 온 것은 과거형의 상황이고, 기다린 시간과 기다린 행위의 진행은 과거완료진행형의 상황인 것이다. 물론 기다린 행위의 진행이 비록 버스가 온 시점에서 끝났지만, 기다리고 있었던 행위를 오랜 시간의 경과 측면에서 보아 이렇게 과거완료진행형으로 표현하게 되면 오래 기다린 상황에 생동감을 주게 된다.

2. 오늘 아침에 보니 땅이 축축이 젖었더라. 밤새 비가 온 모양이야.

이 예문의 상황은 위의 상황과는 좀 다르다. 이 예문의 경우, 시간을 두고 진행이 되어 온 결과가 과거시점, 즉 오늘 아침에 땅이 축축이 젖어 있는 상황으로 나타난 것이다. 비가 조금 내렸더라면 기준이 되는 과거시점에서의 땅은 젖었지 않았을 것이다. 어느 정도의 진행의 경과가 있어야만 과거시점의 상황으로 발전했을 것이다.

3. 어제 퇴근하고 내 방에 들어가니 담배 냄새가 났어. 누가 내 방에서 담배를 피웠어.

이 예문의 상황도 비슷하다. 다른 점이 있다면 담배를 피운 행위가 바로 얼마 전이라는 사실 뿐이지만 시간의 길고 짧음은 상대적이라는 것을 항상 염두에 두자. 냄새가 여전히 날 정도라면 피운지 얼마 안 된 상황이고, 여전히 냄새가 난다는 사실은 담배를 피운 행위가 꽤 지속된 진행의 결과일 것이다.

4. 내 친구가 노래를 부른지 1시간이나 되었는데 어떤 사람이 달걀을 던졌어.

이 예문의 상황의 초점을 어디에 두느냐에 따라서 과거진행시제로 표현해도 좋고 과거완료진행시제로 표현해도 좋다. 노래를 부르고 있었던 상황이 중단되었다는 사실에 초점을 맞추게 되면 과거진행형으로 써도 좋다. 그러나 이 예문을 반복하여 읽어보면 달걀을 던진 시점까지의 노래 부른 행위 상황이 꽤 오랜 시간동안 지속된 것을 보여주는 예문이다. 즉 중단되기 전까지 얼마나 오랜 시간 노래를 불렀나에, 즉 시간의 경과에 초점을 맞춘 상황이다.

5. 어제 저녁 나는 굉장히 피곤했어. 하루 종일 공부했거든.

기준이 되는 과거시점인 어제 저녁에 피곤했던 이유가 그 시점 전까지 공부를 한 행위의 지속적인 진행의 결과라는 것을 보여주는 것이다. 이 지속적인 진행을 과거완료진행형으로 표현해 주면 된다.

그럼 위의 예문들을 영어로 표현해 보자.

1. I had been waiting long when the bus finally came.
2. When I looked out the window this morning, the ground was wet. It had been raining.
3. When I walked into my room after work, it smelled of cigarettes. Somebody had been smoking in the room.
4. My friend had been singing for an hour when someone threw an egg.
5. I was extremely tired last night. I had been working hard all day.

과거완료시제의 형식은 한정된 과거시점 미만의 상황을 표현하기 때문에, 그 한정된 시점에서 행위 상황이 완료가 될 수도 있고, 완료가 되지 않을 수도 있다. 즉 과거완료시제의 상황은 한정된 과거시점의 상황과는 관련이 없는 시제이다. 그러나 과거완료진행시제는 한정된 과거시점 이하의 상황을 논할 때 사용하는 시제이기 때문에, 과거완료진행시제의 상황은 과거시점 미만의 상황뿐 아니라 과거시점의 상황도 포함할 수 있다. 특히 한정된 과거시점 이하의 상황을 진행이나 시간의 경과에 초점을 맞출 경우에는 과거완료진행시제가 적합하다.

(3) 과거완료진행시제의 논리적 속성

과거완료진행시제의 상황은 진행 시제가 갖는 한시성의 속성을 갖는 동시에, 두 시점 사이의 시간대에 관한 시제이므로 완료시제가 갖는 확증적 연계성과 인과적 연계성도 내포한다. 과거영역에서 진행되고 있던 상황을 한정된 과거시점에서 한정하였기 때문에, 과거완료진행시제는 진행이 계속되다가 과거시점 미만에서 끝난 상황도 포함하고 과거시점의 상황으로 연결된 진행의 상황도 포함한다. 즉 과거완료진행시제는 한정된 과거시점 이하의 상황을 묘사하는 시제형식이다.

확증적 한시성

과거영역에서 시작한 행위 상황을 진행과 시간의 경과에 초점을 맞추면서 기준이 되는 과거시점에서 들추어내어 확인하는 속성이 과거완료진행시제가 기본적으로 가지고 있는 속성이다. 과거완료진행시제의 상황은 기준시점인 한정된 과거시점의 상황도 포함할 수 있기 때문에 진행되고 있던 상황의 완료여부를 과거시점에서 확인하는 시제는 아니다.

다음 영어로 된 예문을 살펴보자.

1. My friend had been waiting for two hours, but he was not angry with me when I finally showed up.
2. My landlady had been living in this house for 50 years since she was born, and had no wish to move to a modern townhouse.
3. I was happy with the squirrel my teacher gave me, because I had been wanting one for a long time.
4. I had been riding for an hour when I realized that I had gotten on the wrong bus.
5. My father had been smoking for 40 years when he finally gave up.
6. I had been playing the cello for two hours when the string broke.

과거완료진행시제의 상황에 초점을 맞추어 위의 예문을 살펴보겠다.

1. My friend had been waiting for two hours, but he was not angry with me when I finally showed up.

이 예문의 경우, 기다리고 있었던 행위는 과거시점에서(즉 내가 나타나서) 끝이 났지만, 2시간이나 오래 기다리고 있었던 행위를 진행과 시간의 경과에 초점을 맞추어 과거완료진행형으로 표현하였다.

2. My landlady had been living in this house for 50 years since she was born, and had no wish to move to a modern townhouse.

이 예문의 상황은 1번 예문의 경우와 약간 다르다. 즉 살고 있었던 행위는 과거시점에도 연결이 되지만, 다만 한정된 과거시점까지의 오랜 기간, 즉 시간의 경과에 초점을 맞춘 상황이다.

3. I was happy with the squirrel my teacher gave me, because I had been wanting one for a long time.

선생님이 주신 시점까지 오랜 기간 동안 다람쥐를 원하고 있었던 상황의 경과에 초점을 맞추었다.

4. I had been riding for an hour when I realized that I had gotten on the wrong bus.

이 예문의 상황에서 보듯이, 버스를 잘못 탄 것을 안 시점에도 그 버스 속에 있었기 때문에, 이렇게 과거완료진행형의 상황은 과거시점을 포함할 수 있는 것이다.

5. My father had been smoking for 40 years when he finally gave up.

한정된 과거시점 미만에서 담배를 피우고 있었던 행위가 끝났음을 알 수 있다. 이미 끝난 행위이지만 그간 오랫동안 담배를 피워왔던 상황의 진행과 시간의 경과를 보여주기 위해 이렇게 과거완료진행형으로 표현하였다.

6. I had been playing the cello for two hours when the string broke.

이 문장의 경우는 과거진행형과 비교해서 잘 생각해 보아야 할 상황이다. 이 문장은 돌발의 사고가 생겨서 중도에서 첼로를 키고 있던 행위의 진행이 멈추었다는 사실에 초점을 둔 것이 아니다. 다만 첼로 줄이 끊어진 시점까지 오랜 시간동안 첼로를 키고 있었던 상황을 시간의 경과와 진행에 초점을 맞춘 것이다.

과거완료진행시제는 위에서 설명한 바와 같이, 한정된 과거시점에서 그 시점 이하의 상황과 행위를 진행이나 시간의 경과에 초점을 맞추어 과거시점에서 묘사하며 확인하는 속성을 가지고 있다.

인과적 한시성

과거시점 미만의 행위 상황이 시간의 경과를 두고 진행되어 온 결과가 한정된 과거시점의 상황으로 나타났을 때, 이 지속된 진행의 상황을 과거완료진행시제로 표현한다. 다시 말하면, 순간적으로 상황이 발생하여 생긴 결과가 과거시점의 상황으로 나타난 것이 아니라, 시간의 경과를 두고 진행되어 온 결과가 과거시점의 상황으로 나타났다고 하면, 이렇게 한정된 과거시점 미만의 진행상황을 과거완료진행시제로 표현하는 것이 의미전달에 훨씬 효과적이다.

이렇게 과거완료진행시제는 한정된 시간대 내에서 두 시점의 상황을 연관시켜 인과관계를 보여주는 한시성의 속성을 내포하고 있다.

이 속성을 자세히 알아보기 위해 다음 예문들을 살펴보자.

1. The President was very tired yesterday, because he had been answering the questions all day.
2. My son had a black eye and a cut lip when he came home after school. He had been fighting.
3. Why were you out of breath when I saw you this morning? I had been running for an hour.
4. When my husband came back from the beach, he looked very red. He had been lying in the sun too long.
5. My son's clothes were oily and dirty, because he had been fixing the car for me.

위의 예문에서 보듯이 과거시점의 사실이나 상황은 그 시점 전까지 어떤 행위나 상황이 시간의 경과를 두고 진행되어온 결과라고 볼 수 있다. 즉 시간의 경과를 두고 진행되어 온 결과가 한정된 과거시점의 상황으로 나타난 것이다.

1. The President was very tired yesterday, because he had been answering the questions all day.

대통령이 어제, 즉 한정된 과거시점에서 피곤했던 이유는 꽤 오랜 시간동안 질문에 답을 하고 있었던 결과라는 의미이다.

2. My son had a black eye and a cut lip when he came home after school. He had been fighting.

이 문장의 경우도, 아들의 얼굴이 그 모양인 것은 아들이 한방 얻어맞았다기보다는, 꽤 시간을 두고 엎치락뒤치락한 결과로 본 것이다.

3. Why were you out of breath when I saw you this morning?

I had been running for an hour.

이 문장의 상황도 마찬가지이다. 한 1분이나 2분 정도 뛰어서는 그렇게 숨이 차지 않았을 것이다. 적어도 오랜 시간을 두고 진행된 상황의 결과로 숨이 찼다는 의미이다.

4. When my husband came back from the beach, he looked very red. He had been lying in the sun too long.

짧은 시간 동안 누워 있으면 얼굴이 그렇게 타지는 않았을 것이다. 오랜 시간동안 누워 있었던 결과로 얼굴이 그렇게 익었다는 의미이다.

5. My son's clothes were oily and dirty, because he had been fixing the car for me.

이 문장의 경우도, 오랜 시간동안 차를 고친 행위가 진행이 되어 그 결과로써 옷이 더러워졌다는 의미이다.

위의 예문에서 보듯이, 과거완료진행형으로 표현된 동사들의 행위가 과거시점에도 일어나고 있었던 것은 아니다. 과거완료진행형으로 표현된 동사들의 진행상황은 이미 과거시점 미만에서 완료가 된 상황이다. 다만 시간의 경과를 두고 진행되어 온 과거완료진행형의 상황의 결과가 과거시점의 상황, 즉 과거시제의 상황으로 나타난 것이다.

이렇게 과거완료진행시제로 표현한 상황의 결과가 과거시점의 상황에 영향을 주거나 결과를 초래하는 인과적 한시성을 과거완료진행시제에서 찾아볼 수 있다.

4. 과거완료진행시제와 인근시제

과거완료진행시제와 과거진행시제는 두 시제 모두 과거영역에서 진행의 상황을 표현하기 때문에, 두 시제 간에 상충되는 부분이 있을 수 있다.

(1) 과거완료진행시제와 과거진행시제

과거진행시제는 과거시점 부근에서 진행되고 있던 상황을 표현하는 시점의 시제이다. 반면에 과거완료진행시제는 한정된 과거시점 이하의 진행상황을 한정된 과거시점에서 구속, 제한하여 표현하는 시간대의 시제이기 때문에, 두 시제를 구별하는 것이 필요하다.

과거진행시제는 한정된 과거시점에서 진행되고 있던 상황을 표현하는 시제로써 진행의 기간이나 시간의 경과를 의미하고자 사용하는 시제가 아니다. 반면에 과거완료진행시제는 한정된 과거시점까지의 상황을 진행에 초점을 맞춘 시간대의 진행시제이기 때문에, 따라서 진행의 시간경과를 표현하는데 적합한 시제이다.

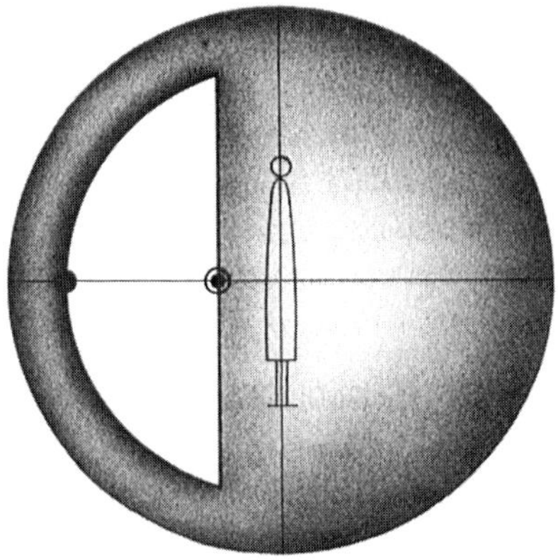

그림 9-4 **과거완료진행시제의 영역**

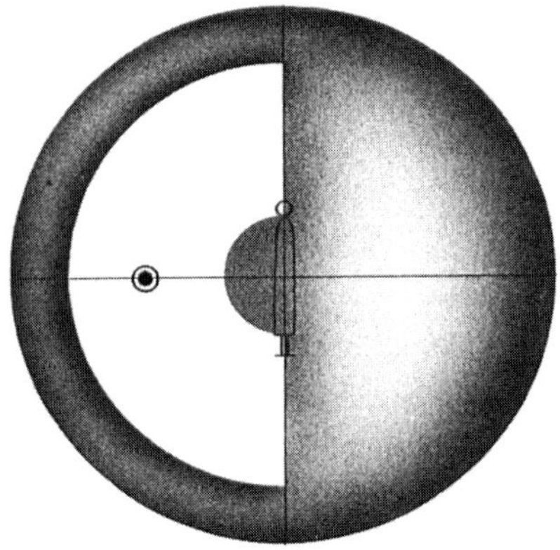

그림 9-5 **과거진행시제의 영역**

다음 영어로 된 예문을 살펴보자.

1. It was snowing when I looked out the window.
2. I was studying when the light bulb went out.
3. I was waiting for a bus when my friend came by in a car.
4. It had been snowing when I looked out the window.
5. He had been painting for two hours when the light bulb went out.
6. I had been waiting for 30 minutes when the bus finally came.

1번, 2번, 3번의 문장들은 상황이 발생한 과거시점에서 그 시점 부근의 상황을 진행에 초점을 맞추었다. 반면에, 4번, 5번, 6번의 문장들은 과거 시점의 사건이 발생한 시점에서 그 시점 전까지의 상황을 시간의 경과와 진행, 즉 시간대에다 초점을 맞춘 상황이다. 이렇게 미묘한 차이지만, 시제에 따라 의미와 상황의 현저한 차이점을 발견할 수 있다.

다음 우리말로 옮긴 상황을 보며 과거진행형의 상황과 과거완료진행형의 상황을 다시 한 번 살펴보자.

1. 창밖을 내다보니 눈이 오고 있더라.
2. 공부하고 있는 중에 전구가 나갔어.
3. 버스 기다리고 있는데 친구가 차를 몰고 왔지.
4. 창밖을 내다보니 눈이 꽤 오랫동안 왔더군.
5. 전구가 나가기 전까지 2시간이나 그림 그리고 있었어.
6. 30분이나 기다리고 있었더니 드디어 버스가 도착했지.

(2) 과거완료진행시제와 과거완료시제

진행 시간의 경과를 표현하고자 할 때 과거완료진행시제와 과거완료시제 모두를 사용할 수 있지만, 가장 안전하게 두 시제를 구별하여 쓸 수 있는 방법이 있다. 현재완료시제와 현재완료진행시제에서 설명한 논리가 과거완료시제와 과거완료진행시제에도 같이 적용된다고 보면 되겠다. 과거영역의 시간대 내에서 과학적으로 정확하게 양( )이나 부피를 측량할 수 있는 경우에는, 즉 과거시점에서 정확하게 한정할 수 있는 상황이므로 과거완료시제가 더 바람직하다. 그러나 시간의 경과나 진행의 상황 등은 과학적으로 정확하게 한정할 수 없는 경우가 많다. 즉 이러한 경우에는 과거완료진행시제로 표현하는 것이 더 좋다. 다음 예문을 살펴보자.

1. I had called him three times when I finally gave up.
2. He had written ten letters when his wife got home last night.
3. I had been calling him for five hours when I finally gave up.
4. He had been writing letters when his wife got home last night.

1번, 2번 문장의 경우는 과거시점에서 과거시점 미만의 상황을 3번 그리고 10통이라고 정확하게 한정할 수 있는 상황이기 때문에 과거완료시제로 표현하여 정확하게 한정지어 묘사할 수 있다. 그러나 3번, 4번 문장의 상황은 행위의 진행과 시간의 경과에 초점을 맞추었기 때문에, 정해진 과거시점까지로 시간을 정확히 한정하기가 어려운 상황이다. 따라서 과거완료진행시제로 표현한 것이다.

5. 과거완료진행시제의 결론

과거완료진행시제는 한정된 과거시점 이하의 상황을 진행과 시간의 경과에 초점을 맞추어 표현하는 형식이다. 한정된 과거시점 이하의 상황은 그 시점 미만의 상황과 그 시점의 상황도 포함할 수 있다. 기준이 되는 과거시점에서 시간과 진행을 한정시켜 그 시점 이하의 진행상황을 보여주는 시제이기 때문에, 두 시점을 연결하는 시간대에 관한 시제이다.

한정된 과거시점까지 진행이 계속된 행위 상황을 묘사할 때 과거완료진행시제를 사용하지만, 그 진행의 행위가 과거시점에서 종료될 수도 있고, 종료가 되지 않을 수도 있다. 다시 말하면 과거완료진행시제는 단순히 과거시점에서 진행을 구속, 한정시켜 그 시점 이하의 상황을 진행과 시간의 경과에 초점을 맞추어 묘사한 것뿐이지, 반드시 과거시점의 진행상황과 과거시점 이후의 진행상황을 포함해야 한다는 의미는 아니다.

따라서 한정된 과거영역 내에서 과거시점의 미만과 이하의 차이가 중요한 결과를 초래하지 않을 때는 과거완료시제와 과거완료진행시제를 혼용하여 사용해도 무방하다.

현재완료진행시제를 과거영역으로 옮겨놓은 것이 과거완료진행시제이다. 그러므로 현재완료진행시제의 속성인 확증적 한시성과 인과적 한시성을 과거영역에서 모두 포괄하는 형식이 과거완료진행시제이다.

(A) Robert Ludlum 의 *The Scorpio Illusion* 에서 인용한 글이다. 과거시제, 과거완료시제, 과거완료진행시제의 상황에 초점을 맞추어 읽어보자.

Hawthorne lay down on the bed and closed his eyes. He was dead tired, his legs still fired with pain, ... The accidents of his life, so many accident beginning with the one that had brought him into the navy. He was a college graduate who had switched majors so frequently he invariably forgot which one it was if questioned, finally ending up with astronomy. ....

Actually, the astronomy course wasn't that stupid; he'd been sailing since he could climb aboard a boat, and came to refine celestial navigation to the point where a quick glance without a sextant could put him reasonably on the course. He had been a relatively talented athlete, his size and build leading to varsity status, but his lack of commitment, as well as the company, precluded a suggested career in sports; he had no desire either to stay in training or have his body assaulted. After the University of Oregon (no tuition for offspring of tenured professors), he was at a loss; he had managed a respectable 3.2 average since the courses he chose were interesting to him, but few were interesting to the corporate employers who looked for business administration, economics, engineering, or computer science. Then came accident number one.

10 미래시제

The Future Tense

1. 미래시제의 사전적 의미

Webster 사전에서 future의 정의를 찾아보면 that is to be or come; indicating time to come으로 나와 있다. 미래의 시간을 the time 혹은 a time이라 하지 않고 그냥 time이라고 명시하였다. 과거의 시간은 우리의 경험에서 이미 존재한 시간이기 때문에 of a former time 또는 the past time이라고 부를 수 있지만, 미래의 시간은 무존재( )와 무한( )의 개념으로서의 time이 미래시간인 것이다. 때로는 한 치 앞의 일도 예측할 수 없는 우리들이기 때문에 미래의 시간이 지금시점으로 된다는 보장이 없는 것이다.

future 즉 미래는 아직 도달하지 않은 영역이다. 어느 순간 아직 도달하지 않은 시간이 지금시점이 되고 또 지금시점은 무한히 과거를 창조하는 것이다. 그러면 이렇게 막연한 미래영역을 우리가 시 공간적으로 구속 한정할 수 있는 근거를 살펴보자.

Oller의 future, past, and present의 정의를 살펴보자.

present : the moment or period conceived to be occupied by a given consciousness or ego; the reference point against which both past and future must be determined.
past : anything before whatever reference point is taken as present.
future : anything subsequent to whatever reference point is taken as present.

Oller에 의하면 과거와 미래는 영역으로 표시할 수 있는 entity이지만, present(지금시점)은 과거영역과 미래영역을 구분하는 reference point (기준시점)에 불과한 시점이라는 것이다. 따라서 past, present, future의 세 개념이 상대적으로 대비하여 존재하는 것이 아니라, 과거와 미래를 상대적으로 대비시키는 역할을 하는 것이 지금시점인 present 인 것이다. 간단히 말해서 미래영역은 지금시점을 사이에 두고 과거영역과 붙어있다고 생각하면 된다. 한 치 앞도 내다보지 못하는 불완전한 인간이지만, 우리의 경험과 기억 속에 과거가 있다는 전제하에 우리는 미래를 논할 수 있는 것이다. 과거의 일은 우리의 기억 속에 들어가 있고, 지금시점 부근에서 일어나고 있는 일들은 우리 눈앞에 있다고 하면, 미래의 상황은 우리의 인지( )에 있다고 생각하면 되겠다.

엄밀히 말하면 과거영역과 미래영역은 동시에 존재한다고 보아도 좋다. 아주 얇고 투명한 지금시점을 사이에 두고 과거시제와 미래시제가 상대적으로 대비, 대칭을 이루고 존재하는 것이다. 즉 막연한 미래영역을 시공간적으로 한정할 수 있는 근거를 우리는 바로 과거는 존재한다라는 상대적 사실에서 찾을 수 있는 것이다.

우리가 가정법을 만들 수 있는 시제가 과거영역에 있는 시제와 현재시제와 지금시점 부근에 있는 현재진행시제 뿐이다. 미래시제는 왜 논리적으로 가정법을 만들 수 없을까? 이 논리를 이해하는 것이 미래시제를 이해하는 첫걸음이다.

지금 내 주위에 일어나고 있는 상황과 과거에 일어났던 상황은 과학적으로 증명할 수 있는 사실들이다. 즉 우리가 과거를 논하고 역사를 논하는 일은 모두 일어났던 상황 을 논하는 것이기 때문에, 역으로 가정해 볼 수도 있는 것이다. 지금시점 주위에서 일어나고 있는 일들도 이와 마찬가지 논리로 역으로 가정해 볼 수가 있다. 그러나 미래에 일어날 일은 그 어느 누구도 반드시 일어나리라고 장담을 할 수가 없기 때문에, 만약 일어난다면, 혹은 만약 일어나지 않는다면 이라는 가정의 상황은 가능하지가 않다. 이러한 논리에서 진정한 의미의 미래시제 상황의 가정법은 없다.

미래시제를 이야기 할 때 반드시 언급하고 넘어가야 할 부분이 있다. 우리가 일반적으로 미래시제라고 말하는 상황을 살펴보자. 미래시제를 표면적으로 보여주는 문장의 구조, 즉 will 이나 be going to 를 사용한 형태를 말하는 것인지, 아니면 의미자체가 미래사실을 의미할 때도 이것을 미래시제에 포함시켜야 하는지, 확실한 경계를 짓기가 힘들 때가 있다. 예를 들어 Our new branch opens next month. 라는 문장은 분명히 미래상황을 의미하지만 이렇게 현재형으로 표현할 수 있다. 다만 이 책에서는 문장의 외형구조에서 발견할 수 있는 미래시제만을 설명하겠다.

2. 미래시제의 일반적 개요

이러한 미래의 배경설명을 가지고 다음 예문들을 살펴보자.

1. (형이 동생에게 목이 마르다고 하자 동생이) 형! 내가 물 갖다 줄게.
2. (형이 텔레비전을 보다가 춥다고 하자 동생이) 내가 가서 창문 닫을게.
3. (어머니가 아들에게 군대 간 형에게 편지 썼느냐고 묻자) 지금 쓸게요.
4. (친구가 오늘 밤 무엇을 할 것이냐고 묻자) 글쎄, 텔레비전이나 볼까.
5. (할머니가 무거운 가방을 들고 계신 것을 보고) 제가 도와 드릴게요.
6. (친구에게 돈을 꾸면서) 다음 주에 꼭 갚을게.
7. (형이 동생에게 힘든 일을 시키려고 하자) 형! 싫어, 안 할래요.
8. (형이 공부하는데 동생이 시끄럽게 구니까) 야! 좀 조용히 하지 않으면 내쫓을 거야.
9. (전화가 울리니까 딸이 어머니에게) 제가 전화 받을게요!
10. (고장 난 친구 차를 보고) 염려 마. 내가 고쳐줄게.

위의 예문들을 여러 번 읽어보면 공통점을 발견할 수 있을 것이다. 이 공통점이 바로 미래시제로 표현할 수 있는 가장 기본적인 상황이다. 이 예문들의 행위나 상황들은 화자인 주어가 전부터 생각해 온 것이나 예전부터 결심한 것이 아니라, 지금 말하고 있는 시점이나 생각하고 있는 시점에서 처음으로 생각이 들었거나, 결심이 섰거나, 할 마음이 생긴 상황들이다.

1번 문장에서, 형이 목이 마르다고 하니까 물을 갖다 줄 생각이 지금시점에서 처음으로 들었고, 창문을 닫을 생각은 해보지도 않았는데 형이 춥다고 하니까 지금 처음으로 창문을 닫을 생각을 하게 된 것이다. 편지를 써야 되는 일도 잊어먹고 있다가 지금에서야 비로소 생각이 난 것이요, 무엇을 할까 생각해 보지도 않았지만, 지금 이 시점에서 방금 생각난 것이 텔레비전이나 볼까 하는 생각이 든 것이다.

무거운 짐을 든 할머니를 보고 비로소 도와드리겠다고 마음이 들은 것이요, 돈을 꾸어 주니까 다음 주에 갚겠다고 지금시점에서 약속을 할 수 있었겠고, 일을 시킨 순간 하기 싫다는 생각을 하게 된 상황이다.

동생이 시끄럽게 구니까 조용히 하지 않으면 내쫓겠다는 생각이 지금 시점에서 든 것이고, 전화가 울리니까 전화를 받아야겠다는 마음이 그 순간 든 것이고, 차가 망가진 것을 보고 고쳐 주겠다는 마음이 지금 말하고 있는 시점에서 처음으로 든 것이다.

다시 말하면 위의 예문들의 상황은 말하고 있는 시점에서 처음으로 결심이 들거나, 처음으로 할 마음이 생길 때의 상황들이다.

이번에는 다음 예문들을 살펴보고, 위의 예문들과 다른 점을 찾아보자.

1. 오늘 좀 피곤해서 집에서 쉬려고 하는데.
2. 나 오늘 저녁 〈피아노〉라는 영화를 보려고 하는데.
3. (너 어제 집에서 돈 부쳐 주었다든대) 그 돈으로 무엇 할 거니?
4. 그 선생님이 영어로 강의할 거래?
5. 너, 그 많은 털실로 뭐 하려고 해?
6. 너 이번 학기에 물리학을 들을 거니?
7. 저것 좀 봐! 저 사람 넘어지겠다!
8. 저 구름 좀 봐. 비가 곧 오겠네.
9. 저 바람 소리 좀 들어봐. 폭풍우가 올 것 같은데!
10. 속이 메스꺼워. 나 토하려나 봐.

1번 문장부터 살펴보기로 하자. 상대방이 물어보기 전에 난 이미 집에서 쉴 생각을 한 상황이겠고, 상대방이 묻기 전에 난 이미 영화를 볼 생각을 한 상황일 것이고, 돈을 받기도 전에 돈이 오면 무엇을 하겠다고 마음먹은 상황이다.

선생님이 미리 예정하신 일이니까 소문이 났겠고, 털실을 사기 전에 무엇을 뜰까 하고 미리 생각해 두었거나 털실을 산 이유가 있을 것이겠고, 당연히 이번 학기에 들을 과목을 미리 생각해 보았을 것이다.

모든 여건이 그 사람이 넘어지기에 알맞으니까 곧 넘어지겠다고 말할 수 있겠고, 구름이 시커멓게 몰려오면 당연히 비가 오겠고, 폭풍우가 오려고 바람이 저렇게 세게 불었겠고, 이렇게 속이 메스꺼우니 이제는 토하는 일만 남았을 것이다.

이 문장들의 공통점은 우리가 앞에서 살펴본 예문들의 상황과 매우 상이하다. 즉 이번 예문들의 상황은 주어가 되는 사람이나 비인칭 주어들이 위의 문장을 말한 시점에서 처음으로 결심이 들거나 처음으로 할 마음이 생긴 상황들은 아니다. 이와는 정반대로, 이 문장들을 말하기 전에, 이미 하려는 마음이 생겼거나 이미 결심을 한 상황을 보여주는 예문들이다.

지금까지 설명한 두 예문의 차이점이 바로 이제부터 접근해 보고자 하는 미래시제의 will과 be going to 상황의 차이점이다.

3. 미래시제의 논리적 접근

(1) 미래시제의 영역

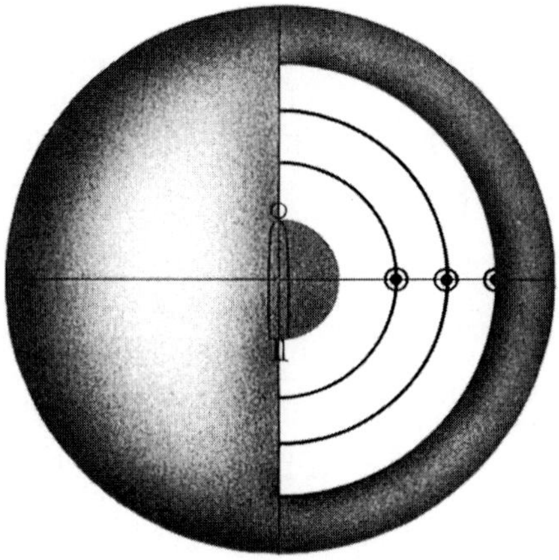

그림 10-1 **미래시제의 영역**

지나간 과거의 상황은 이미 시 공간의 구속과 한정을 받은 상태이다. 반면에, 아직도 도래하지 않은 시간을 두고 우리가 확언할 수는 없지만, 과거의 존재로 미루어 미래시간의 존재도 가능하다고 생각하는 차원에서 미래시제를 살펴보면 되겠다.

지나간 과거의 일은 한 때 있었던 일이기 때문에, 이미 시 공간의 구속과 한정을 받은 상태이다. 즉 지나간 과거의 일은 발생시점인 과거 시각과 공간이 함께 존재하므로, 과거에 일어난 사건 상황의 시간과 장소가 없이는 과거시제의 상황이 존재할 수 없다는 의미이다. 그러나 미래의 상황은 아직 발생하지 않은 상황이기 때문에, 미래에 일어날 시간과 장소를 확실하게 단언하여 표현할 수가 없다.

미래의 시점이 지금시점이 되기 전까지는 아무도 미래시간이 반드시 도래하리라고는 장담을 할 수 없다. 앞에서 잠시 언급했듯이, 미래는 우리의 인지 속에 있기 때문에, 영역의 시제임에도 불구하고 시 공간의 구속을 받지 않는 상태에서도 미래시제를 사용할 수가 있다. 즉 미래시점을 표시해 주지 않아도 된다.

미래의 시 공간은 예측하기 힘들 뿐 아니라, 우리 손에 잡히지 않는 불확실한 영역이지만 때로는 순리적으로 또는 자연발생적으로 일어나는 현상이 있다. 이렇게 순리적으로 일어나는 미래의 상황은 반복적이고 지속적인 현상이라고 여겨 대부분 현재시제로 표현하는 것이 좋다.

그렇다면 우리가 논하고자 하는 미래시제의 상황은 무엇일까. 자연의 순리법칙에 순응하지 않는 상황, 즉 우리가 우리 자신을 자연의 법칙에 흘러가도록 그대로 내버려두지 않는다는 상황에서 우리는 인간이 가지고 있는 의지 내지는 의식적인 노력을 엿볼 수 있다. 바로 이러한 상황이 영어의 미래시제인 will 과 be going to 형식이다.

(2) 미래시제의 논리적 고찰

인간이 가지고 있는 의지 또는 의식적인 노력을 표현하기에는 본인 보다 더 좋은 주어는 없겠다. 나의 마음과 나의 의중을 나 자신도 잘 모를 때가 있지만 그래도 적어도 본인 자신만은 자신의 생각과 의지를 확실하게 표현할 수 있다. 바꾸어 말하면, 일인칭을 제외한 나머지 이인칭과 삼인칭 주어의 생각이나 의지를 진단하거나 예측하는 것은 대단히 힘들 것이다.

따라서 영어의 미래시제에서는 나를 중심으로 존재하는 will 시제형식과 나를 제외한 이인칭, 삼인칭의 will 시제형식 간의 상황과 의미의 차이를 발견할 수 있다. 먼저 will 형식의 미래시제를 살펴보겠다.

Will + Verb 미래시제

① 일인칭 주어와 Will 미래시제

앞의 예문을 일인칭 주어에 초점을 맞추어 다시 한 번 살펴보자.

1. (형이 동생에게 목이 마르다고 하자 동생이) 형! 내가 물 갖다 줄게.
2. (형이 텔레비전을 보다가 춥다고 하자 동생이) 내가 가서 창문 닫을게.
3. (어머니가 아들에게 군대 간 형에게 편지 썼느냐고 묻자) 지금 쓸게요.
4. (친구가 오늘 밤 무엇을 할 것이냐고 묻자) 글쎄, 텔레비전이나 볼까.
5. (할머니가 무거운 가방을 들고 계신 것을 보고) 제가 도와 드릴게요.
6. (친구에게 돈을 꾸면서) 다음 주에 꼭 갚을게.
7. (형이 동생에게 힘든 일을 시키려고 하자) 형! 싫어, 안 할래요.
8. (형이 공부하는데 동생이 시끄럽게 구니까) 야! 좀 조용히 하지 않으면 내쫓을 거야.
9. (전화가 울리니까 딸이 어머니에게) 제가 전화 받을게요!
10. (고장 난 친구 차를 보고) 염려 마. 내가 고쳐줄게.

위의 예문에서 공통적으로 들어간 주어가 일인칭이다. 주어진 상황에서 일인칭 주어가 처음으로 떠 오른 생각이나 의지가 있을 때 사용하는 시제이다. 그러나 이러한 생각, 의도, 결심, 제안 등은 반드시 말이나 글로 표현할 때에만 will 미래시제를 사용하는 것이 아니다. 말이나 글로 표현하지 않고 마음속에서 처음으로 결심, 의도, 생각을 했어도, 이 상황이 충분히 will 미래시제의 상황을 대변해 줄 수 있다.

본인 이외에 다른 사람의 마음속에 있는 생각을 추측하거나 알아낸다는 것은 어려운 작업이다. 더군다나 다른 사람에게 언제 그 생각이나 의지가 처음 있었는지를 알아낸다는 것은 더욱 힘들 것이다. 그러나 적어도 내 마음 속은 내 자신만은 확실히 알 수 있기 때문에 여기에서 논하는 will 미래시제 가 바로 일인칭의 의지미래시제인 것이다.

앞에서 설명하였기 때문에 1번과 2번 문장의 상황만 다시 설명하겠다.

1번 문장의 경우를 다시 살펴보자. 동생이 형을 위하여 물을 가져다주겠다고 마음먹은 생각은 형이 목마르다고 말한 시점에서 비로소 처음으로 든 생각이다.

2번 문장의 예를 다시 들어보자. 형이 춥다고 말한 시점에서야 동생이 창문을 닫을 생각을 했을 것이다. 즉 형이 말한 순간 동생자신이 처음으로 창문을 닫을 생각을 한 상황에서는 I will shut the window. 라고 표현하면 된다. 한편으로는 동생자신도 춥다고 느껴서 문을 닫아야겠다고 생각했는데, 마침 형도 춥다고 하니 내가 창문 닫을게 라는 상황도 생각해 볼 수 있다. 이 경우에는 be going to 미래시제 로 표현하면 된다. 이 상황에 관한 설명은 후에 살펴보겠다. 이 예문에서는 will 미래시제 의 상황을 보여주기 위한 예문들이기 때문에, 2번 문장의 상황도 제일 처음 의도나 결심이 생긴 상황으로 보자.

위의 예문들을 영어로 표현해 보겠다.

1. I will get you a glass of water.
2. I will go and close the window.
3. I will write him right away.
4. I think I will watch TV.
5. I will help you with it.

6. I will pay you back next week.
7. I won't do it.
8. I will kick you out.
9. I will answer it (the telephone).
10. Don't worry. I will fix it for you.

지금까지 살펴 본 예문에서는 미래시점을 표시해 주지 않아도 완전한 의미전달이 가능하다. 그러나 언제 일어날지 모른다고 해서 정확한 미래시점을 명시하는 표현 등을 사용하지 못한다는 의미는 아니다.

우리말 예문을 읽고 주절과 부사절의 관계를 살펴보기 바란다.

1. 어둡기 전에 도착할게.
2. 움직이면 쏘겠다!
3. 비가 오면 경기를 취소하겠다.
4. 집에서 돈이 오면 갚겠다.
5. 돈을 많이 벌어서 어머니에게 차를 사 드리겠다.

지금 이 시점에서 보면 주절과 부사절 모두가 미래의 상황이지만, 부사절의 조건이 이루어질 때에 한해서 주절의 상황이 미래영역에서 일어날 수 있다. 따라서 주절의 미래시제 형식이 부사절의 미래시제를 포함하기 때문에, 영어의 경제원칙에 의해 주절의 상황만을 미래시제로 표현하고, 부사절에서는 원형에 가까운 현재시제 꼴의 형식으로 표현하는 것이다. 즉 부사절의 조건이 현실화 되어야만 주절의 상황이 가능하다는 주어의 의도를 표현한 것이기 때문에, 주절에서만 will을 사용하여 미래시제로 표현하면 된다.

위의 예문을 영어로 표현해 보겠다.

1. I will get home before it gets dark.
2. I will shoot you if you move.
3. We will cancel the game if it rains.
4. I will pay you back when I get money from home.
5. I will buy my mother a car when I get rich.

불완전한 인간이 의지가 있어 will을 사용하여 미래시제로 표현하였다고 하여 반드시 그 상황이 일어나리라는 보장은 없다. 아무리 하고자 하는 마음이 있어도 돌발의 상황이 일어나면 할 수 없는 상황에 놓일 수도 있다.

절대적 진리 같이 들리는 현재시제의 의미를 희석시키고자 I think, I guess, I believe 등의 표현을 현재시제의 상황과 병행하여 쓴다고 했다. 이와 비슷한 논리로, 이렇게 불확실한 미래의 상황, 즉 자신의 생각, 의지 등의 불확실한 현실화를 강조하는 의미에서, 영어에서는 내 생각으로는, 아마도, 글쎄(I think, I guess, I suppose, I am sure, I bet, probably) 등을 미래시제의 상황과 같이 쓰기도 한다.

이렇게 상황과 의미의 뉘앙스를 정확하게 표현하고자 하는 영어의 결벽증이 때로는 우리가 영어를 영어답게 표현하는데 걸림돌이 된다고 할 수 있다.

② 이인칭, 삼인칭 주어와 Will 미래시제

사전에서 조동사로서의 will의 정의를 찾아보면 일인칭 주어의 문장에서는 결심, 의도, 능력 등을 표현하는 반면, 이인칭과 삼인칭 주어의 문장에서는 단순히 미래를 나타내는 조동사라고 나와 있다. 이 정의가 100퍼

센트 정확한 정의라고 말할 수는 없지만 미래시제의 형식인 will의 어려운 점을 그대로 표현했다고 보면 되겠다.

나를 제외한 다른 사람의 의중을 읽기도 힘들 뿐 아니라, 상대방의 의도, 결심이 든 순간을 우리가 알아낸다는 것은 거의 불가능하다. 영어에서 가장 힘든 부분이 바로 이 부분인 것 같아 좀 더 자세하게 미래의 상황을 여러 각도에서 살펴보겠다.

어떤 상황에서 상대방에게 그것 좀 해 주시겠어요? 라고 상대방의 의사, 의도, 의견을 물어볼 수 있다. 상대방 마음이 내 마음이 아니지만, 친구 간에는 너 좀 해 주겠니? 의 상황은 상대방의 의중을 묻는 것이므로 별 무리 없이 Will you do it? 으로 표현하면 되겠다. 어른에게 이렇게 표현하면 건방지게 들릴 수 있으므로 겸손하게 좀 해 주시겠어요? 라고 한다면 Would you do it? 로 표현하면 된다. 그러나 형이 동생에게 Will you be quiet? 라고 한다면 동생의 의중이나 생각을 묻는 것이 아니라 단순히 조용히, 그것도 아주 빠른 시간 내에, 즉 당장 조용히 할 것을 강요하는 것처럼 들릴 수도 있다.

의문문 형식을 벗어나게 되면 상황과 의미의 뉘앙스가 달라지는 경우도 보게 된다. 예를 들어, You will come with me now. 에서와 같이 서술문 형식의 이인칭 주어의 문장에서는 단순히 미래의 상황을 의미하지는 않는다. 즉 상대방의 의중을 모르는 상황에서 이렇게 단정적으로 표현하게 되면 오히려 명령, 협박이나 강요 같이 들릴 수 있다.

삼인칭 주어의 미래시제의 상황, 예를 들어 (우리 은행을 털려고 하는데) 그 사람도 가담할까? 의 상황은 제 삼자인 그 사람은 아직 이 계획에 대해서 모르고 있지만, 이 계획을 말해 주면 그 사람도 은행을 터는 일에 가담할까? 라는 의미를 내포할 것이다. 여기에서 중요한 것은, 그 사람이 결심을 하는 시점에 관한 상황을 묻는 것이 아니라, 지금시점에서 단순히 미래에 일어날 수 있는 상황에 대해서 물어보는 말이기 때문에, Do you think he will join us? 라고 하면 된다. 그러나 이 상황도 He will joins us 로 표현하여 will에 강세를 주게 되면 주어의 의지라기보다는 화자의 의지가 더 들어간 것 같이 들릴 것이다.

위에서 설명한 것과 같이 이인칭과 삼인칭 주어의 문장에서 will을 사용했을 경우에는 상황과 문맥에 따라서 상대방의 의중을 알아보는 상황에도 사용할 수 있고, 때로는 화자의 의중을 표현하는 상황에도 사용할 수 있고, 막연히 미래에 일어날 수도 있는 상황에도 사용할 수가 있다.

다음 영어로 된 예문을 읽고 미래의 상황을 생각해 보자.

1. He will forget about her.
2. My father will help you get a job.
3. Spring will come again.
4. That coat will probably be expensive.
5. I am sure he will be back.

위의 영어 예문에서 주어의 의지를 표현한 것인지, 화자의 의도를 내포한 것인지, 아니면 단순히 미래에서 일어날 상황을 의미한 것인지 살펴보자.

1. He will forget about her.

이 예문의 상황을 두 가지로 생각해 볼 수 있다. 대부분의 경우에는 그 사람은 언젠가는 잊을 것이라는 상황(단순미래)을 보여주는 문장이다. 그러나 이 문장에서 will을 발음하는 강세에 따라 언젠가는 그 사람이 확고한 의지를 가지고 잊을 것이라는 의미로 그 사람의 의도에 초점을 맞출 수도 있다. 그러나 이 문장에서 will을 강조하여 여러 번 반복하여 읽어

보면, 잠재의식 속에는 정작 주어인 그 사람의 의지가 아니라, 이 문장을 말한 화자의 의지 의도인 것 같은 느낌을 받을 수도 있다.

이렇게 상황과 의미를 정확히 파악하려면 문맥과 전후 상황을 잘 살펴보아야 한다. 이 예문에서도 가장 중요한 것은 to forget 라는 동사가 의지로써 잊을 수 있는 말인지, 아니면 시간이 흐르면 저절로 잊게 된다는 의미인지 생각해 볼 필요가 있다.

2. My father will help you get a job.

아버지가 도와주실 것이라는 막연한 기대를 의미한 상황일 수도 있고, 한편으로는 아버지가 도와주실 것이라는 사실은 아버지의 의도라기보다는 이 문장을 말한 화자의 의도라고도 생각할 수 있다.

3. Spring will come again.

매번 오는 봄이지만, 시점에 초점을 맞춘 것이 아니라 봄이 오리라 라는 미래의 상황을 단순히 표현한 것뿐이기도 하지만, 상황에 따라서는 불운을 겪고 있는 사람에게 희망을 주는 메시지라면 will을 강조하여 화자의 의도가 포함된 문장으로 보아도 좋다.

4. That coat will probably be expensive.

아직 가격을 물어보지 않은 상황이기 때문에, 확실하지 않은 미래상황을 추측한 정도로 보면 좋겠다. 물론 강세에 따라 화자의 생각이 내포될 수도 있다.

5. I am sure he will be back.

그 친구가 돌아오리라는 미래의 사실은 어떠한 경우에도 확실하지 않기 때문에, 이렇게 will을 사용하여 언젠가는 그가 돌아오리라는 미래의 상황을 단순히 추측한 것에 지나지 않는다.

지금까지 설명한 것으로 비추어 보아, 이인칭, 삼인칭 주어의 문장에서 will 미래시제를 쓴 경우에는, 문맥에 따라 주어나 화자의 의지를 나타낼 수도 있고 단순히 미래에 발생할 상황을 표현할 수도 있다. 결론적으로 말하자면 예측하기 힘든 미래의 상황이기 때문에, 우리가 이렇게 확정적으로 단언할 수 없는 속성을 가진 상황이 미래시제의 상황이다.

③ 이인칭, 삼인칭 주어와 will의 부정문

우리가 일인칭 주어의 문장에서 will not을 사용하여 부정문을 만들 경우에는, 일반적으로 말해서 긍정문의 반대상황이 부정문의 상황이라고 생각하면 된다. 그러나 will 어휘가 갖는 특성으로 인하여 이인칭, 삼인칭 주어의 will 부정문 미래시제의 상황에서는 will의 의미가 다르게 나타날 수도 있다.

지금까지 설명한 바와 같이 긍정문에서의 will은 주어의 인칭에 따라 유연하게 이해를 하면 된다. 그러나 부정문에서는 will의 상황과 의미가 인칭에 따라 다르게 나타난다. 일인칭 주어의 will 부정문은 문자 그대로 의지가 없는 것으로 이해하면 된다. 그러나 이인칭, 삼인칭 주어의 will not 문장에서는 우리말로 잘못 옮기면, 하겠다가 단순히 안 하겠다로 표현이 되어 will not의 참 의미가 변질이 될 수 있다. will not은 문자 그대로 의지를 가지고 안 하겠다의 의미로써, 엄밀히 말하면 하는 것을 거절하겠다라는 강한 거절의 상황을 의미하는 경우가 많다. He won't leave의 의미는 경우에 따라서는 단순히 안 갈 거야의 의미도 되지만, 떠나라고 종용해도 떠나지 않는다는 강한 거절의 의미로 받아들여도 된다. 일반적으로 He won't do it은 하라고 해도 하지 않을 것이라는 상황을 보여주는 경우가 많다.

지금까지 설명한 will의 용도, 특히 일인칭 주어의 will 상황을 정리해 보겠다.

1. 일인칭 주어, 즉 화자가 미리 생각이나 계획을 한 행위가 아니고, 말하는 시점에서 처음으로 어떤 행위를 하겠다고 결심할 때 이 미래시제를 사용한다. 초인종 소리가 들리면, I will get it. 이라고 말하면 되고, 택시를 타고 집에 갈 생각이 있다면 I think I will take a taxi. 가 될 것이다.

2. 화자가 주어진 상황에서 도움을 주거나 제안을 할 때에도 이 시제를 서용하면 된다. 무거운 짐을 들고 가는 여학생을 보고 남학생이 I will help you with it. 라고 말할 수 있으며, 시내 나가는 길에 우표를 사다 주려고 할 때는 I will get you some stamps. 로 표현하면 된다.

3. 상대방 의견이나 제안, 행위에 반대를 하거나 찬성을 할 경우에도 이 시제를 사용한다. 하기 싫으면 I won't do it. 이겠고, 상대방 의견에 찬성하면 I will do it. 이 되겠다.

4. 말하는 시점에서 약속을 할 때도 이 시제를 써주면 된다. 다음 주에 돈을 갚겠다고 약속하고 돈을 빌릴 때는 I will pay you back next week. 로 표현하면 되겠고, 네가 나에게 한 말을 다른 사람에게 절대 안 할께 라고 말하고 싶으면 I won't tell anyone what you said. 로 표현하면 되겠다.

이번에는 이인칭과 삼인칭 주어의 문장에서의 will의 용도를 정리해 보겠다.

1. 상대방에게 부탁을 할 때나 상대방의 의사를 타진할 때 이 시제를 사용한다. 동생보고 조용히 하라고 할 때는 Will you shut up? 이나 Won't you shut up! 도 가능하겠고, 친구에게 동조해 달라고 부탁을 할 때는 Will you back me up? 으로 표현하면 되겠다.

2. 미래의 상황이나 행위를 예견하거나 예측하고자 할 때도 will을 사용하여 미래시제로 써주면 된다. 시험에 떨어질까 봐 걱정하는 친구에게 붙을 것이라고 말해주고 싶으면 Don't worry. You will pass. 라고 할 수 있겠고, 그 친구를 만나게 되면 많이 변한 것을 보게 될 것이라고 말해주고 싶으면 When you see him, you will notice changes. 라고 표현하면 된다.

3. 이인칭, 삼인칭 주어의 문장에 있어서 미래에 일어날 상황을 단순히 막연하게 표현하고자 할 때는 will을 사용하면 된다. 그러나 때로는 주어의 의도보다도 말하는 사람의 의도가 내포되는 상황도 있다. Your boss will give you a raise. 라고 한 상황에서는 강세에 따라 주어의 의지보다 이 문장을 말한 화자의 의지가 더 여실히 보이는 것이다.

Be Going To + Verb 미래시제

지금까지 설명한 상황만이 미래에서 벌어질 상황은 아니다. 미리 생각해 두었거나 결심한 일이 자연적으로 미래에 일어날 수도 있겠고, 상황이 이미 일어나기 시작해서 다음 국면으로 돌입하는 일도 있겠고, 사필귀정처럼 내버려두어도 반드시 일어날 일도 있을 것이다.

다음 예문들을 다시 읽고 어떤 상황인지 살펴보자.

1. 오늘 좀 피곤해서 집에서 쉬려고 하는데.
2. 나 오늘 저녁 〈피아노〉라는 영화를 보려고 하는데.
3. (너 어제 집에서 돈 부쳐 주었다든대) 그 돈으로 무엇 할 거니?
4. 그 선생님이 영어로 강의할 거래?
5. 너, 그 많은 털실로 뭐하려고 해?

6. 너 이번 학기에 물리학을 들을 거니?
7. 저것 좀 봐! 저 사람 넘어지겠다!
8. 저 구름 좀 봐. 비가 곧 오겠네.
9. 저 바람 소리 좀 들어봐. 폭풍우가 올 것 같은데!
10. 속이 메스꺼워. 나 토하려나 봐.

지금 여기에 적힌 예문들과 앞에서 will을 설명하려고 든 예문들과 비교해 보자.

1. 오늘 좀 피곤해서 집에서 쉬려고 하는데.

마음속으로 이미 쉬려고 생각을 했기 때문에, 즉 will의 상황이 있었기 때문에, 쉬려고 하는데 라고 말할 수 있을 것이다.

2. 나 오늘 저녁 〈피아노〉라는 영화를 보려고 하는데.

이 문장의 상황도 마찬가지이다. 피아노 라는 영화를 방영한다는 사실을 안 순간 그 영화를 보겠다고 마음먹었을 것이다. 그러므로 이미 will의 상황은 끝났기 때문에, 다른 형식의 미래시제로 표현해 주어야 한다.

3. (너 어제 집에서 돈 부쳐 주었다든대) 그 돈으로 무엇 할 거니?

이 문장의 상황을 자세히 살펴보자. 상대방은 집에서 돈을 받은 순간 그 돈으로 무엇을 하겠다고 생각을 했거나 또는 돈을 받기도 전에 이미 무엇을 하겠다고 생각할 수도 있다. 즉 will의 상황은 이미 끝났다고 생각하면 된다.

4. 그 선생님이 영어로 강의할 거래?

이 문장의 상황도 자세히 생각해 볼 필요가 있다. 우선 선생님은 제 삼자라서 제 삼자의 의중을 읽기는 더욱 힘들다. 그러나 그 선생님이 영어로 강의할 것이라는 소문이 돌 정도이면 선생님이 한 번 쯤은 영어로 강의할 생각을 할 수도 있었거나 할 것이라는 의견을 내비쳤다고 생각하면 된다. 즉 이미 선생님의 의향이 있었다고 생각하고 영어로 표현하면 되겠다. 따라서 이 문장도 will 대신 다른 방법으로 미래의 상황을 표현하면 좋겠다.

5. 너, 그 많은 털실로 뭐하려고 해?

상대방이 털실을 많이 갖고 있다는 사실로 보아 무슨 의도가 있었기에 그 많은 털실을 가지고 있겠지 라고 생각한다면, 상대방이 털실을 사기 전이나, 아니면 털실을 샀을 때 이미 이 털실을 가지고 스웨터를 떠야지 등의 생각이 있었을 것이다. 벌써 이 때 will의 상황은 끝난 것이다.

6. 너 이번 학기에 물리학을 들을 거니?

대부분의 대학생은 새 학기가 시작되기 전에 이번 학기에는 무슨 과목을 들을지 생각해 본다. 이 질문을 받기 전에 이미 어떤 과목을 택할 것인지 생각해 보았을 것이라는 전제하에 이 질문을 했다고 하면 상황이 분명해질 것이다.

지금까지 설명한 상황은 인간이 의도했거나, 생각했거나, 결심했거나 등의 상황이 있은 후에 결과적으로 혹은 자연적으로 따라오는 상황이다. 다시 말하면 will의 상태가 있은 후의 상황이다. 특히 위의 설명에서 중요한 사실은 처음 먹은 생각이나 결심 등이 마음속의 아이디어로 있어도 되고, 아니면 구체적으로 글과 말로써 will을 사용하여 표현해 줄 수도 있고, 아니면 상황 자체가 will의 상황을 대신해 줄 수도 있다.

이번에는 7번, 8번, 9번, 10번 문장들의 공통점을 생각해 보자. 이 예문들의 공통점은 will의 상황이 말이나 글로써 표현되지는 않았지만, 상황이나 현상자체가 will 상황을 대신 표현해 준 상황들이다.

7. 저것 좀 봐! 저 사람 넘어지겠다!

예를 들어 어떤 사람이 맹렬하게 뛰어가는데 앞에 살얼음이 깔려 있다고 하자. 십중팔구 아니면 거의 확실하게 그 사람이 넘어지리라고 예측할 수 있다. 바로 이 상황이, 즉 사람은 정신없이 뛰고 앞에는 살얼음이 있는 상황이 앞에서 설명한 will의 상황이라고 보면 된다. 그러므로 남은 일은 그 사람이 넘어질 일만 남았다고 생각하면 된다.

8. 저 구름 좀 봐. 비가 곧 오겠네.

9. 저 바람 소리 좀 들어봐. 폭풍우가 올 것 같은데!

8번 문장과 9번 문장도 7번 예문의 상황과 같은 맥락에서 이해하면 된다. 구름이 잔뜩 끼어 있는 상태와 바람이 강하게 부는 상태가 벌써 will의 상황이라고 보면 된다. 정 이해가 안가면 이 모든 상황이 자연의 섭리라고 생각해서 창조주가 비를 내리겠다는 의도에서 구름과 바람을 보냈다고 하면 되겠다. 이 의도가 will의 상태이고 이제는 비가 오고 폭풍우가 오는 일만 남았다고 생각하자.

10. 속이 메스꺼워. 나 토하려나 봐.

속이 메스껍고 (절대로 본인의 의사가 아니지만) 골치가 아픈 상태를 will의 상태라고 보자. 대부분 이런 상태 후에는 토하기가 일수라서, 여기에서도 곧 토할 일만 남았다고 생각하자.

그러면 여기까지 설명한 것을 요약해 보겠다. 우리가 처음으로 생각하거나, 결심하거나, 의도할 때에는 will을 사용하여 미래시제의 상황을 표현하면 된다. 그러나 이 상황이나 상태가 지나면, 그 다음부터는 be going to의 미래형식을 사용하여 미래에 일어날 일을 표현하여야 한다. be going to 의 미래형식에서 will의 진행상황이 going 중에 있는 것을 볼 수 있다. 그러면 이 두 상황, 즉 처음 생각한 상황과 그 다음의 상황의 구분이 왜 그렇게 중요하며, 영어에서는 이 두 상황의 차이를 굳이 시제형식을 달리하면서 표현하는지 생각해 보자.

재판과정에서 형의 중량을 결정하는데 가장 중요한 요소 중의 하나를 들어보자. 예를 들어 사람에게 폭력을 행사해서 기소되어 온 사람의 경우를 들자. 우발적으로 폭력을 사용했을 수도 있고 아니면 미리 계획해서 방망이를 준비해 가지고 폭력을 행사했을 수도 있을 것이다. 우발적으로 폭력을 행사했을 경우에는 대부분 그 순간에 때리고 싶은 의도와 행동이 동시에 나왔을 것이다. 즉 will의 상황이다. 그러나 미리 계획해서 방망이를 준비해서 폭력을 행사하였다면 이 계획하고 준비한 과정에서 이미 will의 상황은 발생한 것이다. 따라서 방망이를 가지고 가는 친구를 보고 너 그것 가지고 뭐해? 라는 질문은 아주 어색한 질문이 될 것이다. 대부분의 경우, 너 그 방망이 가지고 뭐하려고 해? 라고 물을 것이다. 이 후자의 상황이 be going to의 상황인 것이다.

어떤 행위를 하려고 하거나 어떤 상황이 일어나려고 할 때, 선제조건, 선제상황, 선제의도, 선제결심이 있는 경우에는 이 선제조건, 선제의도에 해당하는 부분이 will의 상황이고, will의 상황이 있은 후에 진행되는 경과가 be going to 미래시제의 상황인 것이다. 다시 말하면 will 에 해당하는 의도, 결심, 상황이 있은 후, 자연적으로 또는 결과적으로 일어날 행위나 상황을 묘사할 때 사용하는 미래시제가 be going to 형식인 것이다. 따라서 be going to 미래시제로 표현하고 싶으면 be going to 이전의 상황, 즉 will에 해당하는 상황이 있어야 한다. 그러나 이 will 미래시제의 상황은 말이나 글로 표현해도 좋고 현상 상황 자체가 will의 상황을 대신해 줄 수도 있다.

이와 같은 논리에서 be going to의 미래시제로 표현한 상황은 이미

will의 상황이 끝난 상황이기 때문에, will 미래시제로 표현한 상황보다 더 가까운 미래에 일어날 상황 같은 느낌을 받는 것이다. 그러나 가까운 미래 라는 시간개념은 상대적인 개념이라는 것을 잊지 말자.

따라서 위의 예문들은 will상황이 있은 후의 상황이기 때문에, 모두 be going to 미래시제를 사용하여 표현해 보자.

1. I am going to stay home.
2. I am going to watch The Piano this evening.
3. What are you going to do with it?
4. Is he going to lecture in English?
5. What are you going to knit? (What are you going to do with it?)
6. Are you going to take physics this term?
7. Look! He is going to fall.
8. Look at the clouds! It is going to rain.
9. Listen to the wind! We are going to have a storm.
10. I feel terrible. I am going to throw up.

지금까지 별개의 미래형식으로 설명한 will 미래시제 와 be going to 미래시제 를 다시 한 번 비교해 가며 살펴보자.

① Will vs. Be Going To (일인칭 주어)

will의 사전적 정의에서 보듯이, 일인칭 주어의 문장일 경우에는, 처음으로 하겠다는 의지 결심 등이 생길 때 will 미래시제 를 써 주면 된다. be going to 는 문자 그대로 진행되고 있는 중 이라는 현재진행시제의 상황이다. 즉 어떤 의지나 결심이 이미 시작되어 가고 있는 중이라는 의미이다. be going to 는 미리 생각한 의도의 상황이 진행될 때 사용하는 미래시제이다.

1. A : I have a terrible headache, and I have no aspirins.
   B : Don't worry. I will go out and get you some.
   – a little later–
   A : Will you hurry? I feel awfully sick.
   B : OK! I am going to get you some soon.
2. A : My car has a flat tire. Can you fix it for me?
   B : OK, I will fix it tomorrow.
   – later that afternoon –
   C : Do you know she has a flat tire?
   B : Yes. I am going to change it tomorrow.
3. A : Mom, what time is it?
   B : It's 7 o'clock.
   A : It's already 7 o'clock? I am going to be late for school!
4. A : Son! What are you going to do when you graduate next month?
   B : I am going to travel around the world. After that I am going to go to graduate school.

첫 번째 대화에서 보듯이 아프다는 이야기를 듣고 약을 사다 줄 마음이 그 때 생겨난 것이므로, 내가 아스피린 사다 줄께의 의미로 I will get you some aspirins. 라고 말했다. 꾸물대고 나가지를 않아 재촉하니까, 그래, 곧 사다준다니까 라는 의미로 I am going to get you some. 이라고 말한 것이다. 그러나 우리말로는 그래, 곧 사다 준다니까를 다시 한 번 그래, 곧 사다 줄께 라고 하여도 완전한 의미가 성립된다. 물론 두 번째로 그래, 곧 사다 줄께 할 때는 조금 다른 강세의 억양으로 말할 것이다. 아니면, 끝까지 점잖은 억양으로 말할 수도 있다. 그러나 억양을 제외한 우리말을 그대로 영어로 표현하려는 데서 문제가 생기는 것이다.

저자가 우리말에서 시작하여 영어의 시제를 설명하는 방식을 택한 것이 바로 이러한 우리말의 포괄성과 포용성에 기인한다. 처음 사다주고 싶은 마음이 들 때도 사다 줄께 로 표현하고, 그 다음에도 또 사다 줄께 라고 표현해도 아무 거부감이 없다. 즉 우리말은 앞뒤 문맥이나 상황 등을 포괄적으로 이해하면 된다. 따라서 우리말을 그대로 영어로 옮겨 놓으면 효과적인 의미전달을 기대하기 힘들 수도 있다. 영어는 지나칠 정도로 사소한 의미의 뉘앙스까지 구별하여 언어로 표현하기 때문에, 우리말을 영어로 옮길 때는 먼저 우리말의 상황과 의도를 논리적으로 생각해 보아야 한다.

두 번째 대화의 I am going to change it tomorrow. 를 우리말로 자세히 표현하고자 하면 응, 내가 내일 바꿔주려고 해 라고 옮겨야겠다.

세 번째 대화에서는 will의 상황이 시간으로 나타나 있다. 벌써 7시라고요! 늦을 게 분명해요. 라는 의미로 받아들이면 된다. Wake up now or you will be late for schoo.l 의 의미는 지금 일어나지 않으면 학교에 늦겠다 라는 상황이기 때문에, be going to 로 표현한 문장보다 늦을 확률이 확실히 적다고 할 수 있다.

네 번째 대화를 살펴보자. 대학교를 졸업할 때쯤은 보통 본인이 무엇을 하겠다고 마음먹거나 생각해 둔 일이 있을 것이다. 미리 생각해 놓은 계획이나 의도가 있다는 전제 하에 이렇게 be going to를 사용하여 미래형을 만든 것이다.

대학교를 졸업한 후에 무엇을 하려고 하니?
세계여행이나 할까 해요. 그 다음엔 대학원에 가려고 하는데요.

② Will vs. Be Going To (이인칭, 삼인칭 주어에서)

다음 예문을 보기로 하자.

1. He will get better.
2. He is going to get better.
3. The car will break down.
4. The car is going to break down.

2번 문장의 의미를 먼저 살펴보기로 하자. He is going to get better 가 가능하려면 이 상황이 될 만한, 즉 be going to를 쓸 수 있는 상황이나 징후가 먼저 있어야 한다. 즉 요즈음 들어 책상에 앉아있는 시간이 길어졌다든지, 아니면 갑자기 공손해 졌다든지 등의 징후가 있을 경우, 이렇게 be going to를 쓰면 매우 긍정적인 의미가 된다. He is going to get better. 문장은 우리말로 그 애 점점 잘 할 거예요 라고 표현하면 되겠고, He will get better. 는 언젠가는 잘 하겠지요 정도의 의미이다. 다시 말하면 will 을 쓸 경우에는 그냥 미래 어느 시점에 라는 막연한 느낌이 드는 반면, be going to 를 쓰게 되면 이 상황을 야기 시킨 상황이나 조짐이 있다는 의미이기 때문에, 확률적으로 일어날 수 있는 가능성이 많은 상황을 의미한다.

이러한 차원에서 be going to 의 상황은 곧 일어날 미래의 상황 같은 느낌이 들고, will의 상황은 막연한 미래의 일 같은 느낌이 드는 것이다.

만약에 위의 두 문장을 병원에 위문 가서 누워있는 사람을 보고 보호자 되는 사람에게 사용했다고 하자. 거짓말이라도 He is going to get better. 라는 표현이 훨씬 보호자의 기분을 좋게 만드는 것이다. 즉 여러 가지 징후나 조짐을 봐서 그 사람이 점점 나아진다고 말 할 수 있다는 의미로 He is going to get better. 라고 표현하면 된다. He will get better. 는 언젠가는 낫겠죠(요즈음 같이 의학이 발달한 세상에서 못 고칠 병이 어디 있겠어요). 의 정도로 받아들이면 된다.

3번, 4번의 문장도 같은 맥락으로 이해하면 된다. 우리나라 차 중에서 어느 회사의 차는 잘 망가진다고 소문이 나 있다고 가정하자. 친구가 바로 그 문제의 차를 샀다고 하자. 이러한 경우에는 The car will break down. 이 어울리는 표현이겠고, 바보같이 그 차는 왜 샀니? 언젠가는 망가질 텐데 라는 정도의 의미로 받아들이면 된다. 4번의 문장 The car is going to break down. 은 왜 이렇게 시동이 잘 안 걸리고 또 잘 꺼지지? 곧 망가지겠는데 라는 상황을 의미할 수 있다.

즉 막연한 미래에 단순히 일어날 것 같은 상황에는 will 을 사용하여 미래시제를 만들고, 충분한 이유, 배경, 조짐, 증거 등이 있다고 생각할 때는 be going to 를 사용하여 미래시제를 만들면 된다. 그러나 다시 한 번 강조하고 싶은 말은 일인칭 주어를 사용할 때는 이 장의 앞에서 설명한 것을 유념하기 바란다.

③ Will vs. Be Going To (부정문에서)

다음 예문을 여러 번 읽고 뉘앙스의 차이를 살펴보자.

1. He will stop smoking.
2. He won't stop smoking.
3. He is going to stop smoking.
4. He isn't going to stop smoking.

1번 문장은 문자 그대로 언젠가는 담배를 끊겠죠 또는 의지가 있어서 언젠가는 끊을 거예요 정도로 받아들이면 되겠다. 그러나 이 문장을 부정문으로 쓸 경우에는, 앞에서 말한 것과 같이 두 가지 경우를 생각해 볼 수 있다. 기본적인 의미로 내 생각으로는 담배를 끊을 것 같지 않은데요(I don't think he will stop smoking.) 로 받아들일 수도 있고, 한편으로는 아무리 말해도 담배 끊으라는 말에 귀도 안 기울이지요(He refuses to stop smoking.) 라고 생각할 수도 있다. 즉 끊지 않으려는 의도가 있다고 생각할 수도 있다.

그러나 3번 문장은 끊을 의지가 이미 있어서 그 의지를 밀고나갈 것이라는 상황(He intends to stop smoking.)을 보여준 것이다. 4번 문장은 끊을 생각이나 의지가 없어서 끊지 않을 것(He doesn't intend to stop smoking.)이라는 의미이다. 여기에서 의지가 없어서 의 상황이 이미 will의 상황인 것이다. 즉 의지가 없었던 상황 이 이미 be going to 상황 이전에 있었던 상황이라는 의미이다. 또 한편으로는 끊을 의지는 있었으나 그 의지를 밀고나가지는 않을 것 같다는 상황을 의미할 수도 있겠다. 이렇게 이인칭, 삼인칭의 부정문에서는 will과 will not의 상황을 잘 살펴보아야 한다.

(3) 미래시제의 속성

지금시점에서 보면 아직 일어나지 않은 행위나 상황을 묘사하는 형식이 미래시제이기 때문에, 확정적으로 단언할 수 있는 사실을 논하는 시제가 아니다. 그러므로 지금까지의 상황, 즉 과거 상황의 존재로 미루어 보아 미래의 상황을 추측, 예견, 기대한다고 생각하면 된다.

불확실성(不確實性)과 추론성(推論性)

지금시점에서 아무리 단언할 수 있는 미래의 상황도 미래시점이 반드시 지금시점 부근의 상황이 된다는 보장이 없다. I will fix your car this afternoon. 이라고 말했어도, 말한 사람의 의도와 의지와는 상관없이 실제로 실행에 옮길 수 없는 상황도 있을 수 있다. I am going to fix your car in a minute. 하고서도 천재지변이 일어나서 실행에 옮길 수 없는 경우도 있을 수 있겠다.

미래시제의 존재 의의는 과거시제의 존재에서만 찾을 수 있고, 미래시제는 과거시제와 상대적으로 대조 대비되는 시제의 개념이다. 진행이 끝나 과거시제로 표현된 상황에는 따라서 무 한시성( )의 속성이 존재한다는 논리와 마찬가지로, 미래시제로 표현한 상황에는 확실성의 부재 현상을 볼 수 있는 것이다. 과거시제로 표현한 상황이 갖는 확실성의 속성이 미래시제의 상황에서는 상대적으로 불확실성의 속성을 가지고 대비되는 것이다.

형한테 편지 쓸게요 라는 문장의 상황은 편지를 쓸지, 안 쓸지 모르는 주어의 의지의 불확실성을 보여주는 상황이 아니고, 쓰지 못할 상황이나 돌발의 사건이 생기기 전에는 편지를 쓴다는 주어의 의지를 보여주는 상황이다. 즉 의지는 확실하지만 실제로 편지를 쓰는 상황이 확실하게 일어날지는 불확실하다는 의미이다.

지금 이 순간 지구가 멸망한다면 우리에게는 과거만 존재했을 것이다. 물론 지구가 멸망한 후의 시 공간은 여전히 현재시제로 남아있을 것이다. 과거는 이미 존재한 영역이기 때문에 과거의 존재를 부인할 방법은 없다. 그러나 미래영역의 존재는 과거영역의 존재에 의해서만 존재의 의의를 찾을 수 있다고 하였다. 우리가 미래시제로 표현할 수 있는 상황은 지금시점까지의 상황의 추론에 의해서만 가능한 것이다. 즉 지금시점 미만의 과거 상황이 없이는 미래시제의 상황은 존재할 수 없다는 의미이다.

4. 미래시제와 미래적 의미

미래의 상황을 표현하는 방법은 다양하다. 앞에서 설명했듯이 지속적이고 반복적인 상황이 미래에서 일어날 경우에는 현재시제로 표현한다고 했다. 또한 약속이나 예약, 준비가 되어 있는 상황에는 미래시점을 표시하여 현재진행시제로 표현한다고 했다. 다시 한 번 will 미래시제 와 be going to 미래시제와 현재진행시제의 미래 상황을 살펴보겠다.

1. I will sell my house and buy a yacht.
2. I am going to sell my house and buy a yacht.
3. I am selling my house and buying a yacht this week.

종합적으로 위의 세 문장의 상황과 의미를 비교해 보자. I will sell my house and buy a yacht. 의 의미는 단순히 우리 집 팔아서 배를 사야겠어 로 이해하면 된다. 구체적으로 어떻게 하겠다는 의미가 아니라 지금시점에서 생각을 했거나, 결심을 했다는 상황이다. I am going to sell my house and buy a yacht. 는 우리 집 팔아서 배를 사려고 해 의 의미로 받아들이면 된다. 즉 팔겠다는 생각은 이미 했고 이제는 실행에 옮길 거야라는 의미로 받아들이면 된다. I am selling my house and buying a yacht this week. 는 이번 주에 집을 팔고 배를 사기로 되어 있어 라는 의미이다.

will 의 상황은 단순히 하겠다 라는 의사 표명이고, be going to 는 will 보다는 발전한 상황이여서 대부분은 그 일을 진행시킬 것이라는 의미이다. 그러나 현재진행형을 사용하여 미래의 의미를 나타낼 때는 예약, 약속, 준비가 된 상황이라는 의미이다. 그러므로 현재진행형을 사용한 표현이 가장 확실하게 지켜질 수 있는 의도적인 의미의 미래형이지만, 경우에 따라서는 굳이 현재진행형을 쓸 필요가 없는 상황도 있다. 다음 예를 보기로 하자.

약속이나 준비, 예약을 하려면 본인 이외에 다른 사람과의 contact 가 필요할 것이다. 예를 들어 다음 수요일에 의사를 만나기로 예약을 했다면 예약을 받은 사람이나 의사와의 약속이 성립된 것이다. 그러나 본인 스스로가 자신에게 약속을 한 일이라면 굳이 현재진행형을 써서 미래의 예정된 상황을 나타낼 필요가 없다. 오늘은 반드시 편지를 쓰기로 내 자신하고 약속 했어 의 상황도 I am going to write letters today. 로 표현하면 된다. 즉 편지를 쓸 생각은 이미 했고 이제 남은 일은 실행에 옮기는 일뿐이야 라는 상황이기 때문에 굳이 I am writing letters today. 로 표현할 필요가 없다. 그러나 I am writing editorials today. 의 의미는, 예를 들어 신문사하고 약속하였기 때문에 오늘 사설을 써 주기로 했어 라고 생각할 수 있다.

결론적으로, 일인칭 주어의 will 미래시제 의 상황은 말하고 있는 시점이나 생각하고 있는 시점에서 처음으로 떠 오른 생각, 결심, 의도 등을 의미한다. 이인칭, 삼인칭 주어의 will 미래시제 의 상황에서는 주어의 의지와 화자의 의지도 때로는 포함될 수 있다. 대부분의 경우, 단순히 미래에 일어날 상황을 표현하고자 할 때 will 미래시제 를 사용하면 된다. will 미래시제 의 상황이 있고 난 후에 결과적으로 일어날 상황에는 인칭에 상관없이 be going to 미래시제 를 사용하면 된다.

예측하기 힘든 불확실성의 미래 상황이지만 지금까지의 상황에서 추론하여 미래의 상황을 거론할 수 있는 추론성이 있는 상황이 미래시제의 상황이다. 과거에 일어난 모든 상황은 시각과 장소를 동시에 공유하는 확실한 영역의 상황들이다. 그리하여 과거를 논할 때는 과거시점을 명시하여야 하지만, 미래의 상황을 논할 때는 미래시점을 명시하지 않아도 되는 근거가 바로 불확실성의 속성에 있다 하겠다.

5. 미래시제의 결론

지금시점까지 우리 인간이 존재해 왔다는 이유만으로도 우리는 충분히 미래가 있을 것이라고 생각할 수 있다. 아직도 우리에게 현실로 도달하지 않은 미래영역을 두고 우리가 단언할 수는 없어도, 과거가 존재한다는 이유만으로도 우리는 충분히 미래의 시-공간을 구속, 한정할 수 있는 것이다. 다시 말하면 지금시점까지의 상황에서 추론하여 불확실한 미래의 상황을 논하는 형식이 미래시제인 것이다.

과거시제와 마찬가지로 영역의 시제임에도 불구하고, 미래시제만이 갖는 불확실성과 추론성의 속성으로 인하여 미래시점을 명시하지 않아도 된다. 그러나 이러한 속성의 미래 상황도 지금 말하고 있는 시점에서 의도, 결심, 생각 등을 표현할 수도 있고, 이 결심 후의 상황도 정확하게 구분하여 표현할 수 있다.

Alvin Toffler의 Future Shock(미래의 충격)을 보면 미래에 일어날 수 있는 상황을 will 미래시제 로 기술하고 있다. 이 저자의 서문에서 보듯이, 미래의 상황을 확실하게 예견할 수 있는 사람은 없다. 그렇다고 독자들이 너무나 막연하게 받아들일까, 아니면 너무나 당연한 사실로 받아들일까 우려가 되어 토플러는 책 서문에서 비록 will을 써서 기술하지만 적어도 이 시제로 쓴 상황들은 나의 의견이요(in my opinion), 아마도(probably) 일어날 수 있는 상황이라는 말을 덧붙여 주었다.

The word will should always be read as though it were preceded by probably or in my opinion.

토플러 자신이 많이 연구하고 증거 등을 수집했기 때문에 토플러는 이 책에서 예견한 내용과 상황을 be going to 미래시제로 쓸 수도 있었겠지만, 미래의 상황은 누구도 장담할 수 없는 불확실성의 세계이기 때문에 충분한 과학적 증거에도 불구하고 will 미래시제로 기술한 것이다.

미래의 상황을 영어로 표현할 때는 앞뒤 문맥을 신중하게 고려해야 한다. 미래에 관한 한 자신 있게 장담 단언하는 것을 주의하는 것이 영어를 잘 하는 방법 중의 하나라고 생각한다. 적어도 일인칭 주어의 미래상황은 자신의 의지에 달려있기 때문에 신중하지 않으면 자칫 오해를 불러오거나 책임을 져야하는 상황도 발생할 수 있다.

(A) Alvin Toffler의 *Future Shock* 에서 will을 사용한 미래시제의 글을 인용해 보겠다. 복제인간에 대한 관심이 많은 것 같아, 이 부분에 관한 내용을 옮겨 적는다.

that within a mere ten to fifteen years a woman will be able to buy a tiny frozen embryo, take it to her doctor, have it implanted in her uterus, carry it for nine months, and then give birth to it as though it had been conceived in her own body. Indeed it will be possible at some point to do away with the female uterus altogether. Babies will be conceived, nurtured and raised to maturity outside the human body. New genetic knowledge will permit us to tinker with human heredity and manipulate the genes to create altogether new versions of man. One of the more fantastic possibilities is that man will be able to make biological carbon copies of himself.

(B) 이번에는 *English in Situation* 에서 퍼온 대화를 'be going to 미래시제' 에 초점을 맞추어 읽어 보자.

Mr. and Mrs. Bashford, a very snobbish couple, are sitting on a train. The train is waiting at the station.

Mr. Bashford: Look at the time! When is this train going to leave? It's already five minutes late.

Mrs. Bashford: Now, don't get impatient, darling. Are you sure?

Mr. Bashford: Of course, I am sure. This is the 4:05 to London and it is now 4:10 no 4:11.

Mrs. Bashford: Well don't get angry with me, darling. Look at the guard on the platform. Tell him.

Mr. Bashford: A very good idea! (opening window and shouting) Guard! Guard! Come over here, please.

Guard: Yes, sir. What can I do for you?

Mr. Bashford: Why are we waiting here?

Guard: Why are we waiting here?

Mr. Bashford: Don't just repeat my question! Answer it.

Guard: (slowly, deliberately) Now keep calm sir. Don't shout! It's not that I don't want to answer your question. It's only that I don't really understand it. It's a very strange question.

Mr. Bashford: A strange question! What do you mean? Look at the time! When is this train going to leave?

Guard: At 4:25, sir.

Mr. Bashford: At 4:25! Now see here! I'm a very important man and I have some very important friends. One of them is the head of this railway and I'm going to tell him about this!

Guard: I don't care who you are, sir, or what you're going to do. This train is going to leave at 4:25. It always does.

Mr. Bashford: What? Are you telling me that 4:05 always leaves 20 minutes late?

Gurad: 4:05? I see. You want to go to London, don't you, sir?

Mr. Bashford: Don't ask stupid questions. Of course I do! Why do you think I'm on this train?

Guard: Well, sir. This isn't the 4:05 to London. It's the 4:25 to Bristol. The 4:05 always leaves from platform 3. This is platform 5. You're on the wrong train, sir.

11 미래진행시제

The Future Continuous Tense

1. 미래진행시제의 사전적 의미

문자 그대로 미래진행시제로 표현한 문장은 미래영역 안에서 어떤 행위나 상황이 without interruption 인 상태에서는 진행이 계속되고 있을 것이지만, with interruption 일 때는 그 진행은 멈출 것이라는 상황을 보여준다. 이렇게 미래시점에서 일어나고 있을 상황, 즉 진행의 상황을 표현하는 형식이 미래진행시제인 것이다.

미래시제에서 설명한 바와 같이 미래시제의 존재의의는 과거시제의 존재에서만 추론할 수 있다고 하였다. 이와 같은 논리에서 미래진행시제는 과거진행시제에서 의의를 추론하여 논리적으로 접근해 보는 것이 필요하다. 그러나 미래진행시제는 누구도 장담할 수 없는 미래영역에서 일어날 상황을 묘사하는 시제이기 때문에, 이 미래시제의 불확실성의 속성과 추론의 접근을 통하여 미래진행시제만이 갖고 있는 특수한 속성 내지 의미를 찾아야겠다.

우리가 확증을 가지고 접할 수 있는 과거진행시제와 지금시점까지의 상황에서 추론하여 미래시점의 진행상황을 묘사할 수 있는 미래진행시제와의 대비 관계를 살펴보는 것이 중요하겠다. 특히 무엇보다도 중요한 것은 미래시제에는 두 가지 형식이 있음에도 불구하고, 미래진행시제에서는 will (shall) be + ing 형식을 일반적으로 널리 사용하는지 이 장을 통하여 고찰해 보자.

2. 미래진행시제의 일반적 개요

확실한 의도와 확고한 의지에서 출발한 상황이라도 이 상황이 미래영역에서 확실하게 발생하리라는 보장이 없는 상황을 미래시제로 표현하는 것만도 모자라서 미래진행시제까지 필요한 이유는 무엇일까? 일단 지나간 과거의 일은 영역시제인 과거시제로 표현한다고 하였다. 그러나 지나간 일이기 때문에, 즉 우리가 알고 있는 상황이기 때문에 우리는 정확하게 지나간 시점에서 진행되고 있었던 상황도 논할 수 있다고 하였다. 이와 같은 논리로 우리는 미래시점에서 진행되고 있을 상황도 논할 수가 있는 것이다.

다음 대화의 상황을 잘 살펴보기 바란다.

1. 너 오는 저녁 8시쯤 뭐 할 거니?
   뭐 하긴, 평상시처럼 공부하겠지.
2. 방금 우리 방 친구의 아버지로부터 전화를 받았는데, 오늘 오후 2시에 이곳으로 오신대. 그 친구를 어떻게 찾지?
   염려 마, 그 친구는 그 시간에 농구하고 있을 테니까.
3. 나 지금 급하게 선생님을 만나러 가야 하는데. 일요일 오후인데 집에 계실까? / 응, 정원에서 일하고 계실걸.

첫 번째 대화에서 질문의 답인 평상시처럼 공부하겠지를 영어로 표현하기가 수월치 않을 것이다. 대답한 사람이 대답한 시점에서 결심을 한 상황도 아니고, 결심을 한 상태 후의 상황도 아니다. 여러 번 읽어보면 평상시에 하는 일을 그 시점에도 하고 있을 것이라는 의미이다.

두 번째 대화와 세 번째 대화에서는 한정된 미래시점에서 그 친구와 선생님이 하고 있을 상황에 대해서 묘사해 준 것이다.

다시 설명하자면 위에서 언급한 미래시점에서 진행되고 있을 상황들은 미래영역에서 막연히 일어날 상황도 포함하고, 지금시점에서 결심만 한 상태의 미래상황도 포함하고, 한정된 미래시점에서 일어날 일을 미리 알고 있거나 추측할 수 있는 상황, 즉 평소에 하는 일 같은 상황도 포함하여 미래진행시제로 표현할 수 있는 것이다.

우선 위의 대화를 영어로 표현해 보겠다.

1. What are you doing around 8 this evening? / What are you going to do around 8 this evening?
   I will be studying as usual.
2. I've just received a call from my roommate's father. He is coming here at two this afternoon. How can I get hold of her?
   Don't worry. She will be playing basketball at two.
3. I've got to see my teacher. Do you think he will be home this Sunday afternoon?
   Yes. He will be working in the garden.

3. 미래진행시제의 논리적 접근

(1) 미래진행시제의 영역

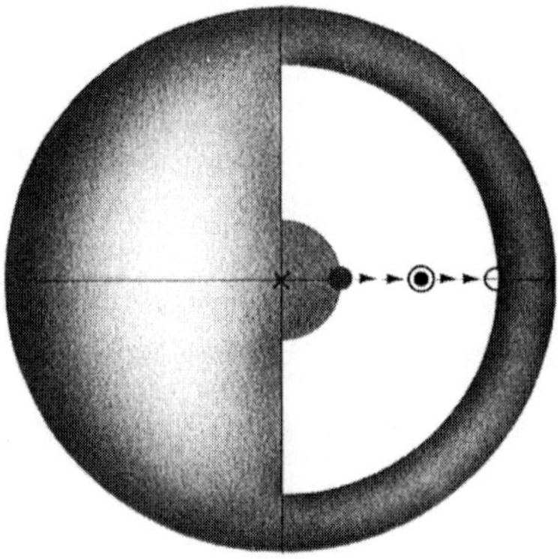

그림 11-1 **미래진행시제 1**

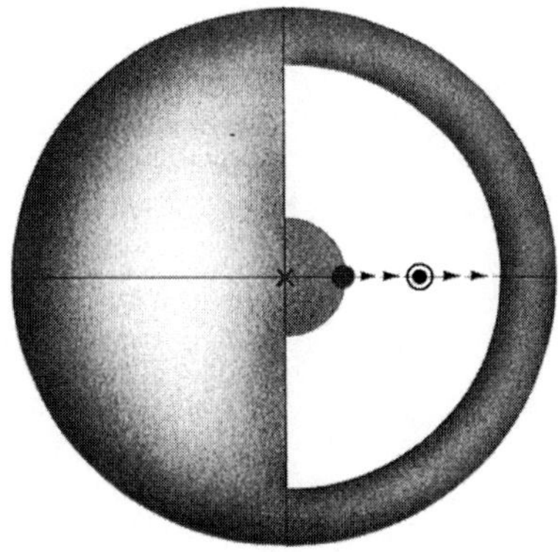

그림 11-2 **미래진행시제 2**

미래진행시제는 미래영역 내의 한정된 시점에서 일어나고 있을 상황을 묘사해 주는 시제이다. 미래진행시제는 시점의 진행시제이기 때문에 반드시 미래진행시제의 기준이 되는 미래시점을 표시해 주거나, 앞뒤 문맥으로 보아 미래시점을 알 수가 있어야 한다. 미래시점을 나타내는 방법으로는 시각을 표시하는 전치사구, 부사 또는 부사구를 사용할 수도 있고, when이나 시간을 표현하는 부사, 접속사가 이끄는 부사절로 명시를 할 수도 있다.

(2) 미래진행시제의 논리적 고찰

여기에서 말하는 미래진행시제의 형식은 will (shall) be + VERBing 꼴을 말한다. 과거진행시제나 현재진행시제와 마찬가지로, 미래진행시제의 가장 기본적인 역할은 한정된 미래시점에서 진행되고 있을 행위 상황을 묘사하는 일이다. 한정된 시점에서 진행되고 있을 상황을 제 삼자의 입장에서 관찰하여 묘사해 주는데 그치기 때문에, 미래진행시제로 표현한 문장의 주어는 반드시 진행되고 있을 행위 상황을 야기한 주어가 아닐 수도 있다.

미래시제는 단순히 미래영역 내에서 일어나기만 하면 되기 때문에, 영역의 시제임에도 불구하고, 시 공간의 구속을 표면상으로는 받지 않을 수도 있다. 그러나 미래진행시제는 시 공간의 구속을 받기 때문에, 다시 말하면 한정된 시점의 시제이기 때문에, 기준이 되는 시점을 언어나 문맥 또는 상황으로 나타내주는 것이 중요하다.

우리가 지나간 과거의 일을 과거시제로만 표현하지 않고, 과거진행, 과거완료, 과거완료진행시제로 표현한다. 이렇게 과거영역의 상황을 세분화할 수 있는 근거가 과거의 상황은 우리가 확실하게 알거나 경험한 상황이라는 사실이다. 이러한 과거의 상황에서 추론하여 미래영역에서 일어날 상황도 여러 형태의 미래꼴로 표현할 수 있는 것이다.

will 을 사용한 미래시제의 상황에서는 주어의 의도도 묘사할 수 있고, 화자의 의도도 묘사할 수 있고, 한편으로는 단순히 미래에서 막연히 일어날 상황도 표현할 수 있기 때문에, 시-공간의 구속 한정을 별로 받지 않는다는 느낌을 준다. 따라서 가까운 미래에 곧 일어날 수 있는 상황도 있겠고, 한편으로는 먼 장래에 일어날 수 있는 상황도 포함하는 것이 will 미래시제 이다. 반면에, be going to 미래시제 는 will 상황이 있고 난 후의 상황을 묘사하는 시제이기 때문에, 이 시제로 묘사된 상황은 가까운 미래에 일어날 상황이라는 인상을 주는 것이다.

이 두 시제를 합하여 한정된 미래시점에서 진행되고 있을 상황을 단순히 묘사하는 시제가 미래진행시제인 것이다. 일인칭 주어를 사용하여 미래에 발생할 상황을 논리적으로 전개해 보겠다.

오늘 저녁식사는 내가 만들겠다는 생각이 지금시점에서 처음으로 떠오르면 I will fix the dinner this evening. 라고 할 것이다. 시장을 보고 저녁을 준비하는 과정에서 친구가 오늘 저녁에 무엇을 할 것이냐고 물으면 I am going to fix the dinner this evening. 이라고 대답할 것이다. 또 다른 친구가 전화를 걸어서 오늘 저녁 6시쯤 무슨 계획이 있느냐고 묻는다면, 그 시간엔 저녁식사를 준비하고 있을 거야(I will be cooking at six.) 라고 미래진행형으로 대답할 것이다.

위의 전개과정에서 be going to 미래형의 상황을 제외하더라도, 저녁을 만들겠다는 마음만 있으면 그 시간엔 저녁식사를 준비하고 있을 거야 의 미래진행형의 상황이 가능하다.

다음 대화의 상황과 의미를 잘 살펴보자.

1. 너 내일 오후에 뭐 하니?
   뭐하긴, 일하겠지.
   아니, 너 내일 오후에 시내에 가잖아.
   참, 우리 아이의 선생님을 만나기로 했지.
2. 너 일요일에 뭐 할 거니?
   글쎄, 아이들 데리고 드라이브나 갈까.
   넌 뭐 할 건데?
   나야 뭐, 낮잠이나 자지.
3. 너 그 친구 내일 만날 것 같니?
   응, 내일 구내식당에서 볼 걸.
   만나면 안부 좀 전해줘.

위의 대화에서 밑줄 친 문장의 상황과 의미를 한번 생각해 보자. 뭐 하긴, 일하겠지 의 의미는 내가 그 시간에 일을 하고 있겠지 라는 의미이다. 단순히 매일 매일 하는 일의 반복 같은 느낌이 들 것이다. 나야 뭐, 낮잠이나 자지 의 의미도 특별히 계획해 놓은 일이 없이 쉬는 날이면 낮잠이나 자는 게 상례 라는 의미로 들릴 수 있다. 내일 구내식당에서 볼걸 의 의미는 평상시에도 식당에서 잘 마주쳤으니까 내일도 마주칠 확률이 크다 라는 의미로 받아들일 수 있다. 이렇게 미래의 어느 정해진 시점이라고 해도 평소와 같이 거의 같은 일이 그 시점에서 반복이 된다고 하면 미래진행시제로 표현하면 된다.

위의 대화를 영어로 표현해 보겠다.

1. What are you going to do tomorrow afternoon?/ What are you doing tomorrow afternoon?
   You know I will be working as usual.
   Aren't you going (to go) downtown?
   That's right. I am seeing my child's teacher.
2. What are you going to do on Sunday?/ What are you doing this Sunday?
   I think I will take my children for a drive.
   What about you?
   I will be sleeping as usual.
3. Do you think you will see him tomorrow?
   Yes, I will be seeing him in the school cafeteria.
   Say hello for me when you see him.

평상시에 하는 일이 아니라도 한정된 미래시점에서 어떤 행위나 상황의 진행을 묘사하고자 할 때 미래진행형을 사용한다. 친구가 내일 오후 2시부터 5시까지 할머니 댁에 가 있겠다고 했을 경우, 너 거기서 무엇 할 건데? 라고 묻는다면 What are you going to do? 로 질문해도 상관없지만, 좀 더 상세하게 What will you be doing there? 로 표현할 수 있다. 이 질문에 I will be helping her with cooking 이라고 대답했다고 하자. 다른 친구가 그 애 내일 오후 세시쯤 무엇 하고 있을까? 라고 묻는다면 자연스럽게 미래진행시제로 She will be helping her grandmother with cooking. 이라고 답하면 된다.

다음 우리말 예문을 보자.

1. 내년 이맘 때 쯤이면 난 라스베이거스에서 도박하고 있을 거야.
2. 나 오늘 오후 백화점에 갈 건데, 내가 뭐 사다줄까?
3. 나 이따 그 친구 만날 건데, 안부 전해 줄까?
4. 다음 주 일요일에 하루 종일 일 할 거니?
5. 너 오늘 저녁 그 사람 차를 쓸 거니?
6. (넌 좋겠다!) 난 다음 주에 시험보고 있을 텐데.

이번에는 기준이 되는 미래시점에 초점을 맞추어 위의 예문들을 살펴보자. 위의 예문들은 모두 미래시점을 나타내 주는 시각이 있다. 막연한 미래에 일어날 일을 막연하게 질문을 하거나 답을 한 예문들이 아니다.

1. 내년 이맘 때 쯤이면 난 라스베이거스에서 도박하고 있을 거야.

이 예문에서는 한정된 미래시점, 즉 내년 이맘 때 쯤에서 진행되고 있을 상황을 구체적으로 나타내 주고 있다.

2. 나 오늘 오후 백화점에 갈 건데, 내가 뭐 사다줄까?

오늘 오후 라는 미래시점이 구체적으로 표현되었다. 특히 이 예문을 제 삼자의 입장에서 그 시점에 발생할 진행상황을 바라보며 묘사한다고 생각하면 백화점에 갈 행위 를 가져온 장본인이 주어라는 보장은 없다. 다시 말하면 백화점에 갈 행위를 미래진행시제로 표현하게 되면 그 시점 부근에서 진행되고 있을 상황을 좀 더 유연하게 묘사하는 것이라고 생각하면 되겠다.

3. 나 이따 그 친구 만날 건데, 안부 전해 줄까?

이 예문에서 한정된 미래시점, 즉 이따 에서 진행되고 있을 상황을 미래진행형으로 묘사하게 되면 그 친구가 만나자고 해서 만나는 것인지, 아니면 제 삼자가 주선해서 내가 그 친구를 만나는 것인지, 또는 내가 만나고자 해서 만나는 것인지의 상황은 정확하게 알 수 없다. 다시 한 강조하는 것은 미래진행형으로 표현한 문장의 상황은 미래시점에서 진행될 행위를 단순히 객관적으로 표현하는 상황이라고 생각하면 된다.

4. 다음 주 일요일에 하루 종일 일 할 거니?

이 예문은 오랜 시간동안 일할 것 이라는 상황의 진행이나 시간의 경과에 초점을 맞춘 것이 아니라, 다만 다음 주 일요일 이라는 한정된 미래시점에 초점을 맞춘 상황이다. 즉 이 시점에서 진행되고 있을 상황을 물어보는 질문이라고 생각하면 된다.

5. 너 오늘 저녁 그 사람 차를 쓸 거니?

우리말로도 상대방에게 어려운 부탁을 할 때는 여러 가지 쓸데없는 수식어가 붙는다. 예를 들어 대단히 바쁘신 줄 알지만 시간 좀 내주실 수 있겠습니까? 라고 논리적으로 맞지 않는 표현을 하기도 한다. 영어에서도 마찬가지이다. 너 오늘 그 사람 차를 쓸 거니? 의 의미도 간단히 Are you going to use his car this evening? 으로 물을 수도 있다. 그러나 미안한 마음에서 네가 오늘 저녁에 그 차를 쓰겠지만 혹시 안 쓸 수도 있니? 라고 묻고 싶을 때는 Will you be using your car this evening? 이 훨씬 부드럽다. 더욱 공손하게 부탁하고 싶은 경우에는 will 대신에 would를 사용하는 것이 좋다. 부탁 의 상황을 이렇게 미래진행형으로 표현하게 되면 부드러운 인상을 주게 되어 의미전달에 훨씬 효과적이다.

6. (넌 좋겠다!) 난 다음 주에 시험보고 있을 텐데.

예를 들어 친구가 다음 주에 휴가 간다고 하자. 휴가 가서 즐길 상황(즉 시간을 재미있게 보내고 있을 진행형)에 초점을 맞추게 되면, 시험을 치루고 있을 상황 은 상대적으로 친구에게는 놀고 있을 상황 이니까 이 상황을 미래진행형으로 표현하면 좋다.

사전에 준비, 약속, 계획을 한 일이 미래시점에서 일어날 경우에는 미래시각을 명시하여 현재진행형으로 표현해도 좋고, 이렇게 미래진행형으로 표현해도 좋다. 현재진행형과 미래진행형은 같은 진행형 시제일 뿐 아니라 현재진행형의 상황에도 미래시점이 포함되기 때문에 논리적인 면에서 볼 때 두 시제의 의미와 상황이 중복될 수 있다.

다시 설명하자면, 미래진행시제는 미래시제의 두 가지 형식을 모두 포함하기 때문에, 경우에 따라서는 단순히 미래시점의 진행상황을 묘사하는 시제라는 인상을 줄 수도 있고, 때로는 be going to보다 부드러운 인상을 주는 시제형식으로 간주할 수 있다.

위의 예문들을 영어로 표현해 보겠다.

1. This time next year I will be gambling in Las Vegas.
2. I will be going to the department store. Do you need anything?
3. I will be seeing him later. Shall I say hello for you?
4. Will you be working all day next Sunday?
5. Will you be using his car this evening?
6. I will be taking exams next week.

과거시점에서 진행되고 있던 상황이 돌발의 사건 등으로 인하여 진행이 중단되었을 경우, 이 중단된 상황을 과거진행시제로 표현한다고 했다. 돌발의 상황이나 행위는 과거시제로 표현하고, 예기치 않던 상황의 결과적으로 일어난 상황도 과거시제로 표현한다고 설명하였다.

위와 같은 논리를 미래시제와 미래진행시제의 상황에서도 찾아보자.

경찰에서 잡으려고 하는 수배자가 카지노에서 도박을 하고 있다는 제보가 방금 경찰서에 들어왔다고 하자. 그래서 즉시 경찰들이 출동하여 카지노로 가고 있는 상황을 영어로 표현해 보자.

1. 경찰이 카지노에 도착할 때는 그 수배자는 무엇하고 있을까?
2. 경찰이 카지노에 도착하면 그 수배자는 어떻게 할까?

지금시점에서는 수배자는 경찰이 오고 있는 것을 모른다. 그러므로 경찰이 도착할 시점까지에도 여전히 도박을 하고 있을 것이라고 생각할 수 있다. 그러나 일단 경찰이 카지노 문에 들어서는 것을 보면 수배자는 도

망갈 것이다. 만약 경찰이 오지 않는다면 그 수배자는 돈을 딸 때까지, 아니면 돈을 다 잃을 때까지 도박을 할 것이다.

위의 질문을 영어로 옮겨 보겠다.

1. What will he (the wanted man) be doing when the police arrive?
2. What will he do when the police arrive?

위의 상황에서 기준이 되는 미래시점은 정확하게 한정되어 있으므로 when으로 표현하면 된다. 우리말에서는 if와 when의 구별이 힘들기 때문에 if와 when의 차이를 우리말로 나타내기가 어렵다.

수배자는 경찰이 도착할 시점까지 여전히 도박하고 있을 것이므로 1번의 답은 He will be gambling when the police arrive. 이겠고, 2번의 답은 He will (definitely) run away when the police arrive. 가 되겠다. 즉 경찰이 도착할 시점에 그는 여전히 도박하고 있을 것이라는 상황이다.

다른 상황을 하나 더 들겠다.

다방에 지금 앉아 있는데, 내 친구의 남자친구가 다른 여자를 데리고 들어와서 커피를 마시며 앉아 있다고 하자. 그래서 얼른 친구에게 전화해서 말해주었더니 택시 타고 지금 이곳으로 오겠다고 한다. 이 상황에서 다음 질문에 답해보기 바란다.

1. What will they be doing when my friend arrives?
2. What will they do when she arrives?

물론 1번 질문의 답은 They will be talking and drinking coffee가 되

겠고, 2번 질문의 답은 They will probably run away. 도 가능하겠다.

과거시제와 마찬가지로 미래영역에 있어서도 순서대로 혹은 순리대로 일어날 상황들이나 거의 동시에 일어날 상황들은 단순히 미래시제로 표현하면 된다. 그러나 한정된 미래시점에서 진행되고 있을 상황은 미래진행시제로 표현하면 된다. 특히 진행상황을 바라보며 묘사하는 것과 같은 인상을 주는 시제가 진행시제이기 때문에 부탁을 할 상황에도 미래진행형으로 표현하면 요구나 명령 같은 느낌을 주지 않고 오히려 부드러운 느낌을 준다. 또한 일상생활에서 반복적으로 하는 일을 미래시점에서 표현하고자 할 때도 미래진행시제로 표현하면 된다.

(3) 미래진행시제의 속성

미래진행시제의 상황은 과거진행시제의 상황의 속성을 내포한다. 시점에 초점을 맞추어 진행상황을 묘사하기 때문에 미래시점이 명시되어야 한다. 기준이 되는 미래시점은 시각으로 표시해 주어도 되고, 앞뒤 문맥이나 상황으로 나타내도 된다.

한편으로는 잘 알 수 없는 미래영역에서 일어날 상황에 국한하기 때문에, 과거진행시제에서 볼 수 없는 예의적 한시성을 미래진행시제의 상황에서 찾아볼 수 있다.

묘사적 한시성

한정된 미래시점에서 진행되고 있을 상황 행위를 묘사할 때 사용하는 시제가 미래진행시제이다. 따라서 미래시점을 한정하여 그 시점 부근에서 일어날 상황을 한정적으로 묘사하는 속성을 미래진행시제에서 볼 수 있다. 한편으로는 한정된 미래시점에서 일상적이거나 반복적인 상황이 진행될 때도 미래진행시제로 표현하면 좋다.

1. I will be watching TV when you arrive.
2. What will you be doing around 2 tomorrow?
3. I will be playing cards with my friends as usual.
4. I will be lying in the sun this time next year.
5. We will be seeing you.

선약적 한시성

기준이 되는 미래시점에서 미리 준비나 계획이 되어 있는 일이 진행되고 있을 상황을 미래진행시제로 표현하면 된다.

1. I will be seeing him tomorrow.
2. I will be flying for L.A. this Sunday.
3. I will be helping my brother with his school work this evening.
4. He will be dining out with my sister tomorrow evening.
5. We will be having a party at that hour.

예를 들어, 3번 문장은 오늘 저녁 동생 공부를 봐주기로 약속했기 때문에 그 시간에 동생하고 있을 것이라는 의미이다.

4번 문장의 상황도 위와 비슷하다. 내 여동생하고 저녁 약속을 했기 때문에 그 친구는 내일 저녁에 내 동생하고 저녁을 먹고 있을 것이라는 의미이다.

미리 계획, 약속이 되어있는 미래의 일은 이렇게 미래진행시제로 표현해도 되지만, 때로는 위와 같은 상황들이 반드시 미리 약속이 되어 있는 상황이라는 보장이 없다. 미래진행형의 가장 기본적인 용도가 미래에 일어날 상황의 진행을 미래시점 에 초점을 맞추기 때문에, 선약적 한시성의 속성이 다소 약하게 나타난다. 따라서 미리 약속, 계획이 되어 있는 미래의 상황 에 초점을 맞추게 되면 현재진행형 + 미래시점 으로 표현하는 것이 바람직하다.

중단적 한시성

미래영역에서 진행되고 있을 행위나 상황이 예기치 않은 일로 인하여 중단될 것을 알 수 있는 상황에서 중단된 진행의 미완성을 보여주는 한시성의 속성을 미래진행시제의 상황에서 볼 수 있다.

1. He will be having a good time when his father returns home.
2. She will be struggling with her twin sons when her husband comes home with the new nanny.
3. He will still be drinking and laughing with his girl friend when his wife shows up in a minute.

1번 문장의 상황을 예로 들어보자. 아버지가 휴가 가신 틈을 타서 아들이 친구들을 불러다 놓고 파티를 한다고 하자. 그러나 아버지가 예정을 바꾸어 일찍 돌아올 경우의 상황을 가정해 보면 된다. 즉 이 문장은 아버지가 돌아오실 미래시점에서 진행되고 있을 아들의 상황을 묘사해 주는 것이다. 아버지가 문을 열고 들어올 순간으로 파티는 끝날 것 같은 예감이 든다.

예의적 한시성

지금시점에서 도움이 필요한 것이 아니라 미래시점에서 도움을 필요로 할 경우에 미래진행시제를 사용하여 부드럽고 공손하게 의사표시를 할 수 있다. 미래에 관한 사항이라도 상대방의 도움이 필요하거나 부탁하고자 할 때는 will 이나 be going to 를 사용하는 미래시제보다 미래진행시제로 부탁하는 것이 훨씬 부드러운 인상을 준다.

1. Will you be using your car this afternoon?
2. Will you be bringing the dinner here?
3. Will you be helping my sister with her homework?

동생이 형에게 차를 빌리고 싶으면 1번 문장같이 부드러운 뉘앙스를 가지고 부탁하면 일이 잘 될 것 같다.

2번 문장의 경우를 잘 살펴보자. 호텔 방에서 Will you bring the dinner here, please? 라고 말한다면 이 표현은 명령이나 요구같이 들린다. will 대신에 would를 사용하여도 여전히 공손한 명령이나 요구로 들릴 수 있다. 그러나 이렇게 미래진행형으로 표현하면 상황의 진행에 초점을 맞추기 때문에 요구나 명령같이 들리지 않고 다만 미래에 있을 상황을 묘사할 뿐이라는 인상을 준다. 다시 말하면 저녁식사를 이리로 들여놓을 행위의 진행에 초점을 맞춘 것뿐이다. 우리말로 굳이 표현하자면 저녁식사를 이리로 가지고 오실건가요? 의 의미가 되겠다.

과거진행시제와 미래진행시제에서는 한정된 시점의 상황의 진행에만 초점을 맞춘다. 따라서 이 시제로 표현한 문장에서는 진행형 문장의 주어가 반드시 진행되고 있는 동사를 초래한 장본인이라고 단정할 수 없다.

미래의 사항을 요구하거나 부탁할 때 이렇게 미래진행형을 사용하면 요구나 명령의 뉘앙스가 희석이 될 수 있는 것이 이러한 논리에서 기인한다.

과거진행시제를 미래영역으로 옮겨놓은 시제가 미래진행시제이다. 한정된 미래시점으로 상황의 진행을 구속 한정하는 시점의 시제이기 때문에, 미래진행시제의 상황은 묘사적 한시성, 선약적 한시성, 중단적 한시성을 내포하고 있다. 특히 미래진행시제의 상황은 과거진행시제의 상황에서는 찾아볼 수 없는 속성인 예의적 한시성을 포함한다.

4. 미래진행시제와 인근시제

(1) 미래진행시제와 미래시제

같은 미래영역 내에서 일어날 상황을 표현하고자 할 경우, 미래시제와 미래진행시제 중에서 어느 시제를 사용해야 하는지 살펴보겠다. 과거영역에서 일단 진행이 끝난 일은 과거시제로 표현하고, 과거로 끝난 일이지만 일단 과거시점으로 돌아가 그 시점에서 진행되고 있었던 상황은 과거진행시제로 표현한다고 설명하였다. 미래시제도 이와 같은 차원에서 이해하면 된다. 즉 미래에 일어날 사실여부 자체에 초점을 맞추면 미래시제로 표현하면 되고, 미래에 일어날 사실여부보다 한정된 시점에서 상황의 진행에 초점을 맞추면 미래진행시제로 묘사하면 된다.

결론적으로 미래시제와 미래진행시제와의 차이점을 과거시제와 과거진행시제의 차이점 측면에서 살펴보겠다.

1. When he arrived we played cards.
2. When he arrived we were playing cards.
3. When he arrives, we will play cards.
4. When he arrives we will be playing cards.

1번 문장과 3번 문장의 상황과 의미를 같은 맥락에서 보고 2번 문장과 4번 문장의 상황을 같은 차원에서 보면 되겠다. 1번 문장은 그 친구가 도착하고 나서 카드놀이를 했다는 의미이고 3번 문장의 의미는 그 친구가 도착하면 카드놀이를 할 것이라는 의미이다. 그러나 2번 문장과 4번 문장은 기준이 되는 미래시점의 상황의 진행을 보여주는 예문들이다. 즉 2번 문장은 그 친구가 도착했을 때 우리는 카드놀이를 하고 있었던 중이라는 상황을 의미하고, 4번 문장의 상황은 그가 도착할 때는 우리는 카드놀이 하고 있을 것이라는 상황이다.

(2) 미래영역 내에서의 영역과 시점의 시제

결론적으로 미래영역에서 끌어낼 수 있는 영역과 시점의 시제들을 종합적으로 비교해 보겠다.

우리말 표현인 너 내일 오후에 뭐 할 거니? 라는 질문을 표면적으로 보면 단순히 미래시제의 상황 같이 들린다. 그러나 이 표현을 다각도에서 분석해 보면 여러 가지의 상황을 내포하고 있는 것을 알 수 있다. 이 여러 가지의 상황을 이 질문의 답에서 찾아보자.

1. 글쎄, 동생하고 영화나 갈까?
2. 시험이 닥쳐오니 공부해야겠는데.
3. 집에서 텔레비전을 보려고 해.
4. 기분이 좋으면 집안 청소나 하려고 하는데.
5. 난 토요일 오후면 집에서 텔레비전이나 보잖아.
6. 뭐, 청소나 하고 있겠지.
7. 숙제하려고 마음먹었어.
8. 친구 차를 고쳐주기로 했어.(약속이나 강요에 의해서 하는 행위가 아님)
9. 삼촌하고 정구치기로 했어.
10. 병원에 가야 돼. 예약해 놨거든.

단순히 미래시제의 상황같이 들리는 우리말 질문의 숨겨진 상황을 분석하면 영어의 다양한 시제를 끌어내어 답할 수 있다. 위의 문장들을 영어로 표현해 보겠다.

1. I think I will go to the movies with my brother.
2. I guess I will study for the exam.
3. I am going to watch TV at home.
4. If I feel fine, I am going to clean the house.
5. I will be watching TV at home.
6. I will (probably) be cleaning the house.
7. I will be doing my homework.
8. I will be fixing my friend's car.
9. I am playing tennis with my uncle.
10. I am seeing my doctor.

5. 미래진행시제의 결론

will 미래시제와 be going to 미래시제의 상황에서는 미래시점을 표면적으로 한정해 주지 않아도 된다고 하였다. 그러나 기준이 되는 미래시점을 언어로 또는 문맥으로 명시해 주어야 미래진행시제로 표현할 수 있다. 즉 기준이 되는 미래시점에서의 상황을 진행에 초점을 맞추는 시점의 시제가 미래진행시제이다. 이 점에서 미래진행시제는 과거진행시제와 상대적으로 대비되는 시제로써 과거진행시제가 가지고 있는 묘사적 한시성, 중단적 한시성, 선약적 한시성을 내포할 뿐 아니라 미래진행시제의 상황만이 갖는 예의적 한시성도 있다.

미래진행시제를 구성하는 요소인 will의 특수성에 기인하여 다양한 상황을 묘사할 수 있다. will 미래시제의 문장은 주어의 의도 뿐 아니라 화자의 의도도 포함할 수 있어 이 두 상황을 포괄적으로 포용하는 것도 미래진행시제의 특성이다. 따라서 한정된 미래시점 부근에서의 진행상황을 객관적으로 바라보며 묘사하는 것 같은 시제가 미래진행시제이다. 또한 단순히 막연한 미래에 있을 상황도 묘사할 수가 있어서 결과적으로 아주 가까운 미래의 상황의 진행도 표현할 수 있고 먼 장래의 상황의 진행도 표현할 수 있는 시제가 미래진행시제인 것이다.

will 미래시제의 미래진행형은 will be + ing 이고 be going to 미래시제의 미래진행형은 be going to be + ing 이다. 그러나 will be + ing 형식이 be going to be + ing 을 포함하기 때문에 굳이 be going to be + ing 형식을 잘 사용하지 않는 것 같다. 물론 We are going to be dancing and screaming when our teacher returns to class. 는 문법적으로 맞는 문장이다.

(A) *English in Situation*에서 퍼온 다음 대화를 미래진행시제에 초점을 맞추어 읽어 보자.

Two spies are arranging a meeting by telephone. They have never seen each other before.

A: (strong and aggressive) Now, have you understood everything?

B: (weak and nervous) Yes, I think so.

A: You think so! What do you mean? Everything must go according to plan! Tell me when we will meet, where I'll be standing, and what I'll say to you!

B: Uh We'll meet at at 8 o'clock tomorrow morning and

A: No, no, you fool! At 9 o'clock tomorrow morning! At 9!

B: Of course. At 9. That was just a slip of tongue. I meant 9.

A: Now, where will I be standing and what will I say to you?

B: Yuo'll be standing in front of the Bank of England, and you'll say you'll say uh

A: (very angry) I'll sat "What terrible weather!" Do you understand, you fool!

B: Yes, but don't you think that might sound strange. I mean, the sun might be shining tomorrow, and someone might overhear us. Perhaps the Secret Service will be watching us and and

A: Never mind about that. Just remember to be there at 9, tomorrow morning. I shall wait only until then! I'll have left by 9:05! Remember!

B: Yes, I'll remember. I won't forget.

A: Now, there's still one thing we haven't settled. How will I recognize you?

B: Oh, that's easy. I'll be wearing a bowler hat and carrying an umbrella.

A: What! In the centre of London! That won't help me at all! Don't you realize that a thousand other people might be doing the same thing on the same street!

B: Oh, dear. I suppose you're right. You see, I thought the police might be following me, and I wanted to look like everyone else. I know! I'll wave to you. Will that help?

A: All right. But wave to me, and not to someone else!

B: Yes, of course. But oh, dear how will I recognize you?

A: That's easy. I'll be wearing a grey raincoat and carrying a black briefcase.

12 미래완료시제

The Future Perfect Tense

1. 미래완료시제의 문자적 의미

미래완료시제는 문자 그대로 기준이 되는 한정된 미래시점에서 미래시점 미만의 상황을 논하는 시제이다. 시점의 시제와는 달리 시간대에 관한 시제이기 때문에 한정된 두 시점이 필요한 시제이다. 한정된 한 시점에서 시작하여 한정된 미래시점까지로 시간대를 형성하기 때문에, 미래완료시제의 영역은 미래시점을 기준으로 볼 때 그 시점의 왼쪽 영역을 모두 포함한다. 다시 말하면, 미래완료시제로 표현하는 상황의 시작점은 과거영역에도 있을 수 있고, 지금시점 부근도 될 수 있고, 또 다른 미래시점도 될 수 있다. 그러나 지금 말하고 있는 시점에서 볼 때 기준이 되는 한정된 미래시점에서 미래시점 미만의 상황을 묘사하는 시제이기 때문에, 미래완료시제라고 명명한 것이다.

2. 미래완료시제의 일반적 개요

지금시점까지로 한정한 현재완료시제의 상황에서는 지금시점이 언어활동을 하고 있는 시점이기 때문에 지금시점을 명시할 필요가 없다고 했다. 그러나 미래시점까지로 한정한 미래완료시제의 상황에서는 미래시점을 명시할 필요가 있다. 물론 문맥이나 상황에서 보여주어도 된다.

다음 예문에서 상황의 공통점을 찾아보자.

1. 사장님은 (늦어도) 7시까지는 집에 가실 거야.
2. 선생님은 (아무리 늦으셔도) 9시 15분까지는 오셔.
3. (적어도) 그때 까지는 나는 이 책을 끝마칠 거야.
4. (아무리 늦어도) 그 애는 10시까지는 잠자리에 들어요.
5. (아무리 늦게 일어나도) 7시까지는 일어나요.

위의 예문에서 괄호 안에 쓴 표현과 미래의 상황을 견주어 보자.

1. 오늘 저녁도 7시까지는 집에 가실 거야.

예를 들어, 회사에서 비서로 일하고 있는 친구에게 전화를 걸어서 지금 회사 건물에 있는 카페에서 기다리니 빨리 나오라고 말하자 그 친구가 이렇게 답할 수 있다. 조금만 더 기다려 줘. 사장님은 무슨 일이 있어도 7시까지는 집에 가시기 때문에, 오늘 저녁도 7시까지는 집에 가실 거야.

2. 선생님은 아무리 늦으셔도 9시 15분 까지는 오셔.

9시 강의에 늦으시는 선생님을 초조하게 기다리는 친구에게 이렇게 말할 수 있다. 선생님은 아무리 늦으셔도 9시 15분까지는 오셔.

3. 적어도 그때 까지는 이 책을 끝마칠 거야.

새 학기에 쓸 책을 쓰는 상황에서 이렇게 말할 수 있다. 새 학기가 3월 2일에 시작이니, 적어도 그때 까지는 이 책을 끝마칠 거야.

4. 아무리 늦어도 그 애는 10시까지는 잠자리에 들어요.

아들이 텔레비전에서 밤 10시에 끝나는 영화를 보고 있다고 하자. 너무 늦게 잠자리에 드는 것 같아 걱정하는 남편에게 아내가 이렇게 말할 수 있다.

5. 아무리 늦게 일어나도 7시까지는 일어나요.

아직도 일어나지 않고 있는 아들을 보고 학교에 늦을까봐 걱정하는 남편에게 아내가 이렇게 말할 수 있겠다. 아무리 늦게 일어나도 7시까지는 일어나요.

위의 예문에서 공통적으로 들어가는 상황이 미래시점을 ~까지로 로 한정한 부분일 것이다. 까지로 를 더욱 명확히 표현하기 위하여 적어도, 아무리 늦어도 등의 수식어를 추가하였다. 바로 이 까지로 의 상황이 미래완료시제로 표현할 수 있는 상황이다. 한정된 미래시점에서의 상황이 아니라 한정된 미래시점까지로의 상황을 가장 잘 표현하는 전치사는 by 일 것이다.

우선 위의 예문을 영어로 표현해 보겠다.

1. He will have gone home by seven.
2. He will have arrived by 9:15.
3. I hope I will have finished this by then.
4. He will have gone to bed by ten.
5. He will have been up by seven.

3. 미래완료시제의 논리적 접근

(1) 미래완료시제의 영역

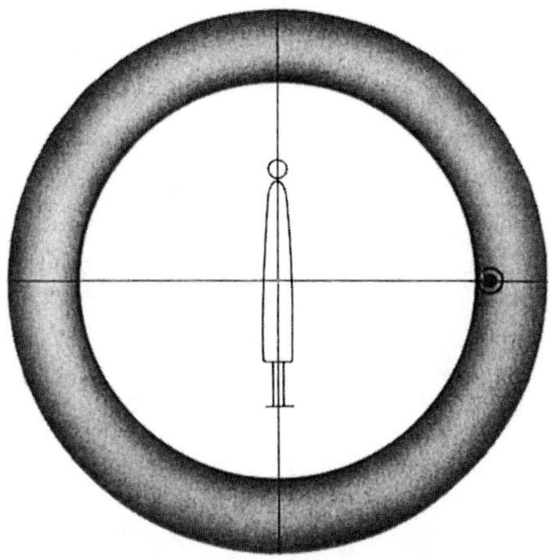

그림 12-1 **미래완료시제의 영역**

현재완료시제는 지금시점 미만의 시간대의 상황을 설명해 주는 시제이고, 미래완료시제는 한정된 미래시점 미만의 시간대의 상황을 설명하는 시제이다. 현재완료시제는 기준이 되는 지금시점에서 과거영역을 바라보는 시제이고, 미래완료시제는 기준이 되는 미래시점에서 지금시점 방향을 바라보는 시제이다.

미래완료시제의 영역은 한정된 미래시점까지의 영역을 모두 포함한다. 즉 과거 한 시점부터 한정된 미래시점까지의 시간대도 포함할 수 있고, 지금시점 부근부터 미래시점까지의 시간대도 될 수 있고, 미래영역의 다른 한 시점부터 정해진 미래시점까지의 시간대도 미래완료시제의 시간대가 될 수 있는 것이다. 다시 말하면 미래시점까지로 한정될 상황의 시작점은 과거시점도 될 수 있고, 지금시점 부근도 될 수 있고, 또 다른 미래시점도 될 수 있다는 의미이다.

결과적으로 미래완료시제는 미래시제와는 달리 미래영역내의 시점, 즉 한정된 미래시점을 명시해 주거나 문맥이나 상황이 미래시점을 대신할 수도 있다. 그러면 지금시점에서 도래하지 않은 시각을, 즉 미래영역의 한 시점을 어떻게 한정해 줄 수 있는지 한번 생각해 보자.

(2) 미래완료시제의 논리적 고찰

현제완료시제는 그 시제 자체가 지금 말하고 있는 시점까지로 시간대를 국한할 뿐 아니라, 우리의 언어활동은 모두 지금시점에서 하고 있기 때문에, 지금시점이라는 시각을 명시해 줄 필요가 없다고 설명하였다.

그러나 어느 한 미래시점을 정해 놓고 정해진 미래시점까지만의 상황을 묘사하는 미래완료시제는 한정된 미래시점을 by + 시각, 예를 들어 by the time, by then 등으로 한정해 주는 시간대 설정이 필요하다. 즉 미래의 시간을 at + 미래시점 으로 한정하지 않고 by + 미래시점 으로 한정해 주는 상황에서 미래완료시제의 상황은 ...시점까지의 상황 이라는 것을 알 수 있다. 우리가 시간대를 at + 시점 으로 한정하였다면 at + 시점 에서 완료가 되는 상황을 의미하겠지만, 시간대를 by + 시점 으로 한정하였기 때문에 그 한정된 시간대 내에서 행위 상황이 일어나기만 하면 된다. 물론 by + 미래시점 대신에 시간을 표현해 주는 어휘들, 예로 when, before, after, if 등을 사용해도 상관이 없다.

다음 우리 말 예문을 보자.

1. 다음 달로 그들은 결혼한 지 20년이 되지.
2. (그 친구를 한 달에 한 번씩 만나니까) 내년이면 60번을 만나게 되는 셈이지.
3. 5시까지는 적어도 빵을 20개나 구울 수 있겠지.
4. 10시까지는 게임이 끝나지.
5. 금년도 못 가서 돈을 다 써버릴 거야.

위의 예문들을 기준이 되는 미래시점에 초점을 맞추어 살펴보자.

1. 다음 달로 그들은 결혼한 지 20년이 되지.

이 문장의 시간대는 거의 20년 전의 과거시점부터 다음 달이라는 미래시점까지이다. 그러나 기준이 되는 시점이 다음 달 이기 때문에, 거의 20년 전부터 시작한 일을 한정하는 시점은 미래시점인 다음 달까지 인 것이다. 그렇다고 결혼생활에 종지부를 찍겠다는 의미는 아니다. 오로지 정해진 미래시점까지만의 상황을 미래시점에서 한정하여 말해 줄 따름이다.

2. (그 친구를 한 달에 한 번씩 만나니까) 내년이면 60번을 만나게 되는 셈이지.

내년의 시점에서 보면, 내년까지 60번을 만나게 된다는 의미이지, 내년이 지나서도 다시 만날지, 안 만날지의 상황은 내년 시점 미만의 상황하고는 아무 관계가 없는 상황이다.

3. 5시까지는 적어도 빵을 20개나 구울 수 있겠지.

5시까지 로 한정된 시간대 내에서 구울 수 있는 빵의 양을 말하는 상황이다.

4. 10시까지는 게임이 끝나지.

적어도 10시를 기준으로 해서 그 시간까지 는 게임이 끝난다는 의미이다.

그러므로 10시 훨씬 전에 끝나든지, 10시 바로 전에 끝나든지, 10시 땡 하고 치기 1초 전에 끝나든지, 좌우간 10시까지로 한정된 시간 내에서만 끝나면 되는 상황이다.

5. **금년도 못 가서 돈을 다 써버릴 거야.**

이 문장의 상황도 위와 같은 상황이다. 즉 돈을 언제 다 쓸지 모르지만 아무리 늦게 잡아도 금년이 다 가기 전에 돈을 다 써버릴 것이라는 의미이다. 그러므로 10월에 바닥이 날지, 11월에 바닥이 날지 모르지만 금년 말까지는 돈이 다 떨어질 것이라는 상황이다.

위의 예문을 영어로 표현해 보자.

1. By next month they will have been married for 20 years.
2. By the end of next year I will have seen him 60 times.
3. By five o'clock I will have baked 20 breads.
4. The game will have finished by 10 o'clock.
5. He will have spent all his money by the end of the year.

이렇게 미래완료시제로 표현한 문장들은 기준이 되는 한정된 미래시점 미만의 행위, 상황을 미래시점에서 바라보며 확인하는 작업과 같다. 그러나 이 미래시점은 불확실한 미래영역에 속해 있기 때문에 반드시 그 미래시점이 도달하리라는 보장은 없다.

시점의 시제와는 달리 미래완료시제는 시간대의 시제이기 때문에, 미래완료시제로 표현한 상황은 한정된 미래시점의 상황이나 그 이후에 일어날 상황하고는 아무 연관이 없다. 이러한 의미에서 미래완료시제는 정해진 미래시점 미만의 상황을 이 미래시점에서 구속, 한정하여 묘사하는 형식이다.

(3) 미래완료시제의 속성

미래완료시제는 어떤 한 행위 상황의 진행이 시작한 시점과 그 행위 상황을 한정해 줄 미래시점으로 연결한 시간대의 상황을 묘사하기 때문에, 이 두 시점간의 상황을 연계적 측면에서 살펴볼 수 있다.

미래완료시제에서 가장 중요한 부분이 바로 한정된 미래시점을 이해하는 것이다. 아무리 미래시점을 이렇게 구속하거나 한정해도, 그 미래시점이 반드시 오리라는 보장이 없을 뿐 아니라, 그 미래시점에 가서 미래시점 미만의 상황의 결과로 미래시점의 상황을 예측하기는 힘들다.

그러나 지금까지 존재한 사실을 추론하여 미래의 상황을 예상할 수 있는 것이다. 현재완료시제에서 볼 수 있는 연계성이 불확실성의 미래영역에서도 나타난다고 예상할 수 있다. 즉 미래의 존재는 과거존재의 사실에서 추론하여 그 존재의의를 찾을 수 있는 것처럼, 미래완료시제는 과거완료시제에서 찾을 수 있는 속성과 동일한 속성을 가지고 시간대만 달리하여 미래영역에 걸쳐 존재하는 것이다. 특히 미래완료시제의 상황은 현재완료시제의 상황에서는 찾아볼 수 없는 순차적 연계성의 속성도 가지고 있다.

확증적 / 인과적 연계성

한정된 미래시점에서 미래완료시제의 시간대의 상황을 논한다는 것은 우리의 인지와 마음속에 있는 사실을 들추어내어 확인하는 속성을 대변해 주는 것과 같다. 한편으로 미래시점 미만의 상황으로 미래시점에서 일어날 상황을 예측, 예상하여 연관 지어 표현할 수 있다.

다음 목요일에 미국유학을 떠난다고 하자. 모든 준비는 다음 목요일까지 끝낼 수 있지만, 미국의 전화번호를 미리 알려주는 것은 거의 불가능할 것이다. 이러한 상황을 미래완료시제로 표현해 보자.

1. I will have packed all my clothes and books by next Thursday.
2. I will have said goodbyes to my relatives and friends by then.
3. I will have gotten my visa by then.
4. I will not have given my friends my new telephone number when they see me off at the airport next Thursday.

한편으로 미래시점 미만에서 완료가 된 행위, 상황을 기준이 되는 미래시점의 상황과 인과적으로 연계지어 표현할 수 있다. 다음 예문에서 인과적 연계성을 살펴보기로 하자.

1. He will have left New York by then, so you won't be able to find him there.
2. She will have done her homework by then, so you will be able to take her to the movies.

이와 같이 미래완료시제의 속성은 우리의 인지 속에 있는 사실이나 상황을 한정된 시간대 영역에서 들추어내어 확인하는 작업같이 느껴진다. 또한 미래시점 미만의 상황과 기준이 되는 미래시점의 상황과의 사이에서 인과적인 연계성을 찾아볼 수 있다.

순차적 연계성

과거완료시제에서 살펴보았듯이, 두 시점으로 연결된 시간대의 상황에서는 발생순서의 중요성이 부각된 순차적 연계성을 볼 수 있었다. 이러한 순차적 연계성이 미래완료시제에서도 나타난다.

두 행위 상황이 일어날 순서가 중요할 때, 먼저 일어날 상황을 미래완료시제로 표현하고, 그 후에 일어날 상황을 미래시제로 표현한다.

1. When I have found a home for her, I will be able to die in peace.
2. When I have gotten a job, I will write to my parents.
3. When I see her again, I will have become rich and famous.

과거완료시제에서 설명했듯이 시점을 나타내는 when은 어느 절에 사용해도 좋다. 다만 먼저 발생할 상황은 미래완료시제로 표현하고 그 후에 일어날 상황은 미래시제로 표현하면 된다. 물론 사건, 상황들의 발생순서가 중요하지 않을 때는 모두 미래시제로 표현하면 된다. 주절을 이미 미래시제꼴로 표현했기 때문에, 1번과 2번 문장의 부사절의 미래완료시제와 3번 문장의 부사절의 미래시제에서는 영어의 경제원칙에 의하여 will이 생략된 것이다.

위의 예문을 우리말로 표현해 보겠다.

1. 그 아이를 위해 좋은 가정을 구해놓고 나서 그 다음에 평화롭게 눈을 감을 수 있을 것이다.
2. 직업을 찾기 전에는 부모님께 편지를 드리지 않겠다. / 일단 직업을 찾고 나서 부모님께 편지를 드리겠다.
3. 돈을 벌고 유명해지기 전까지는 그 여자를 다시는 만나지 않겠다. / 돈을 벌고 유명해지고 나서 그 여자와 다시 만나겠다.

이렇게 두 사건 상황이 일어날 순서가 중요한 의미를 나타낼 때는 먼저 일어날 상황을 미래완료시제로 표현하면 된다. 과거완료시제에서 설명한 것과 마찬가지로, 굳이 우리말로 옮기자면 일단 을 하고 나서의 의미가 미래완료시제가 표현하는 상황일 것이다.

아직 일어나지 않은 상황을 논하는 시제가 미래꼴의 시제들이기 때문에, 과거완료시제에서 찾을 수 있는 역행적 연계성을 찾아볼 수 없다. 일어나지 않은 상황, 즉 일어나리라고 생각하는 상황이기 때문에 미래의 사실을 두고 가정을 할 수 없다. 이와 같은 논리에서 미래완료시제에서는 역행적 연계성을 찾아볼 수 없는 것이다.

4. 미래완료시제와 인근시제

(1) 미래완료시제와 미래시제

일단 과거영역에서 진행이 끝난 상황, 행위는 과거시제로 표현해 주듯이, 미래영역에서 발생할 상황을 단순히 묘사하는 시제가 미래시제이다. 반면에, 한정된 미래시점 미만의 상황, 즉 두 시점으로 연결된 시간대의 상황을 묘사하는 시제가 미래완료시제이기 때문에, 두 시제의 용도를 구별하기가 쉽지 않을 수도 있다.

앞에서 언급했듯이, 주절(main clause)의 시제가 부사절의 시제를 포함함으로, 부사절에서는 will을 생략한다고 설명하였다. 미래완료시제의 부사절에서도 시제의 모습은 현재완료시제의 형식같이 보이나, 미래의 상황을 나타내는 시제가 주절에 있을 경우에는, 부사절의 미래완료시제에서는 will을 생략했을 뿐이라고 보면 된다.

결과적으로 시간의 개념을 가진 어휘를 주절과 부사절 중에서 어느 곳에 써야 하는지의 문제가 아니라, 미래시제와 미래완료시제가 한 문장이나 한 문맥(context)안에 있는 경우에는, 미래완료시제로 표현한 상황이 미래시제로 표현한 상황보다 먼저 일어날 상황이라는 점이다. 그림을 자세히 보면 이해가 쉬우리라 생각한다.

다음 상황을 자세히 살펴보고 미래완료형을 어느 부분에 써야 할지 생각해 보자.

다음 주에 미국 유학길에 오를 것이라고 하자.

1. 책과 옷은 상자에 넣어서 우선 배편으로 부칠 것이다.
2. 우선 비자를 받고 난 후에 비행기 표를 사야 할 것이다.
3. 친척들과 친구들에게 작별인사를 하고 나서 공항으로 갈 것이다.
4. 비행기에 오르기 전에 공항에서 교수님께 전화를 걸 것이다.

위의 상황을 단순히 미래형으로 표현해 주어도 된다. 각 문장을 2개의 문장으로 분리하여 미래형으로 우선 표현해 보겠다.

1. I will pack my books and clothes.
   I will have them shipped.
2. I will get a visa.
   Then I'll purchase a ticket.
3. I'll say goodbyes to my relatives and friends.
   After that I will go to the airport.
4. I will call my professor first.
   Then I will board the plane.

각 번호에 해당하는 문장에는 주절과 부사절로 표현할 수 있는 상황들이 들어 있다. 어느 상황을 주절로 해야 할지는 각자의 판단에 맡기면 된다. 그러나 가장 중요한 점은 두 상황 중에서 먼저 일어날 상황을 미래완료형으로 표현해 주어야 한다.

이번에는 by the time 을 사용하여 두 상황을 묶어 하나의 문장으로 만들어 보겠다.

1. I will have packed my books and clothes, by the time I have them shipped.
2. I will have gotten a visa by the time I purchase a ticket.
3. I will have said goodbyes to them by the time I go to the airport.
4. I will have called my professor by the time I board the plane.

이번에는 when 을 사용하여 표현해 보겠다.

1. When I have my books and clothes shipped, I will have packed them.
2. When I purchase a ticket I will have gotten a visa.
3. When I go to the airport I will have said goodbyes to them.
4. When I board the plane I will have called my professor.

이번에는 when 을 미래완료형의 절에 사용해 보겠다.

1. When I have packed my books and clothes, I will have them shipped.
2. When I have gotten my visa, I will purchase a ticket.
3. When I have said goodbyes to them, I will go to the airport.
4. When I have called my professor, I will board the plane.

미래완료시제에서 가장 중요한 점은, 미래완료시제로 표현하는 상황은 미래시점 미만의 상황인 동시에 미래시점의 상황은 포함하지 않기 때문에, 결과적으로 미래시점에서 일어날 상황보다 더 먼저 일어날 상황이라는 점이다.

과거완료시제에서 설명한 바와 같이, when을 완료형의 형식과 같이 사용하면 거의 after that 혹은 then의 의미를 표현한다. 우리말로 을 하고 나서로 옮기면 되겠다. 예를 들어 1번 문장을 우리 로 옮겨 보겠다. 책과 옷을 다 싸고 나서 배로 부치겠다.

영어로 표현한 문장들을 자세히 살펴보면, when이나 by the time이 이끄는 부사절에서는 조동사가 생략이 되는 것을 볼 수 있다. 주절의 시제가 부사절의 시제를 포함하기 때문에, 영어의 경제원칙에 의해 주절에서만 미래의 상황을 의미하는 will을 사용한다고 설명하였다.

지금까지 설명한 바와 같이, 미래시제와 미래완료시제가 한 문장이나 문맥 내에서 같이 사용되었을 경우, 미래완료시제로 표현한 상황, 즉 미래시점 미만의 상황이 미래시제로 표현한 상황, 즉 미래시점의 상황보다 더 먼저 일어날 상황이라는 것이다.

5. 미래완료시제의 결론

한정된 미래시점에서 시간을 구속하여 그 시점 미만의 상황을 묘사하는 형식이 미래완료시제이다. 미래완료시제에서는 한정된 미래시점까지 어떤 상황이 완료되어야 한다기보다는 적어도 그 시간대 내에서 미래완료시제의 상황이 발생한다는 의미이다. 즉 그 시점을 기준으로 두 시점이 필요한 시간의 영역대를 한정시킨다는 의미이다. 따라서 미래완료시제로 표현하는 상황의 시작점은 과거영역에 있을 수도 있고, 지금시점 부근일 수고 있고, 또 다른 미래시점일 수도 있다. 단순히 미래영역에서 시점을 한정시킨다면 at + 시각 등으로 표현하여 내일에, 2시에, 내년에 로 나타내어 시점의 시제인 미래시제로 묘사할 것이다. 한정된 미래시점까지라는 의미를 시간대로 표현하자면 by + 시각 도 가능하고 when, after, before, as, if 등이 이끄는 부사절로도 가능하다.

다른 한편으로는 그 시점에서 상황이 끝나는 것이 아니라, 그 미래시점을 지나서도 계속 진행이 될 수 있는 상황이나 미래시점의 진행도 포함하는 상황에는 미래완료진행시제로 표현하는 것이 더 자연스럽다. 다시 말하면 시간의 경과, 즉 기간을 의미할 때와 진행에 초점을 맞출 때는 미래완료진행시제가 의미와 상황에 생동감을 주는 것이다.

시점의 시제가 아니라 미래완료시제는 시간대의 시제이기 때문에, 이 시간대 설정을 가능하게 하는 두 시점이 필요하다. 결과적으로 두 시점의 관계를 우리는 연계성 (확증적/인과적 연계성)에서 찾아볼 수 있다. 다시 말하면 우리의 인지 속에 존재하는 미래의 사실 상황을 한정된 미래시점에서 확인하며 미래시점의 상황과 연관 짓는 속성을 가진 시제가 미래완료시제이다. 한편으로는 미래영역에서 일어날 상황들의 발생순서가 중요할 경우에는 먼저 일어날 상황을 미래완료시제로 표현하고, 그 후에 일어날 상황을 미래시제로 표현하는 순차적 연계성의 속성이 있다.

그러나 불확실성의 세계를 논하는 시제이기 때문에 아직 일어나지도 않은 상황을 역으로 가정해 볼 수 없는 것도 미래완료시제의 특성이라 하겠다. 따라서 우리가 과거완료시제에서 볼 수 있는 역행적 연계성을 논리적으로 가질 수 없는 시제가 미래완료시제이다.

13

미래완료진행시제

The Future Prefect Continuous Tense

1. 미래완료진행시제의 문자적 의미

우리의 인지 속에 있는 희망, 결심, 의도, 계획 등을 미래영역의 차원에서 표현해 주는 시제는 영역의 시제인 미래시제이다. 반면에 우리가 예측할 수 있고 상상할 수 있는 미래시점의 진행상황을 보여주는 시제가 미래진행시제이다.

미지의 미래영역이지만, 우리 인간은 이 영역 안에 한 시점을 한정해 놓고, 그 시점까지의 상황이나 진행을 논하는 시제가 미래완료시제와 미래완료진행시제이다.

미래완료진행시제는 미래완료시제에다 진행 시제를 포함시킨 시제로써, 문자 그대로 한정된 미래시점까지의 상황을 시간의 경과와 진행에 초점을 맞춘 시제이다. 현재완료시제와 현재완료진행시제간의 중복되는 점이 있듯이, 미래완료시제와 미래완료진행시제 간에도 중복되는 부분이 있으나 시점의 미만과 이하의 차이가 별로 중요하지 않을 때는 두 시제를 혼용해서 사용할 수도 있다.

2. 미래완료진행시제의 일반적 고찰

다음 예문을 잘 살펴보자.

1. 이사 가서 일주일도 안 될 텐데 집들이를 한대.
2. 그 친구 금년 여름이면 3년 동안 운전하게 되는 셈이지.
3. 그 때까지 몇 시간이나 텔레비전을 보게 되는 거야?
4. 다음 달 말로 6개월 간 책을 쓴 셈이 되지.
5. 저 아이 8시에 일어나면 도무지 몇 시간이나 자는 거요?

이번에는 위의 예문의 상황을 미래시점에서 미래시점 이하의 영역을 바라보며 생각해 보자.

1. 이사 가서 일주일도 안 될 텐데 집들이를 한대.

예를 들어, 친구가 어제 이사했는데, 일주일 후에 집들이를 한다고 하자. 이와 같은 상황에서 그 집에서 일주일간 살고 집들이를 하게 되는 셈인가? 의 의미로 위의 예문과 같이 표현할 수 있겠다.

2. 그 친구 금년 여름이면 3년 동안 운전하게 되는 셈이지.

여러분의 친구가 금년 여름이면 운전을 한 지 3년이 될 것이라고 가정하자. 이런 상황에서 그 친구 금년 여름이면 3년 동안 운전하는 셈이 될 거야 라고 표현할 수 있겠다.

3. 그 때까지 몇 시간이나 텔레비전을 보게 되는 거야?

밤 10시에 끝나는 TV 프로그램을 보고 있는 아들을 보면서 남편이 아내에게 이렇게 물을 수 있겠다.

4. 다음 달 말로 6개월 간 책을 쓴 셈이 되지.

지금 이 시점에서 5개월 전의 시작점과 다음 달 말을 생각하면서 이렇게 말할 수 있을 것이다.

5. 저 아이 8시에 일어나면 도무지 몇 시간이나 자는 거요?

아직도 일어나지 않은 아이를 두고 남편이 아내에게 아와 같이 물어볼 수 있다.

위의 예문의 상황이 영어의 미래완료진행시제로 표현하기에 적합한 상황들이다. 논리적으로는 대단히 간단한 시제 형식임에도 불구하고 우리에게 미래완료진행시제가 친근하게 느껴지지 않는 이유 중의 하나는 영어의 미래완료진행시제의 상황을 우리말로 표현하기가 어색하다는 점에 있다 하겠다. 역으로 우리말 표현의 숨은 논리를 찾아내서 여기에 영어의 논리를 적용하면 이 시제가 쉽게 와 닿을 것이다.

위의 예문을 영어로 표현해 보겠다.

1. He will have been living in the new house for one week when he has a house-warming party.
2. He will have been driving for three years by this summer.
3. How long will he have been watching TV by then?
4. I will have been writing for six months by then.
5. How long will he have been sleeping by 8:00?

3. 미래완료진행시제의 논리적 접근

(1) 미래완료진행시제의 영역

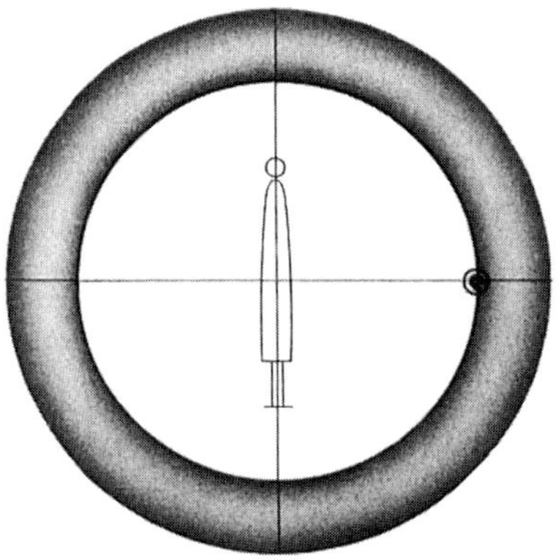

그림 13-1 **미래완료진행시제의 영역**

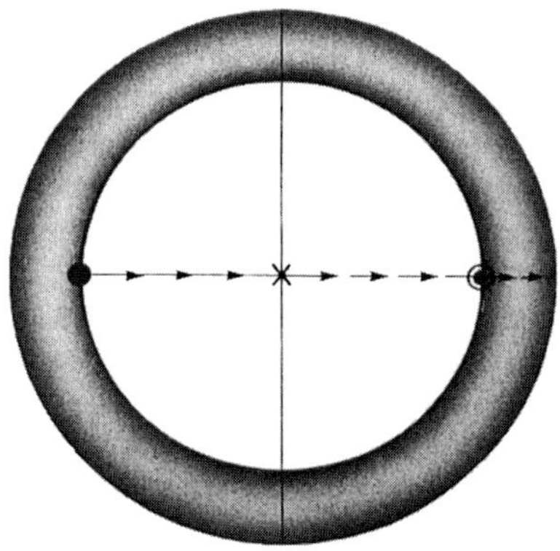

그림 13-2 **미래완료진행시제 1**

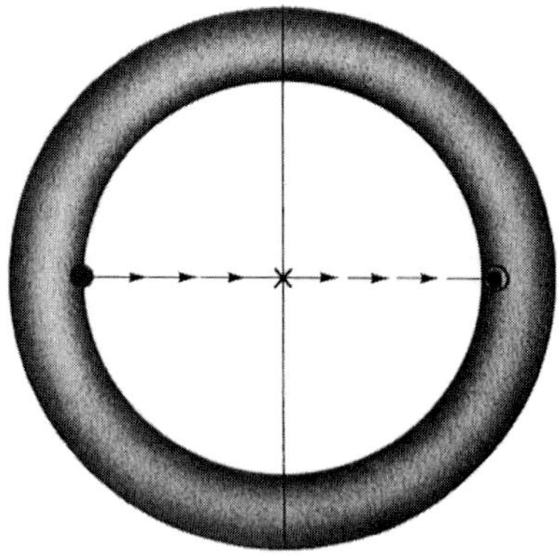

그림 13-3 **미래완료진행시제 2**

미래완료진행시제로 표현한 상황은 이 시제의 기준이 되는 미래시점 이하의 상황, 즉 미래시점 미만의 상황 뿐 아니라 한정된 미래시점의 상황을 포함할 수 있다. 다시 말하면 한정된 미래시점에서 그 시점 이하의 상황을 진행과 시간의 경광에 초점을 맞추어 표현하는 형식이 미래완료진행시제이다.

(2) 미래완료진행시제의 논리적 고찰

미래완료시제의 상황과 미래완료진행시제의 상황의 차이점은 한정된 미래시점의 상황을 포함하느냐의 차이점이다. 미래완료시제는 정해진 미래시점 미만의 상황을 묘사하고, 미래완료진행시제는 미래시점 이하의 상황, 즉 미래시점의 상황까지도 포함할 수 있는 시제이다. 이 두 시제의 구별은 현재완료시제와 현재완료진행시제와의 차이점과 같다.

현재완료진행시제에서 설명했듯이 완료시제로 표현할 수 있는 상황이지만, 시간의 경과, 즉 기간 과 진행에 초점을 맞출 때 완료진행 시제를 쓸 수 있다고 설명하였다. 이와 마찬가지로 미래완료시제로 표현할 수 있는 상황에서 시간과 진행의 경과에 초점을 맞출 때 미래완료진행시제로 표현하면 의미와 상황에 생동감을 줄 수 있다.

미래완료시제의 예문에서 금년 말까지 60번을 만난 셈이다 라는 표현에서 60번이라는 횟수는 과학적으로 정확하게 측량할 수 있는 양이다. 그러나 금년 말까지 만나면 20년간이나 만나는 셈이다 라는 문장에서 20년은 칼로 자른 듯이 측량을 하기 힘든 양이다. 이러한 경우에는 미래완료진행시제가 더 자연스럽다.

정해진 미래시점에서 어떤 행위나 상황이 반드시 끝이 나는 것이 아니라, 이 시점에서도 계속 진행이 될 것 같은 행위나 상황에는 미래완료진행시제로 표현하는 것이 훨씬 자연스럽다. 다시 말하면 한정된 미래시점에서 칼로 자른 듯 시간의 양을 구속 한정하기 힘든 상황에는 미래완료진행시제를 사용하면 된다. 미래완료진행시제에서는 한정된 미래시점 이후에도 계속 진행이 될 것이라는 가정을 하는 시제는 아니다. 다만 한정된 미래시점에서 시간을 정확하게 한정, 구속하기가 어렵기 때문에 그 상황의 진행이 미래시점 뿐 아니라 미래시점을 지나서도 진행이 될 상황일 수도 있다는 의미이다.

다음 예문을 보자.

1. 금년 말이면 그 친구를 20년간이나 보게 되는 셈이지요.
2. 이달 말로 제가 영어를 10년 동안 공부하게 되는 셈입니다.
3. (너 10시까지 기다릴 것이라고 하던데) 그러면 얼마동안 기다리는 셈이니?

앞에서 설명한 것과 같이 위와 같은 상황을 미래완료진행형으로 표현하게 되면 의미의 생동감이 생긴다. 위의 예문을 영어로 표현해 보겠다.

1. I will have been seeing him for 20 years by the end of the year.
2. I will have been studying English for 10 years by the end of the month.
3. How long will you have been waiting by then?

이번에는 미래완료시제의 상황과 미래완료진행시제의 상황을 비교해 보겠다.

1. 밤 12시까지 책을 여섯 권이나 읽게 될 거야.
2. 밤 12시까지 담배 5갑을 피운 게 될 거야.
3. 밤 12시까지 책을 읽으면 18시간을 읽는 셈이 될 거야.
4. 밤 12시까지 담배를 피우면 한 10시간쯤 피우게 되는 셈이지.

1번, 2번 문장의 공통점과 3번, 4번 문장의 공통점을 찾게 되면, 미래완료시제와 미래완료진행시제의 차이점을 알게 될 것이다.

1번과 2번의 문장은 우리가 과학적으로 정확하게 측량할 수 있는 미래완료시제의 상황이고, 3번과 4번 문장은 기간에 관한 상황이기 때문에 과학적으로 정확하게 측량하기 힘든 미래완료진행시제의 상황이다. 위의 예문을 영어로 표현해 보겠다.

1. I will have read six books by midnight.
2. I will have smoked five packs by midnight.
3. I will have been reading for 18 hours.
4. I will have been smoking for 10 hours.

앞에서 잠시 언급했듯이, will 대신 be going to를 사용하여 미래진행시제도 만들 수 있다. 이론적으로 말하면 be going to를 사용하여 미래완료시제나 미래완료진행시제를 만드는 것도 가능하지만 별로 유용하게 사용하는 것 같지 않다.

(3) 미래완료진행시제의 속성

완료시제가 갖는 속성과 진행시제가 갖는 속성을 포함하는 형식이 완료진행시제이다. 다만 한정된 시점이 미래영역에 있기 때문에 미래완료진행시제가 된 것이다. 따라서 현재완료진행시제가 갖고 있는 속성을 모두 포함하지만 반드시 그 미래시점이 도달하리라는 보장은 없는 시제이다.

확증적 한시성

기준이 되는 미래시점 이하의 영역에서 시작한 행위, 상황을 한정된 미래시점까지 연결하여, 그 미래시점에서 시간의 경과나 진행에 초점을 맞추어 들추어내는 작업을 하는 것이 미래완료진행시제이다. 다시 말하면 한정된 미래시점에서 그 시점 이하의 상황의 진행을 들추어내어 확인하는 속성을 미래완료진행시제의 상황에서 찾아볼 수 있다.

1. By the end of the year he will have been singing for 30 years.
2. By the end of this month I will have been living in this house for 50 years.
3. How long will you have been studying English by the end of this year?
4. By the time I retire I will have been working as a teacher for 31 years.
5. By the end of next year my friend will have been scuba-diving for 20 years.

위의 예문들에서 보듯이, 미래완료진행시제의 역할은 정해진 미래시점에서 미래시점 이하의 상황을 들추어내어 확인하는 작업같이 느껴진다. 위의 예문을 우리말로 표현해 보겠다.

1. 금년 말이면 그 친구는 30년간이나 노래를 부르게 되는 셈이다.
2. 이달 말로 이 집에서 50년간이나 살게 되는 셈이다.
3. 금년 말이면 영어를 몇 년간이나 공부하게 되는 거니?
4. 정년퇴직 하게 되면 31년간을 선생으로 일하게 되는 셈이지.
5. 내 친구는 내년 말로 20년간이나 스쿠버 다이빙을 하게 되는 셈이지.

인과적 한시성

한정된 미래시점 이하의 상황이 시간의 경과를 거쳐 진행된 결과가 미래시점의 상황으로 나타날 때는 미래시점 이하의 진행의 상황을 미래완료진행시제로 표현해 준다.

다시 설명하자면 한정된 미래시점의 상황이 한정된 미래시점 이하의 영역에서 순간적으로 발생할 행위나 상황의 결과로 나타날 상황이 아니라, 시간의 경과를 두고 진행될 행위 상황의 결과로써 미래시점의 상황이 나타날 때, 그 시점 이하의 상황을 미래완료진행시제로 표현한다.

1. When he comes home tomorrow evening, he will be very tired. He will have been flying for 24 hours by then.
2. We will be sad next month when we are forced to sell the house. We will have been living in this house for 20 years by then.
3. We will be exhausted this evening, because we will have been entertaining our guests for eight hours by then.
4. His eyes will be red when he goes to bed at 11:00, because he will have been watching TV for ten hours by then.
5. My ears will hurt when the class ends at four, because we will have been sitting in the language laboratory for three hours by then.

3번 예문의 상황만 살펴보자. 기준이 되는 미래시점인 오늘 저녁 의 상황은 오랜 시간을 거쳐 손님을 접대한 진행의 결과로써 야기될 상황이기 때문에 이렇게 미래완료진행형으로 표현한 것이다.

위의 예문을 우리말로 표현해 보겠다.

1. 그 친구가 내일 저녁에 도착해서는 무척 피곤할 거야. 24시간이나 비행기를 탈 테니까.
2. 내달 이 집을 팔아야만 될 때 무척 슬플 거야. 내달이면 이 집에서 20년간이나 살게 되는 셈이거든.
3. 오늘 저녁에 우리는 녹초가 될 거야. 그때까지 8시간이나 손님접대를 할 테니까.
4. 그 애는 밤 10시에 눈이 빨개져서 잠자리에 들 거야. 그 때까지 10시간이나 TV를 보게 될 테니까.
5. 수업이 4시에 끝나게 될 때는 내 귀가 멍멍할 거야. 그때까지 3시간이나 어학실습실에 앉아 있을 테니까.

4. 미래완료진행시제와 인근시제

(1) 미래완료진행시제와 미래완료시제

앞에서 잠시 설명했지만, 두 시제의 상황의 차이를 다시 한 번 설명하겠다. 다음 예문을 잘 살펴보기 바란다.

1. He will have been selling cars for ten years by then.
2. He will have been teaching part time for 10 years by then.
3. He will have sold cars for ten years by then.
4. He will have taught part time for 10 years by then.

1번 문장과 2번 문장의 상황에서, 우리는 한정된 미래시점인 by then 시점 부근에서도 selling cars와 teaching part-time의 행위가 계속 진행이 될 것 같은 느낌을 받는 이유가 위의 상황을 미래완료진행형으로 표현했기 때문이다. 한정된 미래시점을 포함할 수 있는 상황이 미래완료진행시제로 표현하는 상황이기 때문에, 시간을 유동적인 개념으로 보아 한정된 시점에서 붙잡아 맬 수 없는 것으로 받아들이면, 이 한정된 미래시점 부근에서도 진행이 될 것 같은 인상을 받는 것이다.

여기에서 중요한 점은 미래시점을 지나서도 진행이 될 것 같은 인상을 받는다는 것뿐이지, 한정된 미래시점 이후의 상황은 미래완료진행시제의 시간대를 벗어난 상황이다. 바꾸어 말하면 미래시점 이하의 진행상황을 미래시점으로 한정 구속하여 미래완료진행시제로 표현할 따름이다.

그러나 3번과 4번 문장의 상황에서는 차를 파는 행위나 시간강사로 가르치는 행위가 by then 시점에서 드디어 끝날 것 같은 느낌을 받는 이유는 위의 상황을 미래완료형으로 표현했기 때문이다. 기준이 되는 미래시점의 상황을 포함하지 않는 상황, 즉 시점 미만의 상황을 묘사하는 형식이 미래완료시제이다. 따라서 한정된 미래시점 미만에서 완료가 될 수도 있는 상황은 미래완료시제로 표현하는 것이 좋다.

위의 예문을 우리말로 표현해 보겠다.

1. 그 친구는 그때까지 10년이나 차를 팔고 있을 거야.
2. 그 친구는 그때까지 10년이나 시간강사로 가르치고 있을 거야.
3. 그 친구는 그때까지면 10년간 자동차를 판 셈이 되지.
4. 그 친구는 그때까지면 10년간 시간강사로 가르친 셈이 되지.

5. 미래완료진행시제의 결론

한정된 시간대 내에서 시작한 행위의 진행을 미래영역의 한 시점으로 한정하여 주기 때문에, 미래완료진행시제는 두 가지 상황을 모두 표현할 수 있다. 미래시점 이하의 영역에서 시작한 상황의 진행을 단순히 기준이 되는 미래시점에서 한정하여 묘사할 수도 있고, 한편으로는 미래시점 이하의 영역에서 시작한 상황의 진행이 미래시점 미만에서 끝이 날 상황도 묘사할 수 있다.

특히 한정된 미래시점에서 일어날 상황이 그 시점 미만의 행위 상황의 결과로 일어날 경우에는 그 시점 미만의 행위나 상황의 진행을 미래완료진행시제로 표현한다.

이러한 논리에서 미래완료진행시제의 시간대는 한정된 미래시점을 포함할 수 있는 것이다. 미래완료시제와 마찬가지로 기준이 되는 미래시점에서 그 이하의 시간대를 모두 포함하는 시제로써, 상황의 시작점은 과거시점도 될 수 있고, 지금시점 부근도 될 수 있고, 또 다른 미래시점도 될 수 있는 것이다.

한정된 미래시점 이하의 상황을 진행의 측면에서 본다는 점을 제외하면, 시점 미만과 시점 이하의 차이가 별로 중요하지 않을 경우에는 미래완료시제로 표현해도 되겠고 미래완료진행시제로 표현해도 되겠다. 시점 이하의 상황은 시점 미만의 상황을 포함한다는 논리의 측면으로 보면 될 것이다.

미래완료진행시제는 미래완료시제에다 진행시제를 가미한 것이다. 따라서 미래완료진행시제의 상황에는 미래완료시제의 상황이 갖는 확증성 연계성과 인과적 연계성의 속성이 있으며, 또한 진행 시제가 갖는 한시성의 속성도 있다. 따라서 미래완료진행시제는 다른 진행시제와 마찬가지로 진행형을 기피하는 동사와는 잘 어울리지 않는다.

영어의 미래완료진행시제의 상황을 우리말로 직역하게 되면 부자연스럽게 느껴질 것이다. 우리말에서는 한 시제가 다양한 상황을 포용할 수 있기 때문에 우리말 표현의 심층에 있는 의미와 상황을 논리적으로 이해하게 되면 영어의 시제에 쉽게 접근할 수 있으리라 생각한다.

영어의 변천역사

오늘날의 영어모습을 이해하려면 영어가 지나온 발자취를 모르는 상태에서 영어의 진면목을 볼 수가 없다. 예를 들어 어느 외국인이 우리나라와 우리나라 사람을 진정으로 이해하길 원한다면 우리나라와 우리 민족의 배경이 되는 지나간 역사를 알기 원할 것이다. 지나간 오천년의 역사를 외면한 채 지금 현재의 겉모습만 보고는 진정 우리나라를 이해한다고 할 수 없을 것이다.

우리가 영어를 배우는 과정도 이와 비슷하다. 영어를 공부하는 학생들은 적어도 한번쯤은 진지하게 다음 질문을 생각해 보아야 한다. 오늘날의 영어가 왜 국제어 내지는 세계어로 군림하게 되었을까? 물론 단순하게 생각하여 영어를 모국어로 사용하는 나라가 경제적으로 가장 부유하다든지, 아니면 영어의 단어수가 이 세상에서 가장 풍부하다든지 등의 피상적인 관찰에 의하여 결론을 내릴 수도 있다. 그러나 근간의 언어학자들은 언어가 인간의 사고를 지배, 형성한다고 주장한다. 다시 말하면 개개의 언어는 그 언어를 모국어로 사용하는 민족의 사고양식에 직접적인 영향을 끼친다는 결론이다.

바꾸어 말하면, 지금 이 세계의 역사에 가장 지대한 영향을 끼치는 국민들의 사고양식의 형성은 오로지 그들이 사용하는 언어덕분이라고 해도 과언이 아니다. 오늘날 노벨상 수상자들의 국적을 살펴보면 흥미로운 사실을 발견할 것이다. 결국은 게르만어를 사용하는 사람들이 과학문명 발전의 대들보 역할을 하는 물리상, 화학상, 의학상을 거의 모두 수상했다는 사실이다. 좀 더 구체적으로 말하면 게르만어 중에서도 영어를 모국어로 사용하는 민족들이 중요한 분야의 노벨상을 대부분 차지한다라는 사실은 우연으로 돌리기에는 너무나 많은 과학적인 원인과 배경이 있을 것이다.

저자는 이러한 과학적이고 창조적인 인간의 두뇌와 사고양식은 언어에서 기인한다고 믿는다. 흔히 영어를 논리적인 언어라고 한다. 특히 영어의 관사, 시제, 가정법, 수동태에서 볼 수 있는 과학적인 논리는 우리말의 논리성과는 매우 상이하다. 그러면 지금부터 이러한 논리적인 배경을 영어변천의 역사 속에서 찾아보겠다.

우리말의 역사가 5,000년쯤 되리라고 생각하는 학생들에게 영어의 역사는 불과 1,500년쯤 된다고 하면 믿기 어려울 것이다. 물론 영어의 기조가 되는 게르만어는 게르만 민족의 역사만큼이나 오래 된 언어이지만, 저자가 여기에서 영어의 역사를 1,500년이라고 하는 이유를 곧 알게 될 것이다.

5세기 중엽 경 게르만족의 일파인 Jutes, Angles, Saxons족들이 그 당시 캘트족이 살고 있었던 브리튼 섬에 발을 디디면서 오늘날의 영국인의 역사가 시작되었다. 이 섬의 주인인 캘트족이 Scots족과 Picts족들의 침입에 대항하기 위하여 이 게르만족들에게 원군을 청한 것이다. 이 세 족속들은 저지대 서 게르만어(Low West Germanic Dialects)를 사용하고 있었기 때문에 상호간의 의사소통에 큰 불편함이 없었으리라고 생각한다. 이렇게 원군으로 시작해서 정착해 버린 이들 특수집단에게 그 당시 게르만어의 복잡한 굴절형태를 보전하고 유지하기가 어려웠을 것이다. 굴절언어라는 것은 명사, 형용사, 지시대명사(오늘날의 관사 포함), 의문대명사, 동사 등이 성(여성, 중성, 남성), 수(단수, 복수), 격(주격, 소유격, 여격, 대격, 도구격)에 따라 각 어휘가 굴절, 즉 어미변화를 한다는 말이다. 현대의 독일어와 영어를 비교해 보면 두 언어 사이에 비슷한 단어들을 공유하는 점 이외에는 거의 비슷한 점을 찾아보기 힘들다는 인상을 받을 수 있다. 그러나 영어와 독일어는 서 게르만어에서 출발했기 때문에 이 당시의 고대영어의 모습을 오늘날의 독일어 모습에서 찾아보면 쉽게 상관관계를 찾을 수 있을 것이다.

이렇게 같은 서 게르만어에 속한 두 언어가 오늘날의 영어와 독일어로 변천하였기 때문에 영어의 역사의 시작을 게르만족이 브리튼 섬에 발을 디딘 시점으로 보는 것이다. 브리튼 섬에 상륙한 Jutes, Angles, Saxons 족들과 이들이 사용했던 언어를 지금부터 각기 영국인과 영어로 호칭하겠다.

영어에 커다란 변천을 가져온 역사적인 사건들을 토대로 학자들은 편의상 고대영어 시기를 5세기 중엽부터 1,100년까지로 잡고, 1,100년부터 1,500년까지를 중세영어 시기로 보고, 1,500년 이후를 현대영어 시기로 잡는다.

5세기 중엽 유럽대륙에 남아있던 게르만 민족들의 언어와 이들 일파가 브리튼 섬에 가지고 들어온 게르만어는 초기에는 비슷한 모습의 언어였다. 그러나 브리튼 섬에 들어온 초기의 게르만족들은 그들의 호전적인 기질로 인하여 글을 써서 역사를 남기는 일등에는 관심이 없었을 뿐 아니라, 조상의 언어인 게르만어의 복잡한 굴절형태 등을 모두 기억하여 후손에게 물려줄 수 없었다.

6세기 말 기독교가 브리튼 섬에 본격적으로 상륙한 것을 계기로 이들 민족들 간에도 글을 쓰는 습관이 생기고, 9세기에 위대한 Alfred 대왕의 출현으로 고대영어의 전성기로 접어들어 영어로 글을 쓰고 외국작품을 영어로 번역하게 되었다. 그러나 바이킹족의 계속적인 침략으로 Alfred 대왕이 지배하던 지방의 방언으로 쓰인 문헌들을 제외하고는, 다른 지방의 영어로 쓰인 기록들은 거의 모두 바이킹족들에 의해 파괴되었다. 그러나 여기에서 알아둘 점은 영어로 기록이 남겨지기 시작했을 때는 이미 많은 굴절형들이 사라지기 시작하였다는 점이다.

동일한 조상의 언어인 게르만어를 사용했던 영국민들과 이들 바이킹족들은 결국은 서로 동화되어 브리튼 섬에서 살게 되었다. 이들 바이킹들이 쓰던 북 게르만어(North Germanic dialects)가 고대영어에 많은 영향을 끼쳤다. 결론적으로 고대영어는 Jutes, Angles, Saxons들이 사용했던 서 게르만어와 바이킹족의 언어인 북 게르만어에 기독교의 영향으로 라틴 어휘가 가미된 언어가 되었다.

여기에서 우리가 고대영어의 장점을 토대로 그 당시 영국 국민의 성격을 알 수 있을 것이다. 고대영어는 한 단어에서 몇 백 개의 단어를 생성할 만큼 단어 생성력이 뛰어났다. 따라서 접두사와 접미사가 발달되었고, 단어의 합성방법이 우수하였다. 바이킹족들과 마찬가지로 이 당시 영국민들은 적응력이 뛰어나고 모험심이 강하였다. 이러한 성격이 고대영어에 그대로 남은 것이었다.

지금의 불란서 북부지역인 Normandy에 정착하고 있었던 Norman인들은 원래는 바이킹족이었지만, 일찍부터 불란서의 문화와 언어의 영향을 받아서 불어로 생활하였다. 이곳의 William공이 영국의 왕위계승의 합법성을 들고 나와 영국을 침략하여 결국은 1,066년 12월 25일에 영국 왕으로 등극하였다. 이 역사적인 사건으로 인해 영국 땅에서는 두 언어가 공존하게 되었다. 윌리암은 노르만디에서 많은 숫자 (약 20,000명쯤이라고 추측)의 노르만인을 데리고 왔기 때문에 그들의 언어인 불어로 생활하고 통치하는데 어려움이 없었다. 중세영어 전반기에는 이렇게 상류사회, 즉 지배계급에서는 불어를 사용하고 그 외의 일반 국민들은 영어를 사용하였다. 언어로 인한 핍박은 없었던 것으로 보아 일반국민들은 그나마 남아있던 복잡한 굴절형을 없애가며 언어의 간섭을 받지 않고 영어로 생활하였기 때문에 중세영어 시기로 넘어온 고대영어는 더 빠른 속도로 변천하게 되었다. 특히 이 당시에는 불어를 사용하는 상류계급들과 라틴어에 익숙한 식자층들만이 불어와 라틴어로 글을 썼기 때문에, 중세영어 전반기에는 영어로 쓰인 글이 거의 없어 영문학의 암흑시기라고도 부른다.

그러나 중세영어 후반기에 들어서 지배계급에 있던 노르만인들이 불란서 지역에 있는 땅들을 포기하고 오로지 영국인으로 남아야할 일련의 사건들이 생기게 되었다. 이리하여 중세영어 후반기에는 지배계급들까지도 영어에 관심을 두고 영어를 사용하기 시작하였다. 그러나 이 당시의 영어는 이미 게르만족들이 5세기 중엽에 처음 브리튼 섬에 상륙했을 당시의 언어와는 사뭇 양상이 다른 영어의 모습이었다.

중세영어 전반기에 일반대중들이 사용했던 영어는 지배계급이나 식자층의 간섭을 받지 않고 복잡하고 외우기 힘든 굴절형을 거의 상실하고 점점 어순(word-order)과 전치사 등 기능어에 의존하는 언어로 변천하였다. 특히 지배계급과 상류계급, 그리고 식자층들이 영어로 눈을 돌렸던 중세영어 후반기에는 많은 고대영어 어휘들이 손실되었고, 접두사와 접미사를 이용하여 어휘를 늘리는 방법과 합성어를 만드는 방법들이 줄어들고, 그 대신 불어와 라틴어에서 어휘를 많이 차용하였다. 중요한 점은 불어와 라틴어는 게르만어군에 속하는 언어들이 아니고, 라틴어군(로만스어)에 속하는 언어라는 것도 알아야겠다.

고대영어는 물론 라틴어의 차용도 있었지만, 어휘도 거의 순수하게 게르만어이었고 문장의 기본 틀도 게르만어에 준하였다. 그러나 중세영어에 들어와서는 기본으로 쓰이는 어휘들과 문장구조의 기본 틀은 여전히 게르만어이지만, 불어와 라틴어의 방대한 차용으로 영어가 흡사 라틴어계에 속하는 느낌을 갖게 한다. 내면적으로는 게르만어이지만 표면적으로 보아서는 로만스어(불어, 스페인어, 이태리어 등을 총칭하는 말임)같은 인상을 주는 계기가 이때부터 시작된 것이다.

영어영문학을 전공하는 많은 학생들이 고대영어로 쓰인 글을 읽으면 외국어 같은 느낌을 받으나, 중세영어로 쓰인 글들은 벌써 영어 같다고 인상을 받는 것이 여기에서 기인한다. 오늘날의 스칸디나비아 삼국의 학생들이 영어권의 학생들보다 고대영어를 더 친숙하게 느끼고 이해할 수 있는 이유를 이해하게 될 것이다.

르네상스 영어시기라고 부르는 1,500년 즈음부터 1,650년경의 시기는 영어에서 뿐 아니라 영국사회의 여러 면에서 과히 문예부흥시기였다. 과학, 철학, 예술, 문학 등 여러 분야에서 눈부시게 발전을 한 시기가 바로 이 때이며, 그 유명한 Shakespeare 대문호가 나온 시기도 이 시기였다. 여러 분야에서 문예부흥을 가져오게 된 요인들이 있었다.

인쇄기가 영국에 들어오고, 교육이 널리 보급되어 글을 읽고 배우고자 하는 사람들이 우리의 상상을 초월할 정도로 많아지고, 사회의 계급구조가 점점 붕괴되고, 특히 언어를 의식적으로 변천, 발전시키려는 노력이 풍부했던 시기이다.

세계에서 가장 아름답고, 가장 풍요롭고, 가장 경제적으로 표현할 수 있는 언어로서의 영어를 만들고자 하는 시도가 성공적으로 이루어졌던 시기이기도 하다. 여기에서 영어가 오늘날 세계의 언어로 발돋움 할 수 있는 기틀을 마련한 것이다. 바로 이 부분을 설명하려고 영어변천사를 간략히 기술하게 된 것이다.

현대독일어와 흡사했던 고대영어를 오늘날의 영어로 발전시킨 데는 일반국민들이 과감하게 복잡한 굴절형을 대부분 없애고, 그 대신 문장 내에서의 어순으로 굴절을 대신한 독창성이 있었기 때문이다. 이 획기적이고 혁명적인 방법으로 가장 경제적으로 언어를 구사할 수 영어가 되는 기틀을 마련했을 뿐 아니라, 하나의 어휘가 문장 내에서 자리에 의해 품사가 결정되기 때문에 어휘의 품사활용이 자유롭게 된 것이다. 예를 들어 cool 이라는 어휘를 주어 다음에 놓으면 동사가 되고, 주어, 보어, 목적어 자리에 놓으면 명사가 되고, 명사 앞에 놓으면 형용사가 되는 것이다.

여기에 과학문명 발전에 힘입어 영어를 과학적으로, 논리적으로 표현하고자 과학의 법칙을 영어에 도입하여 여러 가지의 시제를 과학적으로 창출해 냈을 뿐 아니라, 영어의미의 구조에도 과학법칙을 적용하였다. 예를 들어, 현재진행형이 있으면 과거진행형, 미래진행형도 있어야 했고, 현재완료진행형이 있으면 과거완료진행형, 미래완료진행형도 있어야 했다. 마이너스가 둘이면 플러스가 되듯이 부정도 두 번 하게 되면 긍정으로 여겨 그 동안 관습적으로 써오던 이중부정(이 전까지는 이중부정이면 더욱 강한 부정이었음)을 비문법적이라고 간주하게 되었고, 이중 비교급도 1회의 비교급으로 충분히 비교의 의미를 나타내준 시기였다.

가장 아름답고, 가장 풍부하고, 가장 경제적으로 의미를 표현하고자 많은 학자들이 노력하여 라틴어를 비롯한 로만스어들과 희랍어 등, 세계 언어에서 과감히 차용을 하여 미세한 의미나 미세한 상황의 차이까지도 어휘 하나로 표현할 수 있게 만들어서 영어를 가장 경제적으로 구사할 수 있게 만든 것이다. 세계에서 가장 방대한 어휘를 가진 영어가 된 계기가 바로 영어의 문예부흥의 덕택인 것이다.

어휘 수가 방대하고 언어 구조가 과학적이고 논리적이기 때문에 공부를 많이 할수록 방대한 영어의 어휘도 접하게 되고 논리적인 영어를 사용할 수 있는 기회를 갖게 된다.

여기에서 영어의 또 다른 특성이 있는 것이다. 영어권의 세계에서는 이렇게 학식의 정도에 따라, 다시 말하면 영어구사의 능력에 따라, 보이지 않는 계급과 계층이 형성되는 것이다. 영어의 어휘를 많이 알면 알수록, 영어구조의 논리성을 알면 알수록, 영어문장의 길이는 짧아지게 되고, 의미전달은 더욱 경제적으로 그리고 효과적으로 할 수 있게 된다.

이 르네상스시기와 왕정복고시기를 걸쳐 좋은 영어를 배우고자 하는 사람들의 욕구가 늘어나게 되고, 이 욕구에 부응하는 한편 영어의 변천을 체계적으로 기술하기 위해 이전 시기에 출현한 문법서와 사전들이 자리를 잡아가게 된다.

모험심이 강하고 적응력이 강한 영국 국민은 지금까지 기술한 영어변천과 더불어 세계로 눈을 돌리고, 여기에서 많은 식민지를 개척하게 된다. 신대륙과 호주, 뉴질랜드, 그리고 캐나다에 이르기까지 영국 국민들의 개척정신이 발휘되어 오늘날에 이르게 되었다.

결론적으로 말해 논리적인 언어구조와 미세한 의미나 자세한 상황을 나타낼 수 있는 풍부한 어휘로 인해 언어를 가장 과학적이고 경제적으로 쓸 수 있게 되어 영어가 오늘날의 세계언어로 군림하게 된 것 같다. 언어가 사고를 지배하는 것이 지극히 타당한 것 같아 이 책을 쓰게 되었다.

참고문헌

Dewey, John. 1916. *Essays in Experimental Logic. Chicago*: University of Chicago.

Dewey, John. 1938. *Logic: The Theory of Inquiry*. New York: Holt.

Einstein, Albert. 1941. The Common Language of Science, in *Out of My Later Years*, pp. 111-113.

Einstein, Albert. 1944. Remarks on Bertrand Russell s Theory of Knowldge, in *Schilpp*, pp. 277-291

Fisch, Max H. et al., eds. 1982. *Writings of Charles S. Peirce: A Chrono logical Edition*, vol. 1. Bloomington. Indiana: Indiana University.

Fromm, Erich. 1981. *To Have Or To Be*? New York: Bantam.

Hartshorne, Charles and Paul Weiss, eds. 1931 35. *Collected Papers of Charles Sanders Peirce*, vols. 1-6. Cambridge, Massachusetts: Belknap of Harvard University.

Hawking, Stephen W. 1988. *A Brief History of Time: From the Big Bang to Black Holes*. New York: Bantam.

Hofstadter, Douglas R. 1980. *G del, Escher, Bach: an Eternal Golden Braid*. New York: Vintage Books.

instein, Albert. 1956. *Out of My Later Yerars*. Secaucus, New Jersey: Citadel.

James William. 1907. *Pragmatism*. New York: Longmans, Green.

Kim, Kun-Ok. 1985. *Operationalizing Principles of Textual Coherence*. The University of New Mexico.

Kim, Kun-Ok. 2000. Applying general sign theory to testing language (verbal) and non-verbal abilities. *Language Testing*, Volume 17(4), 377-396. Co-authored with J. W. Oller, Jr. & Y. Choe.

Kim, Kun-Ok. 2000. Testing verbal (language) and non-verbal abilities in language minorities: A socio-educational problem in historical perspective. *Language Testing*, Volume 17(3), 341- 360. Co-authored with J. W. Oller, Jr. & Y. Choe.

Kim, Kun-Ok. 2001. Can Instructions to nonverbal IQ tests be given in pantomime? Additional applications of a general theory of signs. *Semiotica*, Volume 133 (1/4). 15-39. Co-authored with J. W. Oller, Jr. & Y. Choe.

Kim, Kun-Ok. 2001. Testing relations between language (verbal) and non-verbal abilities in children and adults acquiring a nonprimary language. *Language Testing*, Volume 18(1). 33-54. Co-authored with J. W. Oller, Jr., Y. Choe, & L. H. Jarvis.

Kim, Kun-Ok. ed. 1981. *Situation English*. Seoul: Samildang.

Moore, Edward C., et al., eds. 1984. *Writings of Charles S. Peirce: A Chronological Edition*, vol. 2. Bloomington. Indiana: Indiana University.

Oller, John W., Jr., ed. 1989. *Language and Experience: Classic Pragmatism*. New York: University Press of America.

Russell, Bertrand. 1940. *An Inquiry into Meaning and Truth*. New York: George Allen and Unwin.

Russell, Bertrand. 1950. *Human Knowledge: Its Scope and Limits*. New York: Simon and Schuster.

Schilpp, Paul Arthur, ed. 1944. *The Philosophy of Bertrand Russell*. New York: Tudor.

Thomson, A. J. and A. V. Martinet. 1986. A Practical English Grammar. London: Oxford University Press.

찾아보기

저자 김건옥은 미국 The University of New Mexico에서 심리언어학 부문으로 철학박사 학위(Ph.D)를 받았으며, 그의 박사논문인 *Operationalizing Principles of Textual Coherence*는 'theoretical contribution of importance'라는 평을 받았다. 미국 Trinity University에 본부가 있는 Institute of Cross-Cultural Research에서 발간하는 국제학술지인 *Intercultural Communication Studies*의 편집이사로 활동하고 있으며, 1978년에 미국 국무성의 통역관으로 등록되었다. 1980년부터 현재까지 중앙대학교 외국어대학 영어학과의 교수로 재직하고 있다.

개정판
우리 논리로 이해하는 영어시제

1994년 8월 20일 초판 발행 | 2008년 3월 10일 개정판 발행 |
2020년 6월 17일 개정 3쇄 발행

지은이 엄정애 | **펴낸이** 류원식 | **펴낸곳** **교문사**

주소 (10881) 경기도 파주시 문발로 116
전화 031-955-6111(代) | **팩스** 031-955-0955
등록 1960. 10. 28. 제406-2006-000035호

홈페이지 www.gyomoon.com | E-mail genie@gyomoon.com
ISBN 978-89-363-0909-1(93740) | 값 12,000원